JN084327

菅野祐孝先生の日本史

菅野祐孝

出版芸術ライブラリー
007

出版芸術社

まえがき

日本史がブームです。

高校生や受験生のみならず、多くの人が日本史を学びなおしたいと思っています。

ところが「自分の国の歴史」であるはずなのに、何度読んでも頭に入らなかったり、理解したつもりでもすぐに忘れてしまったりする人がいかに多いことか。

この本はそうした人たちのために、「日本一おもしろくてやさしい」日本史の本をめざして出版しました。

本書のオリジナルは、かつて私が予備校で行った日本史の講義録を本にした『菅野日本史B講義の実況中継』と題するシリーズです。当時の高校生や受験生を中心に一〇〇万人を超える人々に愛読されました。

その理由は徹底しておもしろい内容だったからだといまでも自負しています。しかし大学受験を前提に書かれた本ですから、純粋に日本史を楽しむには不要な内容がたくさん入っていました。

今回、単行本として出版芸術ライブラリーから刊行するにあたり、特に現代史の直近のできごとを中心に加筆し、日本史最大の魅力というべき各時代の人物や出来事がわかりやすく頭に入ってくるように手直しをしました。

かつて私の授業を受けてくださった方々はもちろん、日本史を学びなおしたい人、受験日本史を学習する前に歴史に親しんで日本史アレルギーを治しておきたい受験生など、オリジナル版よりもさらに幅広い読者の支持をいただけると確信しています。

原始時代から現代まで通史としてまとめ、必要に応じて図解もほどこしましたが、必ずしも原始時代から読み始める必要はありません。興味のあるところから読み進めていただいてもいっこうにかまいません。江戸時代以降が好きな方は「江戸時代前期」のところから先に読んでみてください。

本書をきっかけに日本史の奥深い世界にふれていただけたなら、著者としてこれにまさる喜びはありません。

二〇二〇年一月

菅野祐孝

菅野祐孝先生の日本史　目次

第3章 奈良時代……律令国家の発展と仏教文化

第4章 平安時代……律令制の衰退と国風文化の時代

第7章 安土桃山時代……近世的な新秩序の基礎がここに確立

第8章 江戸時代前期……江戸幕府の幕開けから家継まで

第9章 江戸時代後期……吉宗の享保の改革から大政奉還まで

第10章 明治時代……新政府の誕生と近代化への道

第11章 大正時代……大正デモクラシーと政党勢力の進出

第12章 昭和〜令和時代……金融恐慌から令和の現代まで

原始時代……旧石器時代から邪馬台国までの日本

原始時代は日本の夜明け、黎明期（れいめいき）の時代で、旧石器文化の時代、縄文文化の時代、弥生文化の時代に分かれます。

旧石器時代は土器の使用は認められませんが、縄文時代は人がものの化学変化に気づき、土器の製作を知った時代です。そして紀元前五～四世紀ごろから、弥生文化の時代に入ります。弥生時代は社会に貧富の差が生まれ、さらに支配・被支配の観念、権力を導き出しました。

こうして世の中は身分制社会に移行し、「むら」から「くに」へ、人びとの生活は大きな変貌を遂げていくのです。

❖……日本の旧石器時代とは？

旧石器時代は**打製石器**を使った時代です。この打製石器を時代順に見ると、一番古い時代に相当するのは**ハンドアックス**という、握槌（にぎりつち）・握斧（にぎりおの）などとも呼ばれる楕円形の形状をしたもので、用途は打撃用でした。

その次に古いのは「ブレイド」。これは、石刃（せきじん）といういい方もするように、切断用の石器で、ナイフ形石器とも呼ばれています。それから「ポイント」。これは尖頭器（せんとうき）のことで、用途は突き刺すため、つまり刺突用の石器です。

そして、次の縄文時代に移るころになると、細かい石器を木や骨に埋め込んで使う「マイクロリス（細石器）」と呼ばれる石器が登場します。

旧石器時代の特色は「土器の使用は認められない」こと。だから、先土器時代（文化）、または先縄文時代（文化）とも呼ぶわけです。この時代には、家畜もいませんでした。

さて、この旧石器文化の時代は、地質学の世界では更新世と呼ばれています。また、遺物や遺跡などを中心に〝どういう道具を使っていたか〟という観点で探究する学問を考古学といいますが、考古学では、打製石器を使っていた時代を旧石器時代といい、磨製石器が登場した**新石器時代**と区別しています。

❖……日本列島は大陸と地続きだった⁉

旧石器時代の日本を見ると、地形面では、この時代はまだ今のような日本列島はできていません。大陸と日本列島は北と南で地続きになっていたわけで、日本海は湖のような状態でした。だから、その湖を囲むような格好で、大型動物も日本にやってきたわけです。南方からはナウマン象と大角鹿。北方からはマンモスや篦鹿がきました。それを追って人々も日本列島へやってきたらしい。

気候の面では、この時代は大変寒冷な時代が続いたので、これを**氷河時代**または氷河期と呼びます。

この時代は寒い時代ですから、それに耐えられるような植物しか生育できなかったので、植生は針葉樹林が中心でした。寒さに耐えられるような植物の生態が針葉樹林で、これが旧石器時代の植生の特徴だということですね。

❖……人類の誕生は六五〇万年前

さて、当時生きたであろうと思われる人びとの化石化した人骨が、あちこち（とくに石灰岩地層の中）から発見されています。

一九三一年、兵庫県の明石（あかし）のあたりで人間の骨が出たんですが、直良信夫（なおらのぶお）という人がこれを、旧石器時代の人骨だろうと判断しました。しかし、学会で認められないまま太平洋戦争に突入し、結局、この骨はその戦争中焼失してしまいました。

その後一九四八年、戦後になって長谷部言人（はせべことんど）がこれに、「ニポナントロプス・アカシエンシス」という学名を与え、日本名「明石原人」と命名しました。それ以来ずっと明石原人といういい方が定着していたんですが、今では「原人どころか縄文時代以降の人骨で新人だ」という説が強いんです。そのほか、新人の化石人骨としては沖縄県の港川（みなとがわ）人骨、静岡県の浜北（はまきた）人骨が有名です。

では、人類はいったいどこから出てきたのでしょうか。

まず人類は、**猿人・原人・旧人・新人**の順で進化しましたが、人類の誕生は今から約六五〇万年前、ちょうど地質学でいうと新第三紀の中新世の後期と位置づけられています。

猿人の特徴は「直立歩行をしていた」ことと「石器も使用していた」こと。

第二段階の原人の特徴は、「道具を使っていた」ことと、さらに「火を使用した」こと。

第三段階の旧人の特徴は、「衣服をまといはじめた」こと。

そして第四段階の新人は今のわれわれと同じ。学名で**ホモ＝サピエンス**と呼ばれる人びとです。

現代の人類の起源が新人で、今から約一〇万年前にアフリカから世界中に広まったといいます。ちょうど、地質学でいうと更新世の後期ごろに出現したのが、今のわれわれ人間のルーツ、いわゆる新人と呼ばれる人びとです。新人は**現生人類**ともいいます。

旧石器時代の遺跡は全体で約三〇〇〇か所あります。

群馬県の岩宿(いわじゅく)遺跡は、旧石器時代解明の端緒となった遺跡です。相沢忠洋(ただひろ)というアマチュアの考古学者が岩宿の関東ローム層（赤土）の中から石器を発見したことによって、この時代解明の端緒が開かれたわけです。

❖……およそ一万年前、日本列島が誕生

約一万三〇〇〇年ぐらい前から、日本は縄文時代に入ります。地質学では、縄文時代から現在に至るまでを完新世(かんしんせい)と呼んでいます。

考古学では、縄文文化は新石器時代です。なお、旧石器時代から新石器時代への過渡期には、細石器の使用、弓矢の使用、犬の家畜化などがはじまりました。

地形面では、このころ日本列島が生まれます。大きな地殻変動があり、それまでの長い氷河時代が終わって、海進がはじまります。そして気候の温暖化にともなって広葉樹林が広がりました。落ちた葉は養分となり、土の色を黒く変えます。

今まで陸続きだったところが海に埋没し、大陸とは離ればなれになりました。こうして現在の日本列島の原形が、今から約一万年ほど前にできあがったわけです。

この縄文時代は、土器の変化を基準に草創期・早期・前期・中期・後期・晩期の六期に区分されます。以前は五期区分が普通だったんですが、最近は草創期を入れて、縄文時代は六期だという考え方が通説になっています。その草創期、縄文時代に入りたての時代のことを、特に原土器時代と呼ぶ場合もあり

ます。

❖……化学変化を利用した縄文時代人

縄文文化の特徴は、人間がものの化学変化を知り、土器の製作を覚えたということです。縄目の文様をほどこした土器が多いということから、この時代に使われた土器を**縄文土器**と呼んでいます。この黒褐色の縄文土器をともなうのが縄文文化の第一の特徴です。

第二の特徴は、縄文時代の遺跡は東に分布が多く、密度が高いこと。西は東ほど多くはありません。

そして第三の特徴は、磨製石器が登場したこと。磨製石器が登場した時代を、新石器時代といいます。新石器時代というのは、打製石器が使われなくなった時代のことではなく、打製石器のほかに、磨製石器が登場した時代のことをいうんです。

縄文時代には磨製石器のほかに、旧来の打製石器も使われました。

❖……縄文時代人の生活は？

縄文時代人は利器を開発したので、生活も次第に便利になっていきました。例えば、**骨角器**（こっかくき）や**弓矢**が登場します。イノシシの骨や動物の牙・角などを加工して、釣針や銛（もり）などの道具をつくったのです。

また、弓矢を発明、開発することによって大型動物が絶滅した今、小動物の捕獲が非常に容易になりました。だから、骨角器と弓矢の発明は、縄文人の大きな功績ということになりますね。

当時の人びとは**竪穴住居**（たてあな）で生活をしていました。

旧石器時代の人びとがテント式の小屋、あるいはときには、洞穴なども利用したのに対して縄文時代人は、基本的には竪穴住居に住んでいた。それが中央の広場を囲むように円形に配置され、環状集落を形成していたんです。一つの竪穴住居は地面から五〇センチ程度掘り下げたものが多いのですが、中には地面を掘り下げない竪穴住居もあります。ポイントは、「中央に炉を備えている」ということです。これがヤマト政権の時代になると、竈(かまど)を備えるようになります。

そのほか、当時の人びとの食生活を示すものが**貝塚**です。貝塚はごみ捨て場であると同時に、人間が死んだときにあの世へ送る葬送の場でもありました。貝塚は海岸地帯に多く分布していて、その形状はだいたいが環状またはU字形(馬蹄形)に形成されているのが特徴です。

❖……縄文時代人のアニミズムとは?

縄文時代には、「すべてのものに精霊が宿る」という考え方が人びとを支配していました。精霊のことをラテン語で「アニマ」というので、縄文時代人の精神世界をアニマ崇拝主義、つまり**アニミズム**と呼ぶわけです。

そのアニミズムを象徴する品々といえば、例えば土偶。土偶というのは土でつくった偶像、つまり人形のことです。魔除けとして使ったのでしょう、だいたい壊れた姿で出土しています。

それから抜歯(ばっし)。一種の成人式です。

さらには、屈葬(くっそう)。これは人が死んだときに手足を折り曲げて葬ることです。また、石を抱かせた場合の屈葬を抱石葬(ほうせきそう)といいます。生きている人々に死霊が悪さをしないように、という願いが反映されたものです。

甕棺墓(かめかんぼ)は、屈葬をさらに密閉度を強めるために、甕を両方からカプセル状に密閉して、その中に人骨を納めたもので、この甕をお墓とみなして、甕棺墓といったわけです。一つの甕の中に死体を入れた場合を単甕棺といい、二つの甕を粘土で合わせて完全に密閉した場合を合口（あわせぐち）甕棺といいます。

❖……縄文土器は縄目文様ばかりではない

縄文土器は、南千島・北海道から南は沖縄県まで、日本全国をほぼひととおり網羅する形で分布しています。

その縄文土器の特徴をまとめておきましょう。

土器の表面に縄目文様が多いことからこの名があるのですが、草創期の土器には縄目文様はありません。縄文土器というのは、最初から縄目の文様が入っているわけではなく、草創期の土器には爪で型を押したような爪形（つめがた）文、あるいは隆起線文、あるいは豆粒を押したような豆粒文（とうりゅうもん）といった文様がほどこされていました。また縄文早期の土器は、底部が円錐形に尖（とが）っているその形状から尖底（せんてい）土器とも呼ばれています。

中期には燃えあがる炎をかたどったような形状の火焔（かえん）形土器のように文様が複雑になり、自由闊達（かったつ）な人々の精神状態がうかがえる土器が多くなります。そうしたことから、この中期が縄文時代の全盛期と考えられています。

縄文晩期の土器は製法がきわめて進んだ土器で、青森県の亀ヶ岡遺跡からは注口（ちゅうこう）土器が出土しました。それから縄文時代最末期、次の弥生時代に入るころの土器が福岡県の板付（いたづけ）遺跡から出てきた土器で、夜臼（ゆうすしき）式土器と呼ばれます。

縄文土器には赤ちゃんや子どもの死体も葬りました。最近、三内丸山（さんないまるやま）遺跡の調査でこのことも判明しました。

ちなみに、土器や土偶の破損部の接着には天然のアスファルトが使われていたようです。

❖……各地に残る数々の遺跡から何がわかる？

そのほかの縄文時代の遺跡と貝塚を見てみましょう。

千葉県の加曽利（かそり）貝塚は国内最大級の貝塚で、北貝塚は縄文中期、南貝塚は縄文後期のものとされています。

福井県の鳥浜貝塚または鳥浜遺跡では、瓢箪（ひょうたん）や緑豆の栽培植物が発見されています。岡山県にある縄文遺跡で、人骨約一七〇体が出土したのは津雲（つくも）貝塚です。貝塚研究の端緒となったのが、東京都にある大森貝塚です。発見したのはアメリカの動物学者モースでした。

水田の跡と炭化米が発見されたのが佐賀県の菜畑（なばたけ）遺跡と大阪府の牟礼（むれ）遺跡です。

一九九四年の新聞を大々的に賑わしたのが、青森県青森市の三内丸山遺跡です。東日本における縄文前・中期の最大の集落遺跡で、しかも人びとは定住生活をしていたことが判明しました。つまり、それまでの「縄文時代＝移動生活の時代」という図式は成り立たなくなった、というわけです。

それから、同じ一九九四年に報じられた正楽寺（しょうらくじ）遺跡。これは滋賀県にある遺跡で、西日本最大級の縄文後期の集落遺跡です。

そして、北海道南部の函館空港遺跡群。これは三内丸山遺跡よりもさらに古く、大規模な集落群があったことが判明しました。

縄文時代にも交易はありました。その交易の有無を決定づけるのが、黒曜石（こくようせき）という石です。そしてサヌカイト、別名、讃岐石とも呼ばれる石。さらに硬玉、別名、翡翠。

こういう石は、特定の場所にしか産出しません。ところが、特定の場所にしか産出しないはずの石が、その産出地からかなりかけ離れた地域から出土する。つまり、交易があったという証拠です。また丸木舟が使われたことからも、縄文時代人はすぐれた航海術を身につけていたことがわかります。

❖……日本のようすを伝える記録とは？

紀元前五～四世紀ごろから日本は弥生時代に入りました。弥生時代は三世紀半ばごろまで続きます。ちょうどその中ごろ、紀元前一世紀ごろの日本と中国のようすを伝えてくれる史料が、**『漢書』地理志**です。

一世紀の日中関係を伝える史料は**『後漢書』東夷伝**です。中国では後漢という国が生まれ、この後漢の正史を『後漢書』といいます。

三世紀の日本のようすは**「魏志」倭人伝**という記録に書かれています。「魏志」倭人伝というのは独立した一冊の本の書名ではなくて、『三国志』という記録の中の一部です。

そして、四世紀のようすを伝えるものには高句麗好太王碑という石に刻まれた文章があります。このように石や金属に刻まれた文章を金石文といいます。

五世紀のようすを知るには、中国に『宋書』という南朝の宋の正史があって、その中に日中関係について触れた部分があります。それを**『宋書』倭国伝**といいます。

六世紀のようすを伝えるものに、**『日本書紀』**があります。日本側の記録でその中に当時の日本の国内のようすが書かれているわけです。

さらに隋の歴史書に『**隋書**』という記録があって、その中の一節**倭国伝**に遣隋使の記事があります。

❖……日本は、一〇〇ほどの国に分かれていた！

紀元前一世紀の日中関係から見ていきましょう。

東アジア世界の真ん中の国、中国があり、その陸続きの東のほうに朝鮮が見えます。そして、東シナ海を経て、**倭**と呼ばれた日本があるわけです。

この倭人社会は一〇〇ぐらいの小さな国から成っていました。その中にある国が毎年定期的に漢の皇帝のもとに**朝貢**する、つまり貢ぎ物を献上します。献上という言葉には相手をあがめて付き合う意味が含まれています。したがって国際的地位関係としては、日本よりも中国のほうが高いところにあるわけです。貢ぎ物の中身ですが、奴隷、つまり人間の場合もあります。

さて、中国の皇帝は朝貢されたら黙っているわけではなくて、必ずそれに見合う返礼をします。返礼として、あるときには金印を与えたり、あるときには称号を与えたりします。

だから当時、日本と中国の関係は二五ページ図のような線で結ばれていました。しかも日本はつねに低め、朝鮮も低めで、中国が東アジア世界の中心で、リーダーです。そのリーダーと付き合うときには朝貢という格好になるわけです。この日本と中国とのつながり方を一般に**冊封体制**といいます。

一〇〇あまりに分かれていた国は、やがてどうなったか。それを伝えているのが『後漢書』東夷伝です。

中国、後漢の都は洛陽にあり、皇帝は光武帝でした。その、洛陽の光武帝のもとに建武中元二年（西暦五七年）に**奴国王**が朝貢しました。朝貢したわけですから返礼がきます。その返礼のときに奴国王に

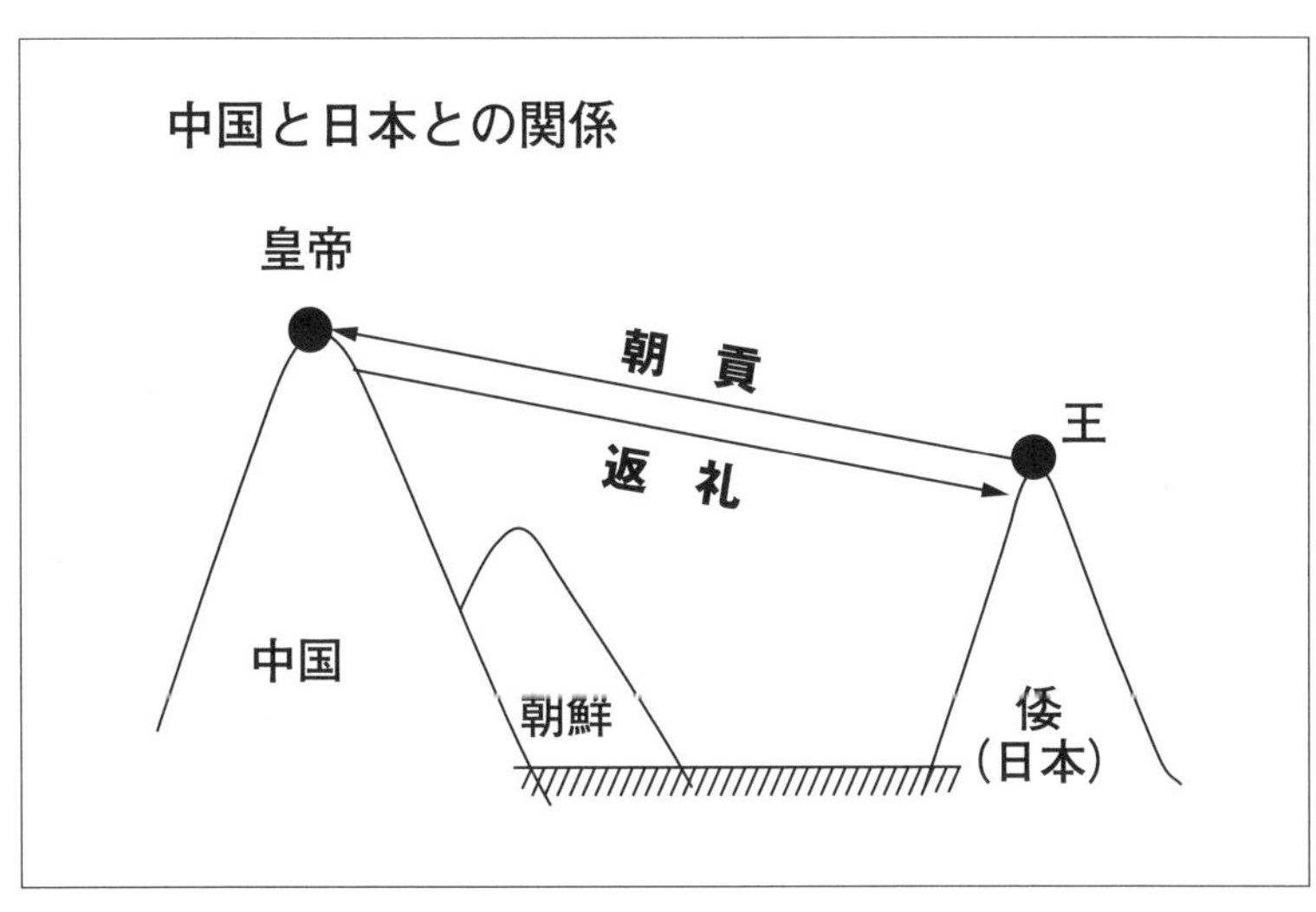

与えられたであろうと思われている**金印**、つまり金製のハンコが見つかりました。

この金印は一七八四年、江戸時代、寛政の改革がはじまる三年前、福岡県の**志賀島**（しかのしま）で発見されました。それには**漢委奴国王**という五文字が刻まれていた。一辺二・三センチ、重さは一〇九グラムで、現在は福岡市博物館に所蔵されています。

この一世紀という時代は弥生時代中期にあたります。弥生時代というと稲作技術と金属器が伝わった時代。そして、水稲耕作が本格化した時代です。農業が本格化したことによって貧富の差ができ、身分の差ができました。

では、なんという身分があったのか。

『後漢書』にしっかりと記録されています。まず「奴国王」の「王」という身分があった。そして、「大夫」（たいふ）という身分があったようです。これは大臣でしょう。それに、貢ぎ物を持って朝貢したときに一六〇人もの「生口」（せいこう）を献上したと書いてあることから、社会の最下層に「生口」、これは奴隷のことと考えられていますが、そうした身分があったというわけです。

また、この史料から二世紀の後半に日本で大きな混乱があったことがわかります。それまで一〇〇あまりに分かれていた倭人社会が二世紀に、動乱の中でしだいに統合されていきました。そして、三世紀には邪馬台国という大きな政治的連合体が生まれます。最後には邪馬台国(やまたいこく)が三十余国の小国連合国家として成立したということです。

❖……弥生時代は「金石併用文化」の時代

弥生文化には特徴が三つあります。一つは「水稲耕作の本格的開始」。水稲耕作は、縄文時代後期にはすでに行われていましたが、それが本格化したのが弥生時代です。

二つめは「金属器を使用した」こと。

三つめは「弥生土器を製作・使用した」こと。

弥生時代の時代区分については、縄文時代は六期区分だったけれども、弥生文化は前期・中期・後期の三期区分です。この時代は、磨製石器と金属器が同時に使われたので、**金石(きんせき)併用時代**とも呼んでいます。

ただ、本州北部までが弥生文化に入っている時代に、北海道には農耕を中心とする弥生文化は伝わらなかったため、この時期の北海道は続縄文文化の時代にありました。

また、この時期の沖縄を含む南西諸島で開花した文化は、貝塚文化または南島文化と呼ばれています。貝塚文化は魚介類を中心とする採集経済を営む文化でした。

さて、**弥生土器**を詳しく見ていきます。

赤褐色の弥生土器は縄文土器と製法は同じでした。そこで、問題になるのは用途と土器の名前です。弥生土器としては貯蔵用の壺、煮沸用の甕（かめ）、食べ物盛付用の高杯（たかつき）などがよく知られています。米を蒸すときには甑（こしき）という土器が使われました。

❖……鉄器と青銅器の伝来はいつごろ？

鉄器と**青銅器**を合わせて金属器といい、その伝来時期は紀元前五世紀ごろで、鉄器と青銅器はほぼ同時に伝わりました。

鉄器は、工具や農具として使われ、ときには鉄鏃（てつぞく）などの武器にもなりました。

それに対して青銅器は、祭祀用、または権威の象徴として使われたもので、農具・工具ではないということですね。

青銅器は銅と錫（すず）の合金で、いろいろなタイプがあります。瀬戸内や九州を中心に分布するのが、**銅剣・銅鉾（どうほこ）**。したがって、瀬戸内・九州は**銅剣・銅鉾文化圏**ということができます。銅剣には細形（ほそがた）銅剣と平形（ひらがた）銅剣があり、前者は九州北部に、後者は瀬戸内沿岸一帯に分布しています。

また、銅鉾には狭鋒（せまさき）銅鉾と広鋒（ひろさき）銅鉾の二タイプがあります。

一方、近畿地方は**銅鐸（どうたく）文化圏**です。銅鐸は釣鐘形青銅器で、はじめは楽器であったらしく、のちに権威の象徴、祭祀用になります。だから、銅鐸のもつ役割は、はじめは聞く銅鐸、のちに見る銅鐸に変わった。

青銅器には、鏡もあります。銅鏡です。中国から日本に入ってきた鏡を、舶載（はくさい）鏡といい、これは舶来品という意味と同じです。ちなみに、日本製の鏡を仿製（ぼうせい）鏡、同じ鋳型で鋳造した鏡を同笵（どうはん）鏡といいます。

同じ鋳型で鋳造した同笵鏡の分布について、ちょっとまとめてみましょう。
京都府の椿井大塚山古墳から**三角縁神獣鏡**が出土しました。三角縁神獣鏡というのは、横から見ると縁の断面が三角形だから三角縁というんです。この椿井大塚山古墳から出てきたのと同形の三角縁の鏡が、九州から東北にかけて分布しています。

それから弥生時代の磨製石器には、太型蛤刃石斧・扁平片刃石斧・磨製片刃石斧・柱状片刃石斧があります。その名のとおり、太い棒状の石がゆるやかにカーブして蛤のように見える刃を持つ石斧、扁平の片刃を持つ石斧、磨かれた片刃を持つ石斧、柱状の片刃を持つ石斧で、鑿のような木の削り具として使われました。

❖……水稲耕作の進歩で弥生人の社会はどう変化した？

弥生時代、**水稲耕作が本格化**します。農作業は、はじめは湿田が中心でしたが、中期以降に西日本には乾田も出現します。乾田というのは直播や田植えの時期には水を張っておいて、収穫のときには水を抜く田んぼのことで、その後は畑としても利用できるような田んぼです。もうすでに田植えも行われています。

そして、生産力が向上します。生産力が向上するということは、人びとが労働に慣れるということも大きな要因になっています。慣れると農作業の要領も良くなり、天候不順の年はどうすればいいか、知恵も得られます。

そういうことで、生産力は徐々に向上しました。そうすると余剰収穫物も生まれます。その余剰収穫物を蓄えたのが高床倉庫や、あるいは貯蔵用の穴でした。すると、蓄えることのできる人、できない人というように人間社会は二極分化を起こします。貯蔵できる者は経済的に豊かになり、貯蔵できない者はますます貧しくなる。貧しい者は貯蔵している者、富める者にすがって生きていかざるをえない。豊かな者は貧しい者の面倒をみてやる。その面倒をみてやるという行為、ここに支配・被支配の観念が生まれていくわけです。

こうして世の中には、貧富の差が生まれ、身分制社会へと移行していきました。

水稲耕作で使われた農具は、木鍬（きくわ）・木鋤（きすき）、つまり木製の鍬と木製の鋤です。ところが、やわらかい土ばかりならいいけれども、中には石ころだらけの土という場合もある。だから後には、刃のところに強度を維持するためU字形に鉄刃をはめ込むようになったのです。

そして、木臼（きうす）と竪杵（たてぎね）。この二つは脱穀に使われました。

さらに、田下駄（たげた）と大足（おおあし）。どちらも足にはくものです。そのほかに、田舟があります。これは、摘み取った稲穂を陸部まで運ぶ運搬用の小舟です。

「えぶり」という、水田を平らにならす農具もありました。初期には籾（もみ）は直播（じかまき）し、実ると石包丁（いしぼうちょう）で穂首（ほくび）刈（がり）していましたが、後には鉄鎌を使って根刈りを行うようになりました。

❖……大きく変わった弥生時代人の生活とは？

では、弥生時代人の生活はどうだったか？　採集経済と併行しながら生産経済が発達し、農耕に適した低湿地の近くでの定住生活も安定するようになりました。

生活面では麻や、からむしを用いての**機織（はたおり）**がはじまりました。機織で使われた道具の一部が紡錘車（ぼうすいしゃ）です。

それから葬制は、今までの屈葬に代わって手足を伸ばして葬る伸展葬（しんてんそう）が増加します。墓制では甕棺墓（かめかんぼ）・支石墓（しせきぼ）・方形周溝墓（ほうけいしゅうこうぼ）などがあり、支石墓は朝鮮半島の影響を受けたもの。方形周溝墓は弥生前期からあって、周りが四角で溝が掘ってあるタイプで、最初に発見された場所が、東京の八王子市にある宇津木遺跡です。後期になると山陰地方の四隅突出墳丘墓のように、西日本では墳丘をもつ墓もつくられるようになりました。

弥生時代の集落で特徴的なのは高地性集落と環濠（かんごう）集落が営まれたことです。共通点は、共に軍事的・防衛的な色彩が強いということ。違いは分布。高地性集落は、主に瀬戸内から近畿地方の丘陵に限定されています。それに対して環濠集落は、九州から関東まで広く分布していて、神奈川県の大塚遺跡、大阪府の池上曽根（いけがみそね）遺跡などが代表的です。

❖……弥生時代の主要な遺跡

それでは、弥生時代の遺跡をチェックしましょう。

青森県では砂沢（すなざわ）遺跡と垂柳（たれやなぎ）遺跡に注意です。砂沢遺跡は稲作文化の最北端と考えられています。ところで、弥生土器の呼称は東京都文京区の弥生町で発見された土器ということに由来しているわけです。

静岡県の登呂（とろ）遺跡からは、畔（あぜ）で仕切られた水田址が発見されました。奈良県にある唐古（からこ）・鍵遺跡では、大集落から青銅器鋳造炉跡も発見されています。

静岡県の山木（やまき）遺跡では、田下駄などの木製農具がたくさん出てきました。さらに百間川（ひゃっけんがわ）遺跡（岡山県）は田植えの可能性を示す水田などがみつかり、荒神谷（こうじんだに）遺跡（島根県）からは三五八本の銅剣が出ま

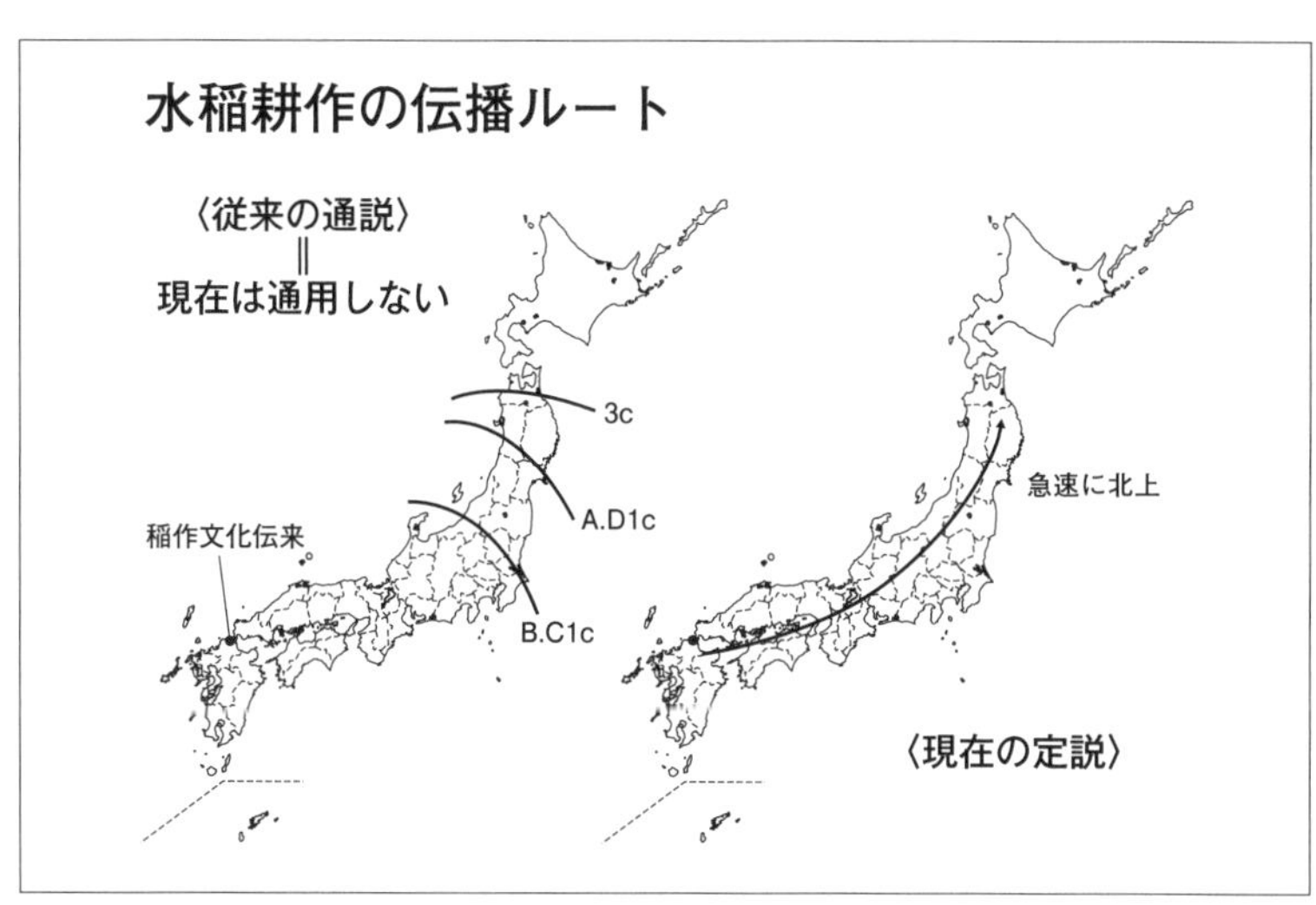

した。吉野ケ里遺跡（佐賀県）は弥生時代最大の環濠集落として注目されました。

❖……謎の女王・卑弥呼と邪馬台国とは？

三世紀の邪馬台国をリードしたのは**卑弥呼**という女王でした。卑弥呼は三〇あまりの国の王たちによって共立されました。では、女王卑弥呼がどういう政治を行ったのか、また当時の邪馬台国がどんな社会であったのか、『魏志』倭人伝で見てみましょう。

卑弥呼は鬼道政治と呼ばれる呪術的な政治をとっていて、男弟がそれを補佐していました。外交では、二三九年に中国に使者を送っています。この遣使に対して、魏の皇帝は卑弥呼に親魏倭王という称号や金印紫綬、そして銅鏡などを与えます。

ところが、そうして政治をとっていた卑弥呼にもやがて死ぬときがやってきます。卑弥呼と一緒に葬られた奴婢が一〇〇人ぐらいいたということですから、相当な力を持っていたことがわかります。

卑弥呼が死んだ後、邪馬台国では男子が王となったようです。ところが国が治まりませんでした。そこで、卑弥呼の一族の女性で、壱与という名の一三歳の女の子が後を継ぎます。そしたら国が治まったというんです。

❖……身分制度はあれど男は王になれない国

では、当時の身分制はどうだったのか。

『魏志』倭人伝を見ると、まず王がいます。それから大夫がいる。さらに、下戸、大人というのがあり、最後に、「徇葬した奴婢」ということで、奴婢という身分があったこともわかります。つまり、邪馬台国には「王、大夫、大人、下戸、奴婢」という身分があったというわけです。

邪馬台国に生きていた人びとのライフスタイルですが、人びとは裸足で生活していました。また、食べ物は手づかみで食べていました。それから身体に朱を塗ったり、顔に入れ墨もしていました。魔除けでしょう。さらに具体的にはほとんどわかっていませんが、記録の上ではすでに刑罰の制度や租税の制度などもあったように伝えられています。

邪馬台国の人びとのファッションについて、男性のファッションは袈裟衣といいます。女性は貫頭衣といって、頭からかぶって両サイドをとじるもので、ワンピースのような格好でした。

邪馬台国があった場所についてはわかっていません。位置については、大和説（近畿説）と九州説があり、現在でも両説が対立しています。

いずれにしても、邪馬台国の時代は、必ずしも男が王になる時代ではなかった。つまり、いまだ男子による王権が世襲されていない時代――、それが邪馬台国の時代ということになります。

❖……新しい政治勢力・ヤマト政権とは?

四世紀という時代は、大和地方を中心に新しい政治勢力が生まれた時代で、これを**ヤマト政権**と呼びます。ヤマト王権といういい方もあります。四世紀はヤマト政権の成立期でした。

五世紀後半になると政治制度、社会制度が整って、ヤマト政権は全盛期に入ります。ところが、しだいに対外的、対内的な矛盾が表面化して、六世紀に入ると動揺の兆しを見せはじめます。

やがて七世紀後半に入るとヤマト政権は衰退していき、新しい**律令国家**と呼ばれる国づくりが進められていきます。

こうして、ヤマト政権は成立期、全盛期、動揺期と推移していき、ついには衰退し、やがて律令国家という新しい政治体制ができていく。これが四世紀から七世紀にわたる歴史の大きな流れです。

この四世紀という時代について、外交的な面から見ていきましょう。

朝鮮半島の上半分が**高句麗**で、つねに北から南下の姿勢を示していたわけです。南の国々はつねに高句麗の南下に戦々恐々としていました。

南の左側を**百済**といいます。右側が**新羅**です。そして、下の端は**加耶諸国**（加羅）と呼ばれる小国分立の状態が続きました。朝鮮半島南部の地域はこのように三つに分かれていたんです。

ところで、百済、新羅、加耶諸国はもともとこういう名前で呼ばれていたのではなかったんですね。百済は、もとは馬韓と呼ばれる部族国家があった地域を百済がまとめたところ。また、新羅は辰韓と呼ばれていた地域でした。つまり馬韓から百済、辰韓から新羅が生まれたということになります。

それでは、朝鮮半島の先端の加耶諸国の地域は何と呼ばれていたか。この地域は、弁韓と呼ばれていました。

この時代、ヤマト政権は朝鮮半島に出兵しました。当時の日本は、朝鮮や中国を先進国のモデルとして羨望のまなざしで見ていたわけです。そうした大陸にある先進技術や財源とされた鉄資源を欲しいと思った。つまり、「先進技術や鉄資源を求めるため」に、ヤマト政権は加耶諸国や百済を足がかりに進出しようとしたわけです。

第2章 古墳時代……ヤマト政権から飛鳥時代へ

四世紀中ごろにヤマト政権と呼ばれる、新たな統一国家が成立します。この時代、朝鮮半島から多くの渡来人が来日し、当時の政治や文化に大きな影響を与えました。

やがて、大王を中心とする支配体制は豪族の成長とともに動揺しはじめ、豪族間の勢力争い、ひいては天皇の暗殺事件なども発生。こうした中、厩戸王（聖徳太子）を中心に中央集権国家確立のための政策が進められ、大化のクーデタをへて本格的に律令国家の建設がはじまります。

❖……ヤマト政権で大活躍した倭の五王とは？

五世紀という時代はヤマト政権の全盛期で、**倭の五王**が活躍した時代です。

倭の五王というのは、讃、珍、済、興、武ですね。珍は弥という説もあります。これは全部男です。

したがって五世紀には、男子による王権世襲制が完全に確立した時代に入っていたと考えられます。

讃と珍というのは応神天皇や仁徳天皇など、いろいろな天皇が考えられていて、よくわかっていません。済というのは允恭天皇で、興は安康天皇です。

武はワカタケルの大王といわれた**雄略天皇**です。ワカタケルは漢字で書くと獲加多支鹵となります。

そして、この倭王武、雄略天皇が中国の皇帝のもとに手紙を出しました。それを一般に**倭王武の上表文**

といい、『宋書（そうじょ）』倭国伝に記載されています。

武が順帝に手紙を出した理由ですが、日本には大陸の先進技術や鉄資源などを求めるために朝鮮半島を経営したいという願いが根底にあり、そのためには、なんとしても朝貢して、中国からそれなりの返礼をもらって東アジアの最東端をうけもつ国として認めてもらう。そういう立場が欲しかったから。つまり、中国皇帝の権威を借りて、より有利に朝鮮半島経営を図るために手紙を出したんです。

それに対して、中国側からは倭王武に称号、それもむしろ軍事的な称号、軍号が与えられました。それが**安東大将軍**（あんとう）です。雄略天皇は、このような称号をもらったといわれています。

❖……氏姓制度って何？

さて、このヤマト時代というのは、一言でいうと**氏姓制度**という枠の中で社会が進んだ時代です。

氏（うじ）というのは何か。これは血縁的な同族集団をもとにした組織を指します。ちょうど家族のようなものです。この氏という、血縁を中心に構成された共同体をリードする立場の人を氏上（うじのかみ）といいます。氏上の下に子どもたちなど氏人（うじびと）がたくさんいるという構図になるわけです。

それから氏姓の「**姓**」というのは「かばね」と読みます。これは氏に与えられた身分を示す称号です。こうした氏と姓を基礎として成立したのが氏姓制社会です。

この氏姓制社会の中でこの時代の政治を行っていたのはどういう人びとか？

まず讃（さん）、珍（ちん）、済（せい）、興（こう）、武（ぶ）のような**大王**（おおきみ）がいる。後の天皇にあたります。中央政治は大王、そしてその下で**大臣**（おおおみ）・**大連**（おおむらじ）という**豪族**が中心になって政治をとり、地方は国造（くにのみやつこ）・県主（あがたぬし）・稲置（いなぎ）という人びとによって治められていました。

ヤマト政権の時代というのは、**私地私民制**の時代で、一般の豪族たちもそれぞれ土地と人民を所有していたわけです。

朝廷がもっていた直轄地のことを屯倉といい、朝廷の直轄民のことを子代・名代といいます。また、豪族がもっていた私有地は田荘と呼ばれます。豪族がもっていた私有民は部曲です。そして、屯倉を耕した農民は子代・名代ではなくて、田部と呼ばれていました。

そのほか、品部と呼ばれる職業部民や職業官人としての伴が伴造に率いられて朝廷に奉仕していました。

❖……「姓」は何を表しているか？

ここでは、氏姓制度の中の姓についてクローズアップさせます。

臣という姓をもらっていた豪族は、葛城氏、平群氏、そして有名な蘇我氏など。**連**という姓をもらったのは、大伴氏、中臣氏、そして物部氏などです。

その他の姓として、**君**という姓をもらった豪族がいました。筑紫や毛野などの特に有力な地方豪族に与えられた姓が君というわけです。それに対して、一般の地方豪族に与えられたのが直です。

それから、ヤマト政権に対して特定の技術をもって仕えていた人びとのことを**品部**と呼びました。その品部を統率した豪族のことを**伴造**といいます。品部はどういうものをつくっていたのか。品部の一つに弓削部というのがあります。弓削部は、ヤマト政権に武器を製造し調達していた人びとです。そのほか、韓鍛冶部、錦織部、土師部、陶部などいろいろな部がありました。

韓鍛冶部の「かぬち」というのは鍛冶屋の集団で、鉄製の武器や馬具をつくりました。錦織部は織物が専業です。

土師部というのはヤマト政権時代に使われた土器、土師器（はじき）というやや赤味を帯びた土器の製作にあたった集団です。ちなみに、古墳の周りに並べられた埴輪（はにわ）をつくったのも土師部です。

陶部と書いて「すえべ」もしくは「すえつくりべ」と読む集団がいます。これは須恵器（すえき）をつくった集団です。

❖……ヤマト政権を揺るがした四つの事件とは？

ヤマト政権は、六世紀にいたって動揺をきたす状況に陥ります。具体的にどういう動揺があったのか、まとめてみましょう。

《その一》

まず、五一二年という年に、大伴金村（おおとものかなむら）という豪族が、加耶（かや）諸国の地域の四つの県を百済に渡してしまいました。つまり**加耶諸国の一部を割譲**してしまうという事態を引き起こしたわけです。ここは、日本が朝鮮半島経営の拠点にしているところですから、当時のヤマト政権から見れば、いったい何をしてくれるんだということになりますね。五一二年にこういう失態を演じたために、この大伴金村は、やがて失脚してしまいます。

《その二》

それから一五年後の五二七年、筑紫国造（つくしのくにのみやつこ）、筑紫という地域を治めていた地方官である国造の磐井（いわい）という人物が、新羅と結んで反乱を起こします。六世紀に入って、地方豪族が反乱を起こすという事件が起こったわけです。ちなみに、九州の岩戸山古墳は、この磐井の墓と伝えられています。

《その三》

五六二年には、ついに加耶が新羅に滅ぼされてしまいました。**加耶滅亡**です。

《その四》

六世紀の後半には物部(もののべ)氏と蘇我(そが)氏が仏教をめぐる問題で対立し、五八七年に**物部氏が滅亡**しました。

加耶滅亡から三〇年後、ついにヤマト政権の首長、大王(おおきみ)が豪族によって暗殺されるという大変な事態が起こってしまいました。五九二年のことです。その大王の名前は**崇峻(すしゅん)天皇**。この崇峻天皇を暗殺したのは東漢直駒、「やまとのあやのあたいこま」という人です。それを東漢直駒に命令したのは蘇我馬子(そがのうまこ)でした。

❖……ヤマト政権の時代に展開した文化

氏姓制度と部民制度を基礎とした、四～七世紀のヤマト政権の時代に展開した文化を、**古墳文化**といいます。

古墳というのは、亡き首長の墓です。そして、その亡き首長に代わって、新しい首長が生まれたということを示す、一つのシンボルでもあります。

古墳文化は、前・中・後と三期に分けて区別されますが、前期の古墳は近畿地方を中心に、丘の上など小高いところに築かれました。これは、死んだ首長が死後の世界、高いところから大和平野を見下ろせるようにという意味で、小高い場所に築かれていったんですね。石室というのは、遺体を納める部屋のことで、竪穴式石室でした。

竪穴式石室というのは、上から縦に穴を掘る。だから、竪穴といいます。そして、遺体を埋めた後はまた土をかぶせた。古墳の表面には、木は一本も植えられておらず、一面葺石（ふきいし）で覆われていました。

しかし、これに大雨が降れば、こんな石は簡単に剝がれてきます。そのような場合に、土砂の流出を抑える土留用としての機能を果たしたのが**埴輪**（はにわ）です。前期の埴輪は屑かごのような円筒形をしたものが多く、これを円筒埴輪といいます。

古墳の形状は**前方後円墳**ですが、まだこの時期は規模が小さい。前方後円墳は方墳と円墳が組み合わさってできあがっているものなんですが、日本独自の形ではなく、中国や朝鮮でも見つかっているんですね。

遺体は円いほうに納められました。古代の中国に天円地方という考え方があります。天円地方というのは、天が丸くて地は四角いという考え方です。そこで、この円いほうに亡き首長の遺体が納められるわけです。

さて、亡き首長の遺体を納めたのは新しい首長です。この新しい首長は、夜の間に亡き首長をこの古墳の「円」の方に葬って、そして明け方、この前方後円墳の「方」の部分、四角い部分に移動して、そこで役人たちの前で、自分が新しい首長になったということを宣言しました。こういう儀式がこの古墳の上で行われていたわけです。

中期になると、それまで奈良盆地に築かれていた前方後円墳が大阪平野にも築かれるようになり、規模も大きくなります。そして、埴輪は形象埴輪といって、家・人物・動物といったものを具体的にかたどったものが多くなります。

古墳の形状も巨大化します。大きな前方後円墳の周りに濠をめぐらし、その周りに小さい前方後円墳が点在して、大きなものを取り囲んでいるような格好の古墳も出現しました。このような、大きな前方後円墳の周囲に点在する小さな古墳のことを、**陪冢**（陪塚）といいます。

やがて後期になると、古墳は、規模が小さくなりながらも山間部にもつくられていきます。そして全国的に広がり、**横穴式石室**と呼ばれる構造のものも出てきます。

横穴式というのは、土を盛った横から入口を造って、トンネルを掘る。そして、ある程度掘ったら大きな空洞をつくり、この空洞に棺桶を置くというもの。このトンネルの高さは、一人が通れるぐらいの高さで、入口のところに大きな石や岩を置いて塞ぎます。そして死者が出た場合、この大きな石をみんなでどけて遺体を納めた棺桶を中に入れて、前に納めた棺桶と並べる。そして、また蓋をしておくのです。ちなみに、この棺を納める部屋を**玄室**といい、この玄室に通じるトンネル部分を羨道といいます。

本来なら古墳の石室というのは、亡き首長を祀るため一人一穴主義でした。一つの竪穴に一つの遺体が入っている。これが本来の古墳です。

ところが、古墳後期になると、石をどければ何体でも遺体を追加して葬ることができる追葬可能な構造に変わりました。追葬可能ということは、この遺体を納める部屋に、何人もの大王たちの遺体を納めておくということはありえないので、この横穴式古墳は、大王の墓ではなくて、むしろ家族墓的な性格を強めたのではないかといえるわけです。

さて、埴輪ですが、後期になるし次第に多くなっていきます。そして後期には、小さい円墳などが密集してつくられる群集墳も築かれるようになります。

古墳前期を代表するのが、奈良県にある最大規模を誇る箸墓古墳。岡山県の浦間茶臼山古墳は中国地方最大規模の古墳。九州地方最大規模の古墳といえば、福岡県にある石塚山古墳です。

古墳中期を代表する日本最大の古墳が大阪府にある大仙陵古墳（仁徳天皇陵）。それから同じく大阪府の誉田御廟山古墳（応神天皇陵）です。

七世紀中頃になると、近畿地方には大王の墓として八角墳が造られるようになりました。地方をみると、古墳時代後期を代表する福岡県の岩戸山古墳は北部九州最大の前方後円墳で、石人・石馬といった石造彫刻、これは一見埴輪に似ているのですが、それが古墳の上に立てられていることでも有名です。

古墳後期の群集墳では、和歌山県の岩橋千塚、あるいは奈良県の新沢千塚なども有名です。千塚の「千」というのが数の多さ、群集しているようすを示しています。

古墳時代にも土器がつくられ、使われました。**土師器**と**須恵器**の二つのタイプです。

弥生土器の流れをくむのが、赤味を帯びている土師器です。土師器をつくったのは、土師部と呼ばれる人びとで、埴輪もつくりました。

それに対して、朝鮮系の技術でつくられた土器が須恵器で、高温で焼かれた青味がかった灰色をした土器です。須恵器をつくったのは陶部、または陶作部でした。

❖……金石文からわかる漢字の伝来

古墳時代に漢字が伝来します。漢字が使われたことは、金石文によって明らかになりました。

熊本県で出土したのが、江田船山古墳出土鉄刀です。その中に刻まれた漢字は七五文字。江田船山古墳は前方後円墳です。

それから、埼玉県では稲荷山古墳から鉄剣が出土しています。表裏合わせて一一五文字が刻まれています。

そして、和歌山県には隅田八幡宮という神社があります。この神社には人物画像鏡という鏡が蔵されていて、その周囲に四八文字の漢字が刻まれています。

奈良県にあるのが石上神宮七支刀。この石上神宮は物部氏の氏神であると同時に、ヤマト政権の武器を納めておく倉庫でした。物部氏は軍事を担当し、その武器を納めておいたのです。石上神宮七支刀に刻まれた文字は六一文字。この七支刀は、百済の肖古王が倭王のためにつくったものだといわれています。

数々の出土品のうち、江田船山古墳出土鉄刀銘と稲荷山古墳出土鉄剣銘を解読したら、「獲加多支鹵」という人名が浮かび上がってきました。つまり九州から出た刀にも、関東から出た刀にも、「獲加多支鹵」という文字が見えたのです。獲加多支鹵大王とは、雄略天皇に比定されている。つまり、雄略天皇の時代に、ヤマト政権の勢力が九州から関東地方まで及んでいたということが、このような資料で明らかになったわけです。

漢字の使用については、従来は五世紀と考えられていましたが、三重県の片部遺跡で四世紀前半の土器から墨で「田」と書かれた漢字がみつかり、これが今のところ日本で書かれた最古の文字とされています。

❖……儒教・仏教はどこから伝わったか？

儒教の伝来も古墳時代のことです。六世紀初めの継体天皇のころに、百済から**五経博士**が来日しました。そして六世紀中ごろの欽明天皇のとき、易博士・医博士・暦博士がやってきました。

仏教も伝わりました。仏教の伝来には私伝と公伝という二つのルートがあって、公伝以前に個人的なルートですでに仏教が伝わっていた、とするのが皇円の『**扶桑略記**』という記録です。『扶桑略記』には、「司馬達等という人が秘かに庵を結んで仏を拝んでいた」ことが記されています。これは五二二年のことです。

公式のルートでは、百済の聖明王から欽明天皇のもとに伝来しました。ところが伝来年代には五三八年と五五二年という二つの説があって、五三八年は干支でいうと戊午の年。それから、五五二年は干支を使うと壬申の年となります。

五三八年の説をとっているのは、厩戸王（聖徳太子）の伝記集『上宮聖徳法王帝説』と『元興寺伽藍縁起并流記資材帳』、略して『元興寺縁起』です。

五五二年説をとっているのは『日本書紀』。当時、欽明天皇も仏教をどう処理していいか、自分では判断できなかったため、物部氏と蘇我氏に意見を述べさせました。その結果、開明的な**蘇我氏は崇仏論**を唱え、保守的な**物部氏は排仏論**を主張して仏教はいらないといったのです。

なぜか。蘇我氏は大臣、物部氏は大連で、いわば政界におけるライバル同士であったこと。それから物部氏は石上神宮を氏神として祀っていた、つまり、神祇信仰に傾いていたからです。

このとき、蘇我稲目と対立したのは物部尾輿。やがて蘇我氏は世代を代えて、馬子の時代に入ると、物部氏も世代を代えて、守屋の時代に入ります。馬子と対立したのが守屋です。

結局、物部氏は五八七年に蘇我氏によって滅ぼされて、以後は蘇我氏による独走体制のもとに仏教興隆路線が敷かれることになりました。そして五九四年の仏教興隆の詔へとつながっていくんです。

❖……渡来人が伝えた大陸文化とは？

さて、この時代に日本にやってきた外国人を**渡来人**と総称します。その中で、日本の戸籍に登録された人だけが**帰化人**と呼ばれます。

機織りなどのさまざまな技術、漢字や思想を日本に伝えた注目すべき渡来人を三人あげておきましょう。

一人は**弓月君**(ゆづきのきみ)。この人は機織りの技術を伝えて、後の秦氏(はたうじ)の祖になります。

二人めは**阿知使主**(あちのおみ)。この人は文筆で仕えて、東漢氏(やまとのあやうじ)の祖となります。

それから、もう一人は**王仁**(わに)。王仁は阿直岐(あちき)の勧めで来日して、『論語』と「千字文」(せんじもん)を招来しました。「千字文」はお習字の手本としても使われたもので、墨で書いた漢字一千文字なんです。したがって、『論語』と「千字文」を招来したということは、ことばを換えれば、漢字が伝来したということです。この王仁は、後の西文氏(かわちのふみうじ)の祖となりました。

❖……神社の造営と神道的儀礼の誕生

このころから日本で神道的な儀礼が生まれました。そして神社もつくられます。最古の神社は、**大神**(おおみわ)**神社**。三輪山(みわやま)を神体として大物主神(おおものぬしのかみ)を祀っています。

さらに大国主神(おおくにぬしのかみ)を祀る**出雲大社**。それから三重県の**伊勢神宮**。伊勢神宮は、神明造(しんめいづくり)というつくり方でできていて、内宮(ないくう)と外宮(げくう)という二つに分かれます。内宮は後の皇室の祖先とされる天照大神(あまてらすおおみかみ)を祀っていて、外宮は、豊受大神(とようけのおおみかみ)を祀っています。豊受とは、農耕神のことですね。農業神または穀物神といってもいいでしょう。

住吉神社は住吉造で、海神と神功(じんぐう)皇后を祀っています。どんな人がここを崇敬していたかというと、海に関わりをもつ人びと。例えば遣唐使ですね。あるいは漁師さんたち。船乗りが、航海の安全などを祈るために参詣に行ったわけです。もちろん地元の人たちも崇敬していたにちがいありません。

それから春日神社。これは藤原氏の氏神で、春日社、あるいは春日大社ともいいます。

さらに福岡県の宗像神社。その沖津宮として、玄界灘に浮かぶ沖ノ島が信仰の対象になったんです。沖ノ島は「海の正倉院」とも呼ばれて、遺跡としても知られているところですね。

また、豪族、たとえば大伴氏、あるいは蘇我氏、物部氏など、それぞれの氏には守護神がついていました。氏の守護神ですから、氏神といいます。

その土地土地に宿る神もいます。産土神といい、自分が生まれた土地に宿る神です。

農耕儀礼も発達します。その年が実り多い年であることを神に祈るのが春の祈年祭です。その年の実りを神に感謝するための秋の儀式が新嘗祭で、天皇が即位して最初に行われる新嘗祭を、特に大嘗祭といいます。

当時の習俗を見てみましょう。仏教が伝来する前、人間は死ぬと黄泉国に行くと考えられていました。しかも黄泉国に行って、また生きてこの世に戻ってこられると信じられていたんですね。「蘇る」というのはそこからきている言葉なんです。

当時、人間の生きざまにおいて、「穢れ」とされたもの（不浄といいます）が二つありました。一つは赤不浄。もう一つが黒不浄です。赤不浄は血、黒不浄は死を意味しています。その穢れた状態を清める方法が、水で清める「禊」と、水を使わない「祓」です。

さて、「太占」を知っていますか。太占というのは鹿の骨を焼いて、その骨の割れ方でもって吉凶を占うやり方です。そして「盟神探湯」。熱湯の中に小石を入れておいて、その小石を拾い上げたとき、火傷をしたらその人は氏姓を偽っているという、なんとも原始的な神判も行われていました。

古墳時代の生活

① **住居**…竪穴住居（方形でかまどをもつ）・高床住居・平地住居
② **屋根の構造**…切妻造・寄棟造・入母屋造→家形埴輪からわかる
③ **衣類**…筒袖の衣を着て、下は男子は袴、女子は裳を着用→人物埴輪からわかる
④ **髪形**…男子は美豆良（みずら）、女子は髷
⑤ **求愛の習俗**…歌垣（うたがき）
⑥ **甲冑**…挂甲（前後に垂らす形式）・短甲（コルセット形）

❖……古代の世にも〝合コン〟があった

古墳時代の人びとの生活について、ちょっとまとめておきましょう。

竪穴式住居内の構造も縄文時代とはずいぶん変わって、壁ぎわに竈（かまど）を備えるようになりました。

また若者は何をやっていたかというと、野山に男女が集まって求愛の儀式なんかをしていたんです。この儀式を歌垣（うたがき）といいます。

それから甲冑（かっちゅう）。よろいとかぶとのことですね。これには二つのタイプがあり、前後に垂らす甲冑を挂甲（けいこう）といい、コルセット形のものを短甲（たんこう）といいます。

❖……二度皇位に就いた天皇

では推古天皇の時代から古代天皇制律令国家へと話を進めていきましょう。

推古天皇の次が舒明（じょめい）天皇、その次に皇極（こうぎょく）天皇、それから孝徳（こうとく）天皇、そして斉明（さいめい）天皇へと続きます。

実はこの中に同じ人が二回、天皇になっています。

皇極という天皇がいったん皇位を下りて孝徳天皇が立ちます。その孝徳天皇の次に、昔、皇極という名前で即位していた天皇が、名前を斉明と変えてカムバックし、もう一回、即位しています。だから皇極天皇と斉明天皇は同一人物ということです。

天皇が位につくことを**践祚**(せんそ)といいますが、皇極のように一人の人間が二回皇位に就くことを歴史では、重ねて践祚するという意味で、「**重祚**(ちょうそ)」と呼びます。

❖……推古天皇、厩戸王、蘇我馬子の三羽ガラス登場

崇峻(すしゅん)天皇の後に即位したのが推古天皇ですが、その**推古天皇**は天皇を中心とする中央集権の国づくりを進めようと急ぎます。この天皇は日本史上、最初の女帝です。推古天皇を補佐したのが皇太子・摂政(せっしょう)となった厩戸王(うまやどおう)(**聖徳太子**)です。そして、物部氏を滅ぼして独走体制を築き上げた大臣の蘇我馬子、このメンバーが推古天皇を支えました。

推古天皇の時代、六〇七年に小野妹子(おののいもこ)という人物が隋(ずい)に派遣されました。これが**遣隋使**です。このとき、日本は自国の立場を高めて、中国と対等の関係で外交を結ぼうという態度を示します。これに対し、隋の煬帝(ようだい)は、今までの東アジアにおける国際秩序を破る姿勢だったということから怒ってしまいます。

しかしそこは中国、次の年にはちゃんと返礼の使節を日本に送っています。六〇八年に小野妹子が帰ってきますが、そのとき一緒に返礼の使者として、裴清(裴世清(はいせいせい)のこと)という人を送ってきました。

小野妹子は裴世清と一緒に帰ってきますが、同じ六〇八年に小野妹子は再び隋に渡ります。そのとき、日本から小野妹子について行った学生とお坊さんがいました。①高向玄理(たかむこのくろまろ)、②南淵請安(みなぶちのしょうあん)、③旻(みん)ら合わせて八人です。

①は留学生、②と③は留学僧（学問僧）として渡りました。その六年後の六一四年、犬上御田鍬という人物が最後の遣隋使として隋に渡りますが、やがて中国では隋から唐へと王朝が変ります。それまでの遣隋使はその後、**遣唐使**として継承されることになるわけです。

❖……中央集権的な国づくりの開始

推古朝の国内政策を見ていきましょう。

具体的な政策としては、六〇三年に**冠位十二階**を定めました。これは日本で制度化された最初の冠位の制で、徳・仁・礼・信・義・智の六つの徳目を大小に分け、個人の才能によって昇進する道を開き、広く人材を登用していこうとしたわけです。

冠位十二階の最上位は大徳。反対に最下位は小智です。これらの冠位は蘇我氏以外の豪族に与えたものでしたが、全国を対象にしたのではなくて、あくまでも近畿地方を中心にした限定的なものだったんです。

その翌年、六〇四年には官吏のあるべき姿、官吏の心構えとして、**憲法十七条**が制定されます。この憲法十七条というのは名前こそ憲法とついていますが、役人・官吏のあるべき姿、心構えを説いたものです。憲法十七条は『日本書紀』に記されています。

憲法十七条にはまず仏教の考え方、仏教思想が流れています。それから全体的に儒教の影響が強く、儒教思想が流れています。また、中国の法家の考え方も流れています。法家というのは人民、民衆を正しく導くためには一定の法律が必要だ、その法律の中で統制をしていって、そこからはみ出た者は厳重に処罰したほうがいいという考え方です。つまり、憲法十七条の中には、仏教、儒教、それに法家の信賞必罰（しょうひつばつ）という思想が流れているというわけです。

それから、この時代には天皇中心の国づくりを進めようという意識が非常に高まりまして、『天皇記』『国記』などの記録も生まれました。

❖……舒明天皇の時代に遣唐使がスタート

舒明（じょめい）天皇の時代といえば、はじめて遣唐使が派遣されたことを知っておけばいいでしょう。それまでは隋と交渉を保っていたわけですが、今度は遣唐使という使節団が送られることになりました。最初に送られたのが西暦六三〇年、舒明天皇二年です。この第一回目の遣唐使のリーダー、遣唐大使は犬上御田鍬（いぬかみのみたすき）という人です。この人は六一四年、最後の遣隋使として隋に渡ったという外交経験がありましたから、おそらくそうした実績が買われたことは間違いないでしょう。

遣唐使は多いときは五〇〇人ぐらいで唐に渡っていました。遣唐大使という全体のリーダーのもとに、遣唐副使というその補佐役のほか、音声長（おんじょうちょう）（遣唐使の行列や船行に太鼓を打つなどして威儀を正す役）、僧侶、医師、その他は水夫（かこ）で占められていました。

遣唐使は当初、朝鮮半島を右手に見ながら北のほうに航路をとっていきました。北回り航路、つまり北路といいます。それが、白村江（はくすきのえ）の戦いの後、新羅との関係がまずくなったので、屋久島、種子島を通過して、一気に東シナ海を横断する大変危険なコース、南島路や南路をとるようになりました。

当時、遣唐使は羨望の的だったわけですが、しだいに嫌われはじめます。その理由は、航海が大変危険になったという安全性の問題、それから国の経費がかかるなどの問題も出てきたからです。平安時代になると、小野篁（おののたかむら）という人が遣唐使に任命されたときに仮病を使って拒否するなどという事態も起こってきます。

そして、ついに八九四年、遣唐使は航海が危険なことなど、さまざまな理由で制度的に廃止されることになりました。

八九四年に遣唐使の廃止を建議したのは菅原道真です。菅原道真は八九四年に遣唐大使に任命されましたが、この年に船は派遣されていません。遣唐使の実質的な最後は八三八年、廃止が決まる六〇年近くも前です。

八三八年、天台宗山門派の祖といわれた円仁たちが乗った船が、実質上最後の遣唐船となりました。このときの円仁の入唐記録を『入唐求法巡礼行記』といいます。

遣唐使の任命は全部で一八回行っていますが、その中で確実に行って確実に帰ってきた実質回数は一五回です。

❖……最初の仏教文化・飛鳥文化

それでは**飛鳥文化**にいきましょう。飛鳥文化、これは**最初の仏教文化**でした。中心地は、飛鳥と斑鳩の里です。特徴は、中国の南北朝時代の文化や西域の影響を受けた文化で、国際色が豊かだったということです。

仏教のもつ社会的役割は三つぐらいに限定されていたようです。豪族が戦う場合、仏にその勝利を祈る。あるいは自分の身内に病人が出た場合、その平癒を祈る。仏にすがるわけです。それから、祖先の冥福を祈る。こういった役割が期待されていました。

推古天皇は、五九四年に仏教興隆の詔を出して、仏教を保護奨励する方針を示しましたが、これが国家仏教の第一歩となりました。皇太子摂政だった厩戸王（うまやどおう）（聖徳太子）は高句麗の恵慈（えじ）、百済の恵聡（えそう）に師事して仏教を学びました。そして『三経義疏（さんぎょうのぎしょ）』と呼ばれる経典の注釈書をまとめます。三経というのは、法華経・勝鬘（しょうまん）経・維摩（ゆいま）経という三つのお経のことで、その中で、法華経義疏だけが現存最古の書蹟です。

建築では、厩戸王の発願で建立した**法隆寺**、**四天王寺**、もう一つ、**中宮寺**（ちゅうぐうじ）を覚えておきましょう。

今まで豪族は古墳をつくるのに忙しかったんですが、古墳がしだいにつくられなくなると、今度は古墳に代わって氏寺を建立するようになりました。豪族にとって権威の象徴ともいうべき対象が、古墳から寺院に代わったわけです。蘇我氏の氏寺が飛鳥寺。これは蘇我馬子の発願でつくられました。秦氏の氏寺は京都太秦（うずまさ）にある広隆寺。秦河勝（はたのかわかつ）という人がつくったものです。

彫刻では、『法隆寺金堂釈迦三尊像』と『飛鳥寺丈六釈迦如来像』。この二つの制作者は鞍作鳥（くらつくりのとり）で、この人の祖父は司馬達等（しばたっと）です（P44参照）。

『法隆寺金堂釈迦三尊像』が北魏様式でできているのに対して、『法隆寺百済観音像』は南梁様式でできています。

『中宮寺半跏思惟（はんかしゆい）像』と『広隆寺半跏思惟像』もこの時代を代表する作品です。半分あぐらをかいて物思いにふけってる姿をあらわしたものです。

絵画では、高句麗の曇徴（どんちょう）が絵具を伝えました。飛鳥時代の絵は、密陀絵（みつだえ）と呼ばれる一種の油絵でした。この時代の絵画としては『玉虫厨子須弥座絵（たまむしのずししゅみざえ）』があります。須弥座絵に描かれている『捨身飼虎図（しゃしんしこず）』と『施身聞偈図（せしんもんげず）』が特に有名です。

また工芸品では、法隆寺の『玉虫厨子』が有名です。これは玉虫の羽を散りばめたもの。橘大郎女（たちばなのおおいらつめ）

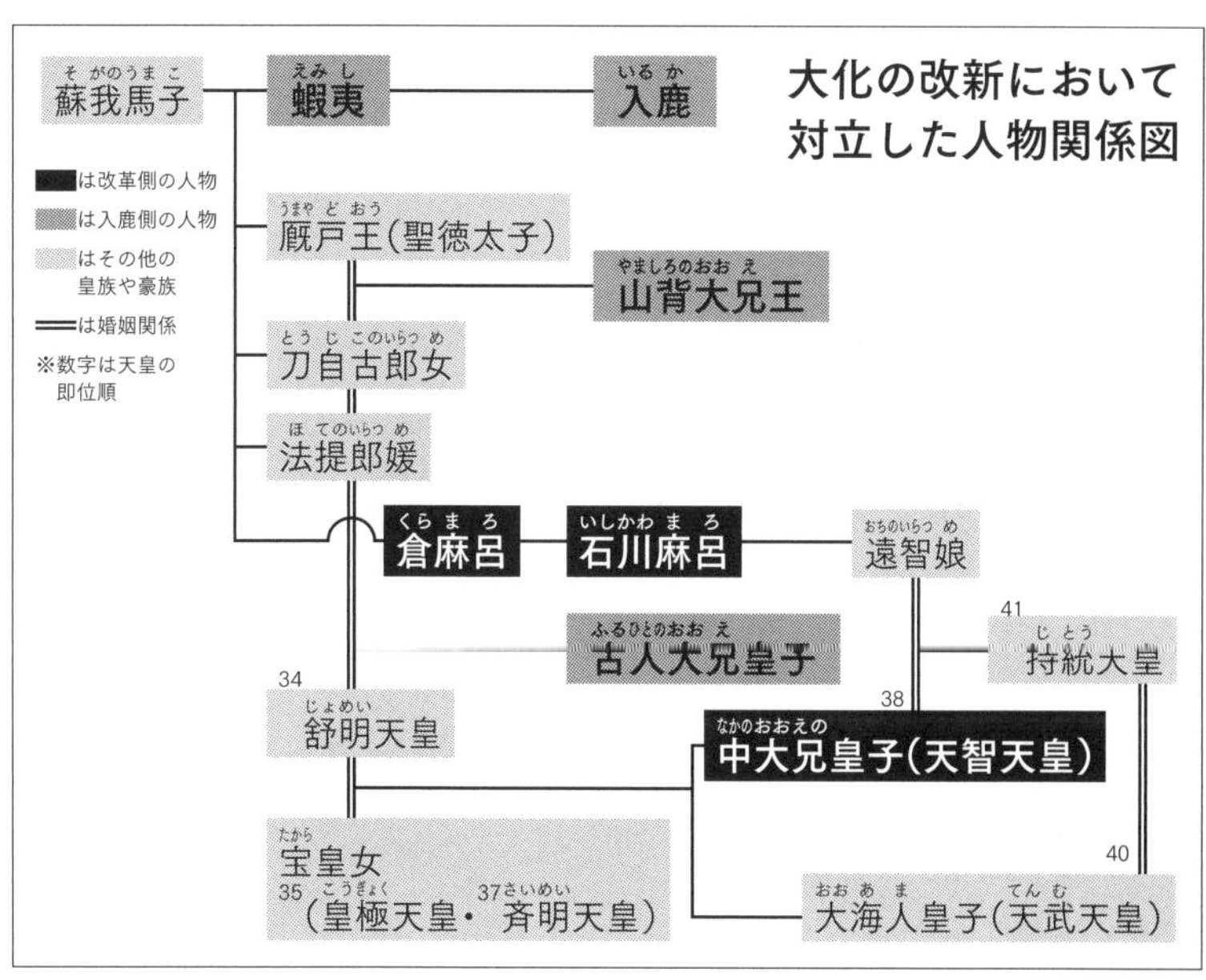

が厩戸王をしのんで采女たちに刺繍させたのが、中宮寺『天寿国繡帳』です。

それから文様には、獅子狩文様と忍冬唐草文様の二タイプがありました。獅子狩文様は西アジアに発生、忍冬唐草文様はエジプトに発生したものです。

❖……大化の改新の原因と結果は？

推古天皇と、それを取り巻く人びとは天皇中心の中央集権体制をつくろうと躍起になったんですが、六二〇年代に入ると、厩戸王や蘇我馬子らそのブレーンが相次いでこの世を去ってしまいました。

その結果、蘇我蝦夷、蘇我入鹿たちの非常に乱暴な振る舞いが多くなった。彼らの専横化、専制化がきわめて目立つようになったんです。

それを示す一つの事件として、例えば六四三年、厩戸王の子である山背大兄王が、斑鳩宮で蘇我入鹿によって自殺に追い込まれてしまいます。

しかし、中央集権国家をつくろうというメンバーはまだたくさん残っていますから、蘇我蝦夷、入鹿らのこうした振る舞いに対する批判が、やがて大化のクーデタに発展します。**中大兄皇子**、**中臣鎌足**らが中心となって、蘇我蝦夷、入鹿らを滅ぼしてしまいました。これが六四五年の**大化のクーデタ**で、乙巳の変とも呼ばれます。蘇我蝦夷は自殺、蘇我入鹿は大極殿で暗殺されました。

❖……孝徳天皇が目指した新しい政治とは？

さてその後、六四五年に天皇は皇極天皇から**孝徳天皇**に代わりました。そして新天皇は宮都を難波長柄豊碕宮に移します。

孝徳天皇はこのクーデタをきっかけに、六四六年の正月に今後どういう国づくりをしていこうかという方針を、具体的に四つにまとめて宣言しています。それを**改新の詔**といいます。

改新の詔の第一では、私地私民の制度をやめて、新しく**公地公民制**の社会をつくっていこうと宣言しています。

第二の眼目は、地方行政区画を整備しましょうということです。畿内とは、律令制下の地方行政区画である五畿七道の畿内のことです。やがて地方は何々の国、何々郡、何々里という具合に、国・郡・里というシステムで統治されることになるわけです。

第三は、**班田収授**という制度についてです。班田収授法は、「唐の均田法」というシステムにならって日本に導入されました。それは全国の土地を国有とし、六歳以上の男女に六年に一度の割合で、口分田と呼ばれる土地を分け与える制度のことです。

　この場合、口分田は適当に配るわけではなく、ある台帳に従って計算して班給額を出しました。その台帳が**戸籍**です。だから戸籍も、当然六年に一度の割合でつくられました。現存する最古の戸籍は『正倉院文書』にある七〇二年作成の筑前国嶋郡川辺里のものでしたが、二〇一二年には福岡県太宰府市の国分松本遺跡から、七世紀末のものと考えられる最古の戸籍木簡が出土して注目を集めています。

　それに対し、計帳は庸（よう）や調（ちょう）という税を課すための台帳です。調庸賦課のための台帳ということで、毎年作成されました。

　第四は、**調**などの新しい税制をつくっていこうという内容で、以上の四項目をもとに今後の国づくりの基本方針が決められました。

❖……新しい政治を支えた中大兄皇子とブレーンたち

　さて、改新政治はさっそく進みます。六四七年、六四八年と二年にわたって、日本海側に東北経営のための拠点が築かれました。

六四七年に蝦夷（えみし）経営のために築かれた拠点を渟足柵（ぬたりのさく）といいます。さらに翌六四八年に、磐舟柵（いわふねのさく）が置かれました。渟足・磐舟の柵は、現在の新潟県にあたります。

　次に、改新政府を支えたブレーン、要人はだれかという点ですが、天皇は孝徳天皇で、皇太子として改新政府を支えたのは中大兄皇子。内臣（うちつおみ）として改新政府を支えたのは中臣鎌足です。そして、国博士（くにのはかせ）という政治顧問として政府を支えたのは、高向玄理（たかむこのくろまろ）と旻（みん）の二人です。左大臣に任命されたのは阿倍内麻呂（あべのうちまろ）で、右大臣として参画したのが蘇我倉山田石川麻呂（そがのくらやまだいしかわまろ）です。

❖……東北を制するも白村江の戦いで敗北

孝徳天皇の後、重祚した斉明天皇の時代となります。

斉明天皇の時代、六五八年に阿倍比羅夫が東北地方の蝦夷・粛慎を討ったといわれます。粛慎というのは、東北の北部と北海道の南部にいたといわれる人びとですが、はっきりしたことはわかっていません。阿倍比羅夫はこれらの人びとを討つために東北地方に行ったとき、日本海沿岸を水軍を率いて北上しました。

また、六六〇年という年に、百済の王室に仕えていた鬼室福信が来日します。

この人が日本に来た理由は二つあります。一つは先に日本に亡命していた百済の王子、豊璋の返還を求めてきたということ。豊璋が亡命中だったから、返還を要求して来日したわけです。同時に、これが第二の理由ですが、当時、百済は新羅と敵対関係にあり、いま百済の置かれている立場が非常に危ないから百済救援軍を派遣してくれと要請してきたんです。

それに応えて中大兄皇子らは軍隊を編成して九州に向かいます。阿倍比羅夫らが渡海したんですが、六六三年、**白村江の戦い**で、日本の水軍は唐・新羅連合軍に完全に敗れてしまいます。そして、日本は以後、朝鮮半島経営を完全に断念し、国内統治に専念することになりました。

❖……中央集権国家を目指した時代

天皇と関連宮都を見ていきましょう。

まず、中大兄皇子です。中大兄皇子が斉明天皇の後、皇太子のまましばらく政治をとっていました。そのことを**称制**といいます。称制を終えて**天智天皇**になり、それから、ある大きな事件をへた後、**天武**

天皇が即位しました。天武天皇の後は天武の皇后だった**持統天皇**が継ぎます。次が**文武天皇**、そしてヤマト政権の時代の最後が**元明天皇**で、奈良時代へと進んでいきます。

中大兄皇子は近江国の**大津宮**に都を移しました。六六七年に遷都、六六八年に即位ということになります。

それから、天武天皇はまた都を飛鳥の地に戻しました。飛鳥浄御原宮です。続く持統天皇は**藤原京**に遷都し、元明天皇は**平城京**に都を移しました。

❖……中大兄皇子が手腕を発揮した時代とは？

中大兄皇子の時代に**白村江の戦い**がありました。この戦いのために、日本から軍隊を連れていかないといけない。軍隊を形づくってくれるのは豪族の力なんですが、豪族は公地公民制を敷かれたために政府に対してやや腹を立てていて、なかなか協力してくれない者もいる。

そこで、中大兄皇子は豪族の協力を仰ぐために、部民制を一部復活させています。私地私民が復活されれば、豪族はふたたび部曲・田荘を所有することになるから、少しは協力しようかという気持ちが起こるわけですね。こうして家部・民部などの部民の一部が復活していきます。

また、中大兄皇子は**冠位二十六階**を制定します。冠位十二階は推古天皇のとき。中大兄皇子は冠位二十六階にしました。つまり冠位の枠を広げ、官僚制度の整備を進めていったわけです。そうして唐・新羅連合軍の侵攻に備えて九州あるいは対馬・壱岐といった地域の軍事施設を強化し、防備を固めます。**防人**・**烽**——烽とはのろしのことで、烽火とも書きます——そういったものを対馬・壱岐などに設けました。さらに、筑紫（九州北部）には**水城**と呼ばれる砦を築いていきます。

そして大宰府北方に大野城、大宰府南方に基肄城、大宰府西部に怡土城をおいてガードを固めました。このような山上に築かれた軍事色の強い防衛を目的とした城を、朝鮮式山城と呼んでいます。六六七年に、中大兄皇子は近江国、今の滋賀県ですが、琵琶湖のほとりに大津宮を営んで、ここに都を移します。近江国大津宮遷都です。ここまでが中大兄皇子時代です。

❖……天智天皇としての活躍

中大兄皇子は、この近江の大津宮で翌年の六六八年に即位して天智天皇になります。天智天皇のときにつくられた最初の全国的な戸籍を**庚午年籍**といいます。庚午年籍は六七〇年に作成されたもので、氏姓制度の氏・姓を正すための台帳としてつくられました。そして永久保存を命じられました。

それから、六七一年、**近江令**と呼ばれる最初の令を施行していきました。近江令をつくる際に中心的な立場で活躍したのは中臣鎌足です。中臣鎌足は六六九年に死亡しましたが、彼の死に際して、天智天皇は**大織冠**という最高位の冠位と**藤原**という姓を、死ぬ直前に与えます。大織冠という冠位をもらったのは史上、彼だけです。

日本最初の全国的な戸籍である庚午年籍がつくられたのは六七〇年ですが、同じ年にあの有名な法隆寺が焼けるという出来事がありました。

❖……皇位をめぐって起こった宮廷内最大の事件

天智天皇も間もなくこの世を去ってしまいますが、その後、六七二年にたいへんな事件が起こりましたね。**壬申の乱**と呼ばれる事件です。壬申の乱というのは、天智天皇の子どもの**大友皇子**と天智天皇の弟**大海人皇子**（おおあまのおうじ）の対立でした。天皇の弟が皇位に就くか、天皇の子どもが皇位に就くかで争ったわけです。

大海人皇子は吉野宮で挙兵しました。大海人皇子は東国の兵を連れていきましたが、この場合の東国とは、美濃・尾張の地域を指します。大海人皇子の軍は鈴鹿関（すずかのせき）という関所を通ります。鈴鹿関は東海道を押さえるための関所です。さらに軍を進めて不破関（ふわのせき）――「破れざる関」とは関所の名前にはぴったりですね。これは東山道を押さえるための関所です――を越え、近江の大津宮を攻略したのです。

その結果、大友皇子はやがて山前（やまざき）というところで自殺します。これによって、この対立抗争にいちおう決着がつくわけです。

❖……時代によって変わる関所の役割

古代の関所は、基本的には宮都が置かれた重要地域、つまり畿内をガードするために設置されました。いい換えれば、軍事的目的で置かれたということです。ちなみに中世（室町時代）は、関銭を徴収するという狙いがありました。だから経済的目的といえますね。それから江戸時代、近世になると入り鉄砲・出女の監視のため、つまり、政治的目的で設置されたといえます。

さて、古代の関所ですが、東海道を押さえた鈴鹿関（すずかのせき）、東山道を押さえた不破関（ふわのせき）、北陸道を押さえた愛発関（あらちのせき）の三つ。これを**三関**（さんげん）といいます。

鈴鹿関は伊勢国、不破関は美濃国、愛発関は越前国にありました。そして、

①愛発関はのちに逢坂関（おうさかのせき）（近江国）に代わったこと
②関所は日の出から日の入りまで開かれたこと
③朝廷にかかわる重要時には固関使（こげんし）が派遣されたこと

を知っておきましょう。そのほか東北地方にも、勿来関（なこそのせき）・白河関・念珠関（ねずがせき）の三関がありました。

❖……天皇を称える「現人神思想」の誕生

壬申の乱を勝ち抜いた大海人皇子が即位して**天武天皇**となります。

天武天皇は中大兄皇子時代に一部復活していた部民制を全廃しました。これは改新の詔（みことのり）に沿った形で政治をとろうとしたためです。それから**飛鳥浄御原令**（あすかきよみはらりょう）という法典を編纂しています。これは天智天皇の近江令を受け継いでいるものです。

また六八四年に、**八色の姓**（やくさのかばね）を制定しました。これには姓の再編成という意味があります。八色の姓は、上から下まで八つあります。

①真人（まひと）、②朝臣（あそん）、③宿禰（すくね）、④忌寸（いみき）、⑤道師（みちのし）、⑥臣（おみ）、⑦連（むらじ）、⑧稲置（いなぎ）

これが八色の姓です。

天武天皇の時代には**現人神思想**がめばえました。現人神と書いて「アラヒトガミ」と読みます。これは、天皇は生きた神のようだという、天皇を称え（たたえ）、天皇に神性を与える思想です。『万葉集』に「大王は神にしませば……」ではじまる歌がいくつか収められていて、それが現人神思想を物語っています。

天武天皇の時代といえば、この時代にスタートした新しい政治形態があります。それを皇親（こうしん）政治といいます。一人の大臣も置かない政治形態で、政治の担当者は全部皇族だった。そして大事なこと。「天皇」という称号が使われるようになったのも、この天武天皇の時代だったんです。それから近年、飛鳥池遺跡から富本銭（ふほんせん）が発見されましたね。その富本銭がつくられたのも天武天皇の時代でした。

❖……日本最初の都・藤原京と大宝律令

次は天武の皇后、**持統天皇**です。持統天皇の時代の都は**藤原京**です。藤原京という都は、中国の都城制度を取り入れてできた日本最初の都でした。

持統天皇のときの出来事として、六八九年という年に飛鳥浄御原令を施行しました。飛鳥浄御原令を施行したとき、都はまだ飛鳥浄御原宮にありました。藤原京遷都は六九四年だから五年前のことです。

持統天皇のときにつくられた戸籍を**庚寅年籍**といいます。これが六九〇年です。最初の令制的戸籍で、ここから戸籍は六年に一度の割でつくられていくんですね。

文武天皇の時代。七〇〇年という年に、藤原京で大変な国家的事業が進められていました。それは翌七〇一年に**大宝律令**という法典の形となって現れました。律、令ともに完全にそろった最初の法典が生まれたわけです。この大宝律令を制定する際に、中心となって活躍した総裁は**刑部親王**、副総裁は**藤原不比等**です。このころ、それまでの「倭」にかわって「日本」が正式な国号として使われるようになりました。

さて、ここでもう一度、律、令の意味を確認しておきましょう。律令というのは一つの言葉ではなくて、律と令の合成語です。律というのは規律の律だから、今日の刑法に相当する法典です。令は現在でいえば、行政法・民法などに相当する法典です。

さらに、律というのは悪を懲らしめるための基本をまとめたもので、これを「懲粛」という言葉で表現しています。令は善を勧めるための基本法典で、これを「勧誡」と表現していました。これは「弘仁格式の序」という史料にあります。この大宝律令は、翌七〇二年から七五七年まで五五年間施行されました。

❖……初唐の影響を受けた白鳳文化

次は「**白鳳文化**」です。年代的には便宜的に、六四五年から七一〇年までと押さえましょう。大化の改新時代に開花した貴族中心の仏教文化で、初唐の影響を受けていることが特徴です。

このころは、官寺の制によって、国家により寺院が管理されていました。

お寺を見てみると、藤原京の**四大寺**として、まず大官大寺と薬師寺。そして弘福寺。弘福寺の別名は川原寺。そして飛鳥寺。これは法興寺、別名元興寺とも呼ばれます。

大官大寺は、はじめは百済大寺、のち平城京に移って大安寺と改称されました。また、薬師寺は、天武天皇が皇后持統の病気平癒を祈って創建したものです。

仏教が伝来すると今までの土葬、つまり古墳時代の土葬に代わって、**火葬**もはじまりました。法相宗のお坊さん、道昭が最初の火葬人です。つまり、日本で最初に荼毘に付されたのが、この道昭というお坊さんで、七〇〇年（七世紀最後の年）のことです。

さて、建築にいきます。白鳳文化の代表は**薬師寺東塔**。薬師寺の東塔は三重の塔です。特徴は各層に付けられた小さな屋根、裳階と、塔の最上部に取り付けられた水煙という彫り金具。アメリカの東洋美術史家フェロノサは、薬師寺東塔を見て「凍れる音楽」と形容しました。

また、最初の右大臣、蘇我倉山田石川麻呂が建立した自分の寺、つまり氏寺が山田寺で、一九八二年に廻廊の一部が発見されています。

彫刻では、『興福寺仏頭』と『薬師寺金堂薬師三尊像』、それに『薬師寺東院堂聖観音像』が、この時代を代表するものです。

絵画の世界では、『法隆寺金堂壁画』が代表的。アジャンター壁画に似たものでしたが、一九四九年に焼けてしまいました。そこで、翌一九五〇年に文化財保護法が制定されて、一九六八年に文化庁が設置されました。

また、**『高松塚古墳壁画』**の発見は一九七二年。高松塚古墳内部には、例えば人物、太陽・日月、それから**四神**（しじん）といったものが描かれています。これは高句麗の『双楹塚壁画』（そうえいづか）の人物図に類似しています。

四神というのは、都の周囲を守るために想定された架空の動物のことです。都の東側を守るのが青竜（せいりゅう）。南側を守るのが朱雀（すざく）。そして西側を守るのが白虎（びゃっこ）、北側を守るのが玄武（げんぶ）です。

文学では万葉歌人として、柿本人麻呂（かきのもとのひとまろ）と額田王（ぬかたのおおきみ）の二人に注目。柿本人麻呂は、歌聖と呼ばれました。

第3章 奈良時代……律令国家の発展と仏教文化

元明天皇が七一〇年、都を平城京に遷し、奈良時代はスタートします。しかし大宝律令に基づく中央集権的国家は、土地公有主義の崩壊によって、八世紀後半には早くも動揺の兆しを見せはじめます。墾田永年私財法を契機として荘園が発生。荘園は土地制度の変化だけでなく、貴族政治の財源や武士の発生などにも影響を及ぼします。そして、続く天変地異や政争、疫病の発生などが社会に大きな不安をもたらすことに。しかし、実権をめぐる貴族や僧侶の対立は続き、律令国家は大きな壁に直面します。

❖……数々の権力闘争が勃発

奈良時代は**元明天皇**(げんめい)の時代からはじまります。元明天皇の次は**元正天皇**(げんしょう)、二人とも女帝です。そして、**聖武天皇**(しょうむ)、奈良時代を代表する天皇です。次の孝謙(こうけん)天皇は聖武天皇と光明皇后との間にできた一人娘で、一生独身の女帝です。次が淳仁(じゅんにん)天皇。その次は孝謙天皇が重祚(ちょうそ)して、名を称徳(しょうとく)と名乗ります。そして奈良時代末期の天皇が光仁(こうにん)天皇です。

元明天皇までは、都は藤原京です。元明天皇は七一〇年に都を藤原京から**平城京**に移します。平城京時代は、元明、元正、そして聖武の初めまでで、いったん切れます。

聖武天皇の代に都が幾度か変わります。最初は恭仁京(くにきょう)、その次に紫香楽宮(しがらきのみや)に移動し、さらに難波宮(なにわのみや)に移動して、そして晩年に都はまた平城京に戻る。だから聖武天皇一代の間に都が四回変わったということです。

その後、都は平城京一本でいきますが、ここに藤原仲麻呂とか道鏡などが出てきて、それぞれの天皇のために離宮をつくったりしています。

淳仁天皇の時代に勢力を持っていたのが藤原仲麻呂という人で、仲麻呂は淳仁天皇のために保良宮という離宮をつくっています。また、称徳天皇の愛人であった弓削道鏡がこの天皇のために、保良宮に対抗するような形で離宮をつくりました。それが由義宮です。しかし平城京は首都として存続しました。

❖……奈良時代の中央官制はどうだった？

律令制下の中央の官制は、二官八省一台五衛府という形でまとまっています。二官というのは**神祇官**と**太政官**で、一台は弾正台、五衛府は宮門の警備、ガードマンです。

祭祀を扱うのが神祇官、行政を扱うのが太政官。太政官の長官は太政大臣、その下に大納言がいました。中納言は令外官なのではじめはなく、最初は少納言がありました。

八省をみると、左弁官に含まれる四省のうち、詔をつくったのは中務省、読み方は一般にはナカツカサショウです。それから教育関係を扱ったのは式部省。僧侶、外交関係を扱ったのが治部省。当時の民衆といちばん近いところにあって、民政にあたったのが民部省です。

次に右弁官に含まれる四省について見てみましょう。軍事を扱ったのは兵部省。それから刑罰関係は刑罰の「刑」をとって刑部省。財政関係を扱ったのは大蔵省、宮中の庶務は宮内庁ではなく宮内省です。神祇官の長官を伯、八省の省の長官を卿といいます。

太政大臣はつねに置かれているわけではなくて、適任者がいない場合はあえて置かれませんでした。そのような性格をもつ官職を則闕（そっけつ）の官といいます。

❖……地方官制と地方行政機構が整備

さて、地方官制はどうか。都に置かれたのが京職（きょうしき）です。これは都に置かれましたが、扱いは地方官扱いでした。難波に置かれたのが摂津職（せっつしき）、九州北部に置かれたのが**大宰府**（だざいふ）です。大宰府は都からかなり遠いところですが、いわば朝廷の出先機関という意味で「遠の朝廷（とおのみかど）」とも呼ばれました。大宰府の長官は大宰帥（だざいのそち）、そして大宰府の仮の長官を大宰権帥（ごんのそち）といいます。

そして地方は国・郡・里に分かれましたが、里は七一五年には郷にかわり、郷の下に二～三の里をくみこみました。

国には中央貴族の中から国司が任命されて派遣されました。任期は四年ないし六年で、四人ないし六人が都を同時に旅立って地方に赴きました。

国はさらに郡に分けられます。その郡全体を統括したのは郡司です。郡司というのはもとの国造の子孫で、奈良時代になると郡司として郡全体の統括を行いました。ポイントは終身だったということ。つまり任期がなくて一生死ぬまで、しかも世襲制だったということです。

さらに郡は里に分けられます。里は五〇郷戸（ごうこ）で一里を形成し、里長が統括しました。郷戸というのは大家族だから、五〇戸の大家族を単位として一つの里を形成したということです。

ここで郷戸と房戸（ぼうこ）をしっかり区別しておきましょう。郷戸というのは、税務単位としての大家族のことで、口分田をもらうときも、租税を納めるときも個人個人ではなく、郷戸主がまとめて行いました。

房戸というのは、大家族の郷戸に含まれる生活単位としての小家族のことです。

さて、国司の四等官（しとうかん）制はどういう字で表されるかというと、「守（かみ）、介（すけ）、掾（じょう）、目（さかん）」です。国司は一人だけではなくて、四人から六人いました。そのリーダーのことを守といい、その次官を介、三番目が掾、四番目が目です。

国司などのような地方官を任命する儀式、任命式のことを、除目（じもく）といいます。正式にいえば県召除目（あがためしじもく）です。

郡司の場合、四等官制は、「大領（かみ）・少領（すけ）・主政（じょう）・主帳（さかん）」という字をあてます。

律令制下の官制では、一位、二位、三位、四位と位階が整備されている中で、位階に応じた官職に就くことになっていました。このシステムを**官位相当の制**といいます。

最上位は正一位、最下位は少初位下（しょうそいのげ）で、位階は全部で三〇段階に分かれていました。そこで正一位、もしくは次の従一位の人が太政大臣に就任できた、というわけです。位階が上下に分かれるのは四位から。正四位上・正四位下・従四位上・従四位下という具合に四位以下の位は上下に分かれます。

それから**蔭位（おんい）の制**というものがありました。蔭位の制というのは、できの悪い子どもでも一定の年齢（二一歳）になると親の七光で朝廷内の特定のポストに就けるという、貴族の特権です。

❖……畿内から全国に続く七道とは？

律令制下の地方行政区画は一般に五畿七道（ごきしちどう）と呼ばれます。

都が置かれた重要な地域が畿内で、畿内に接する形で全国が七道に分けられました。畿内に接しているということが条件で、接しているからこそ、中央集権というスタイルをとり得たわけです。ただ、西（さい）

海道だけが離れています。そのため、九州には大宰府という朝廷の出先機関が設けられたわけです。

ちなみに佐渡は北陸道、淡路は南海道、隠岐は山陰道、屋久島と種子島は大隅国に所属しています。

さらにこの畿内をちょっとクローズアップします。

畿内は五つの国から成り立っていて、京都がある右上のところが山背（城）、南が平城京のあったところで大和、真ん中の細長い地域が河内、大阪湾をはさんで北側が摂津、南側が和泉。最初は和泉はなく、和泉国は河内国から分離独立して生まれました。山城の「城」という字を使うようになったのは七九四年からで、その前までは「山背」でした。

❖……律令制下の身分・土地・税の制度

次は身分制度にいきましょう。令制では人々は良民・賤民の二つに大別されていました。品部・雑戸も良民に含まれます。でも、良民は「良い民」のことではありません。賤民は、陵戸、官戸、公奴婢、家人、私奴婢の五つに区分されて、五賤、または五

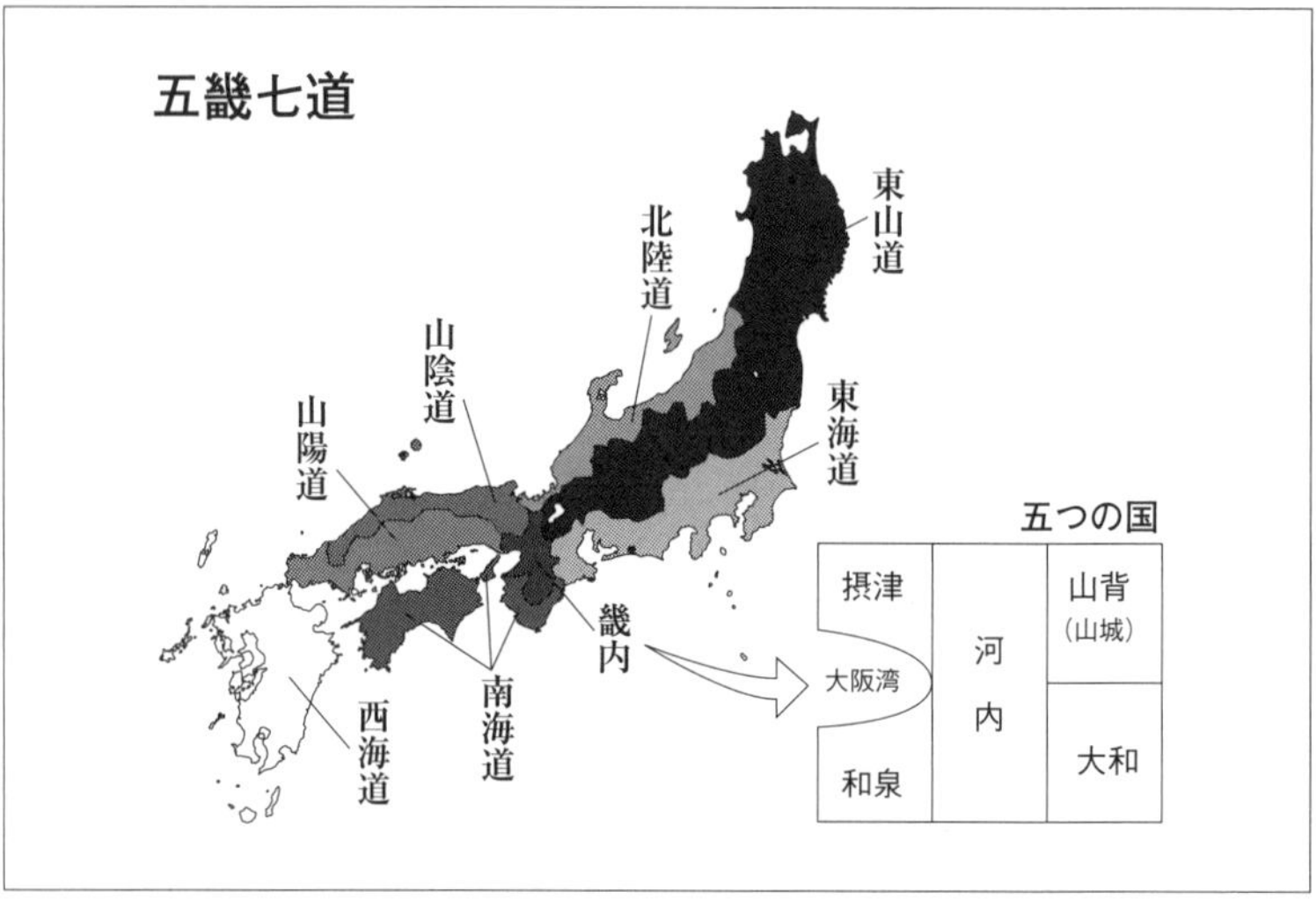

五畿七道

東山道
北陸道
山陰道
山陽道
東海道
畿内
南海道
西海道

五つの国

摂津	河内	山背（山城）
大阪湾		
和泉		大和

色の賤と呼ばれました。陵戸は天皇陵などの墓守りをする人で、奴が男、婢は女のことです。

貴族とは皇族と五位以上の官吏のことです。

では、班田収授法によってどれだけの土地をもらったのか。

良民男子は一人二段、良民女子は一段一二〇歩、賤民男子は二四〇歩、賤民女子は一六〇歩ずつ口分田が与えられました。六年に一度、六歳以上を対象としたので、班田が行われた年に五歳の子は、十一歳になってはじめて口分田がもらえたわけです。ちなみに一段は三六〇歩でした。

税制について。税制といったら、まず租・庸・調ですね。

租は口分田一段について稲二束(そく)二把(わ)。これは収穫の約三パーセントに相当しましたが、農民にとってさほど重い負担ではありませんでした。

庸は、はじめは労働でした。その労働のことを歳役(さいえき)といい、都に出て一〇日間労働に従事する代わりに布二丈六尺を納めるものです。調は地方の特産物です。

さて、租・庸・調の租はどこの財源になったのか。租はそれぞれの地方の財源になりました。庸と調はいずれも品物で、はるばる都まで運ばれました。これを都に運んだ農夫を運脚夫(うんきゃくふ)といい、その農民の負担を運脚といいます。

その他に農民の負担として、雑徭(ぞうよう)があります。これは国司の権限の下に年間六〇日を限度として、地方で土木工事などに従事することです。

それから義倉というのがありました。これは凶作に備えて粟(あわ)を蓄える制度です。

さらに出挙(すいこ)、これは古代のローンの制度です。春に種籾(たねもみ)を貸し付けて、秋に利息稲と共に返済させる制度で、利息が五割というからかなり大きいといえます。

あとは仕丁（しちょう）といって、五〇戸につき正丁（せいてい）二人を都に引っ張っていき、労働に従事させるものがありました。正丁というのは二一歳から六〇歳までの男子です。

❖……兵士になると家が滅びる？

律令が定めた軍制をまとめてみましょう。

軍隊のあり方は、当時は**軍団制**と呼ばれていて、諸国に軍団がいくつか設けられていました。二一歳から六〇歳までの成年男子、正丁が三人ないし四人に一人の割合で諸国の軍団に徴発され、そこで一定の軍事訓練を受けて、ある者は**衛士**（えじ）として宮門のガードマンに起用されました。宮門警備をするわけです。そしてある者は、はるばる九州北部に下って、九州北部の沿岸を防備する**防人**（さきもり）という任務につきます。

任期は、衛士は一年、防人は三年で、しかも衛士、防人についた人びとは、食糧、武器、衣服はすべて自弁、つまり、自分で賄わないといけなかった。だから、家族の中から兵士が一人出れば、その家族は滅びるとさえいわれたわけなんですね。

防人についた人びとは、主に東国出身の兵が多く、この防人の悲哀なさまは、『**万葉集**』の中の防人の歌によって知ることができます。

こうした大宝律令にのっとったシステムによって、奈良時代の政治が幕を開けるわけです。

❖……官銭として「和同開珎」を鋳造

元明天皇の時代、七〇八年に、朝廷に武蔵国から銅が献上されました。この銅の献上を祝って、朝廷では年号を**和銅**と改めます。七〇八年が和銅元年です。そして官銭として**和同開珎**（わどうかいちん）を鋳造したわけです。和同開珎は皇朝十二銭の最初の官銭で、銀と銅で鋳造されました。和同開珎をつくったのは、鋳銭司（ちゅうせんし）と呼ばれる役所、これは令外官です。

和同開珎をつくるにあたって、日本は唐の開元通宝を見ならいましたが、官銭はつくったものの、当時はお金というものに対する認識が乏しかったようです。そこで政府はお金の価値を認識させる意味もあって、七一一年に蓄銭叙位令（ちくせんじょいれい）という法令を出して、流通の促進を図りました。しかし、当時お金の代わりに使われていたのは布と稲で、蓄銭叙位令が出されても、さほどの効果はありませんでした。

❖……『古事記』と『日本書紀』が完成

稗田阿礼（ひえだのあれ）が暗誦していた『帝紀』『旧辞』のたぐいを元明天皇の命で**太安万侶**（おおのやすまろ）が筆録して、七一二年に**『古事記』**が成立しました。『古事記』は神代の時代から推古天皇の時代までを扱った書物です。

また、七一三年、元明天皇は諸国に**風土記**（ふどき）を出せという命令を発します。風土記撰上の詔（みことのり）です。そして、それぞれの国から地名の由来や産物などをメモしたレポートが次々に朝廷に出されました。それが『風土記』です。

女帝・元正天皇のとき、大宝律令があるにもかかわらず、七一八年に**養老律令**という大宝律令と内容的にほとんど同じ法典がつくられました。養老律令は七一八年に藤原不比等がつくったものです。

その翌々年、七二〇年には有名な**『日本書紀』**が完成しました。これをつくった中心人物は**舎人親王**（とねり）です。『日本書紀』は神代から持統天皇の時代までを漢文・編年体で書いています。『古事記』は推古天皇までです。

このあと五つの官撰史書がつくられました。『日本書紀』を含めてこれを六国史といいます。

それから、班田収授法が行き詰まりを見せはじめました。そこで政府は七二二年にその打開策として、百万町歩開墾計画を出します。これは文字どおり、百万町歩の土地を開墾しようという計画だったんですが、実現されませんでした。そのため政府はその翌年（七二三年）、**三世一身法**という法令を出します。

さて、三世一身法とはいったいどういうものなのか。「土地を耕しなさい。自分で水路などを開き、灌漑施設をつくって開墾した場合には、三代の間、私有を認めましょう。もし、以前からあった灌漑を使って開墾した場合には、本人一代かぎりの私有を認める」というものです。だからこれは期限付き、しかもどんなふうに開墾したかという条件付きで土地の私有を認可したものです。

❖……不比等亡き後の政変抗争とは？

ではここで、奈良時代の政変抗争についてまとめましょう。

最初に登場する実力者は、**藤原不比等**。不比等の後、政界で実権を握ったのは**長屋王**です。この長屋王もやがて、藤原不比等の子どもたちによって七二九年、自殺に追い込まれました。これを**長屋王の変**といいます。

長屋王の変で皇親政治は終わりました。その後、藤原不比等の子どもたちが実権を握ります。不比等の子どもの一人は藤原武智麻呂。この人物は**南家藤原氏**の祖となった人です。**北家藤原氏**の祖は藤原房前。**式家藤原氏**の祖が藤原宇合。もう一人は藤原麻呂で、**京家藤原氏**の祖。これが藤原四子と呼ばれる子どもたちで、長屋王の後、聖武天皇のもとで、やはり不比等の娘である光明子を聖武天皇の皇后にするなどして、一時勢力を誇ったわけです。

この四人の子どもたちは、しかしまもなく相次いで天然痘によってこの世を去り、藤原四子の時代は終わります。

その後に勢力を持ったのが光明皇后の異父兄にあたる橘諸兄（たちばなのもろえ）で、橘諸兄政権を支えたのは、玄昉（げんぼう）と吉備真備（きびのまきび）でした。

玄昉は法相宗（ほっそうしゅう）の僧侶、南都六宗の一つの法相宗のお坊さんです。この二人を快く思わない人物が、藤原宇合の子で九州大宰府に流されていた大宰少弐（しょうに）の藤原広嗣（ひろつぐ）でした。広嗣は玄昉、吉備真備を政界から除こうと、七四〇年に大宰府で兵を挙げました。これを**藤原広嗣の乱**といいます。

この事件を鎮定したのは大野東人（おおののあずまんじ）。大野東人は多賀城設置にも尽力した武人でした。

❖……仏教で社会不安を拭おうとした聖武天皇

こういう状態を聖武天皇は非常に不安に思ったんでしょうね。仏教の力で国の混乱した政情、あるいは社会不安を鎮めようと考えました。そして恭仁京（くにきょう）に都を移したときに、七四一年、全国に国分寺をつくろうという宣言を出します。これを**国分寺建立の詔**（みことのり）といいます。

宣言を出した場所は恭仁京です。その結果、諸国に国分寺と国分尼寺（こくぶんにじ）が建立されることになります。諸国の国分寺を統括したのは東大寺、国分尼寺を統括したのは法華寺でした。

さらに聖武天皇は、恭仁京から役人を引き連れて紫香楽宮（しがらきのみや）に移動（遷都ではない）して、七四三年に紫香楽宮で**大仏造立の詔**を出します。巨大な大仏をつくろうという宣言が出されたわけです。

そこでさっそく甲賀寺の寺域の一部を割いて工事がはじまりました。その長官をつとめたのが国中公（くんなかのきみ）

麻呂という人です。

ここまで聖武天皇の仏教政策を中心に述べましたが、同じ七四三年、三世一身法を受け継ぐ形で、**墾田永年私財法**が出されました。墾田永年私財法は開墾した土地は永久にその人のものにしようという、永代私有を認めた法令で、以後ここから荘園が発展していきます。

さて、聖武天皇は紫香楽宮から難波宮をへて、また都を移動して、七四五年には平城京に戻ります。ただ天皇は、紫香楽宮や恭仁京の間を何回も行ったり来たりしているんですね。だから厳密にいうと、七四五年に恭仁京から平城京に戻ったということになります。

次の孝謙天皇の時代、この大仏が完成して、開眼供養という儀式が行われました。これが七五二年です。開眼供養というのは、いわゆる大仏のお披露目式で、東大寺の大仏殿で盛大に行われました。

❖……藤原仲麻呂と道鏡の権力抗争が勃発

孝謙天皇の時代の実力者といえば**藤原仲麻呂**でしょう。仲麻呂は南家藤原氏の出身です。仲麻呂は、元正天皇のとき（七一八年）に藤原不比等によって編纂されていた養老律令を施行しました。これが七五七年です。

養老律令は大宝律令と内容的にほとんど変わらないけれども、ここから養老律令にバトンが渡され、これが法典の中心となっていきました。養老律令が効力をもった期間は二〇〇年ぐらい。九五七年というと、ちょうど村上天皇のあたり、天暦のあたりまでと考えられています。

仲麻呂が登場すると、仲麻呂に押されて失意のうちに死んだ橘諸兄の子、橘奈良麻呂が、反仲麻呂派の豪族を集めてクーデタを企てます。ところが密告で計画がバレて、橘奈良麻呂が捕まって反乱は失敗

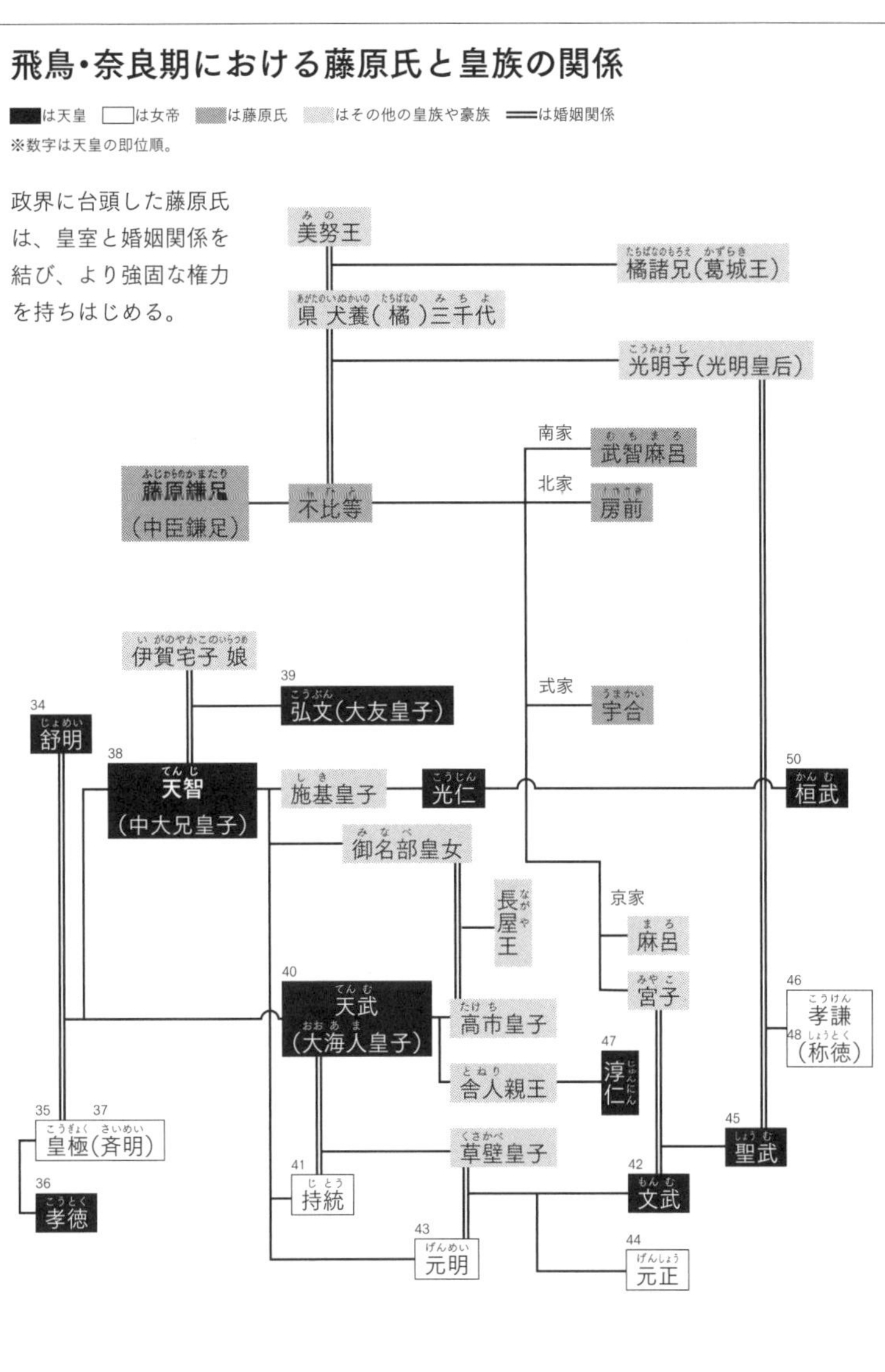
飛鳥・奈良期における藤原氏と皇族の関係
は天皇　は女帝　は藤原氏　はその他の皇族や豪族　は婚姻関係
※数字は天皇の即位順。
政界に台頭した藤原氏は、皇室と婚姻関係を結び、より強固な権力を持ちはじめる。
美努王
橘諸兄(葛城王)
県犬養(橘)三千代
光明子(光明皇后)
南家
武智麻呂
北家
房前
藤原鎌足
(中臣鎌足)
不比等
伊賀宅子娘
39
弘文(大友皇子)
式家
宇合
34
舒明
38
天智
(中大兄皇子)
施基皇子
光仁
50
桓武
御名部皇女
長屋王
京家
麻呂
宮子
46
孝謙
48
(称徳)
40
天武
(大海人皇子)
高市皇子
47
舎人親王
淳仁
35
37
皇極(斉明)
36
孝徳
45
聖武
草壁皇子
41
持統
42
文武
43
元明
44
元正

に終わってしまいます（七五七年、**橘奈良麻呂の変**）。

仲麻呂は何をやったのか。一つめは、朝廷内の官職の名前を全部中国風に改めようとした。つまり**官職名の唐風化**をはかったんです。

それから**新羅征討の計画**を立てました。そして、仲麻呂は自ら紫微中台（しびちゅうだい）の長官になっています。紫微中台とは、皇后宮職という職名を中国風にアレンジしたもので、わかりやすくいうと、皇后がいつも生活する場所ということです。

こうして仲麻呂は淳仁天皇のときに、あらゆる人々にあらゆる恵みを与え、あらゆる政敵に押し勝ってきたという行動をほめたたえる意味で、**恵美押勝**（えみのおしかつ）と名乗るようになりました。これは説が分かれ、自分で名乗ったという人もいるし、淳仁天皇からこの名前をもらったともいいます。

やがて、孝謙天皇は淳仁天皇に譲位して**孝謙上皇**になりました。この孝謙上皇は女性です。孝謙上皇には**道鏡**という僧侶の愛人がいて、道鏡は上皇のバックアップによってじわじわと台頭してきます。

道鏡が出てくると、恵美押勝、すなわち藤原仲麻呂と上皇・道鏡の間の確執がだんだん深まっていきます。そして七六四年、押勝が挙兵しようとした矢先、上皇は機先を制して押勝軍を破り、押勝は妻子とともに斬られました。これを**恵美押勝の乱**といいます。淳仁天皇も淡路に流されました。

❖……道鏡と宇佐八幡神託事件

次の**称徳天皇**ですが、この天皇は実は孝謙上皇がまた天皇の位に返り咲いたものです。この称徳天皇の時代、道鏡はたいへん勢力を伸ばしていきます。

道鏡は、まず大臣禅師、さらに太政大臣禅師、そしてさらに法王になり、やがて天皇の位、皇位さえもねらうようになりました。しかし、いくら愛人でも、皇族でない者を天皇にたてるのには反対が多く、称徳天皇、女帝にとっても気が気じゃなかったわけです。

道鏡は天皇の位を自分のものにするために、宇佐八幡宮の神託なる手段を使います。宇佐八幡宮の神が、自分こそは天皇の位に就くべきだというお告げを出したと工作をするわけです。

その神託は実はうそ。それを暴いたのが**和気清麻呂**たちです。これを**宇佐八幡神託事件**と呼んでいます。宇佐八幡宮は豊前国、大分県にあります。

称徳天皇の死をきっかけに、道鏡は下野国の薬師寺別当として左遷されました。関与した人物は藤原百川と藤原永手です。西暦七七〇年のことです。これよって道鏡時代は幕切れとなります。この道鏡の後、政界で実権を握ったのは藤原百川です。

❖……政教分離を進めた光仁天皇

光仁天皇は藤原百川に擁立された天皇です。

さて、道鏡時代の反省として、光仁天皇の時代には律令制の建て直しが急がれました。その一つの例として、お坊さんが政治の中に入ってきて政治と仏教が混同されるような政治（これを**僧綱政治**といいます）を改めようとしました。古代においては政治と仏教が車の両輪のような関係にあったんですが、その政教混同の弊害を改めようとしたのが光仁天皇であり、百川たちです。

次の**桓武天皇**は人心一新と政教混同政治を断ち切るために、都を移動しはじめます。そして仏教を比叡山のような山の中に押し込めてしまった。政教混同の弊害を打破するためです。

それから奈良時代の地方では、八世紀に、蝦夷対策のため日本海側に出羽国、太平洋側の陸奥国に多賀城が設けられ、九州には大隅国が置かれました。多賀城には蝦夷鎮圧の軍政府である鎮守府と陸奥国の国府が併置されました。

多くの政変抗争をみると、奈良時代という時代は、天皇がいながら実際に政治をとったのは皇族であり、貴族であり、僧侶たちだったといえるわけです。

❖……貴族による、国際色豊かな天平文化

奈良時代の文化は、奈良時代を代表する年号をとって**天平文化**と呼びます。

天平文化の担い手は貴族で、仏教色と盛唐文化の影響が強いのが特色です。また、唐のみならず唐を通じて世界の文化も入ってきたため、国際性豊かな文化として開花しました。

当時、仏教には国家を鎮護する役割があると信じられていました。聖武天皇が七四一年に発布した国分寺建立の詔も、七四三に発布した大仏造立の詔も**鎮護国家の思想**にもとづくものです。これにより、全国には国府の近くに国分寺と国分尼寺がペアで建てられます。

護国の経典としては、金光明経、仁王経、法華経の三つが護国三部経として重視されました。都には東大寺・西大寺・薬師寺・元興寺・法隆寺・興福寺・大安寺の南都七大寺がそろいます。そして三論宗・成実宗・倶舎宗・律宗・華厳宗・法相宗の南都六宗が研究されました。

奈良時代の有名な僧侶に**行基**がいます。行基という人は法相宗のお坊さんで、民衆の間に入って布教活動をしていたため、国家からしばしばにらまれていました。僧侶の私的な布教活動を統制した法が僧尼令です。行基はこの僧尼令にそむいたため、はじめのうちは政府の弾圧を受けたんです。

しかしながら、彼のもとには多くの民衆が集まってきたため、大仏造立事業において国家は大僧正の

位を設けて、行基をその地位に就けました。つまり、国家は行基の民衆動員力に期待したわけです。

それから、**玄昉**（げんぼう）。この人も法相宗のお坊さんです。玄昉のそばには必ず吉備真備がいました。吉備真備とともに橘諸兄（たちばなのもろえ）政権を補佐したのが玄昉です。

華厳宗の僧侶では、**良弁**（ろうべん）が知られています。このお坊さんは東大寺初代別当になった人です。大仏開眼供養のときに導師役（先導役）をつとめた僧侶は、菩提僊那（ぼだいせんな）です。このお坊さんは渡来僧で、林邑楽（りんゆうがく）という音楽を伝えました。

この大仏開眼供養のときに盛大に仏教音楽を演奏したのが、仏哲（ぶってつ）というお坊さんです。

さらに、**鑑真**。鑑真は、唐から来日したお坊さんで、日本に戒律を伝えた人。栄叡（ようえい）と普照（ふしょう）というお坊さんたちが、揚州の大明寺というお寺を訪ねて来日を請うたわけです。盲目となって来日した鑑真は、東大寺に戒壇院、つまり正式に僧侶になるための施設をつくって、聖武上皇や孝謙天皇に授戒しました。彼の発願で建てられたのが唐招提寺です。

❖……奈良時代の有名な文学・史書

奈良時代の文学・史書については、六つ並べておきましょう。
①『古事記』…稗田阿礼が読み習った『帝紀』『旧辞』を太安万侶が筆録
②『風土記』…五風土記現存
③『日本書紀』…舎人（とねり）親王
④『懐風藻』…最古の漢詩文集（大津皇子ら六四人の漢詩一二〇編を収録）
⑤『万葉集』…最古の和歌集

⑥『唐大和上東征伝』…淡海三船（鑑真の伝記集）

なお、古代の教育機関として、大学・国学が中央・地方にそれぞれ置かれました。教科として四書・五経を学ぶ明経道、律令を学ぶ明法道、漢文や歴史を学ぶ紀伝道などがありました。

❖……華麗なる天平美術

彫刻には漆をつかった乾漆像と粘土でできた塑像の二タイプがあります。乾漆像では『鑑真和上像』や『興福寺阿修羅像』、塑像では『東大寺法華堂日光・月光菩薩像』などが有名です。

絵画では、正倉院の『鳥毛立女屛風』、薬師寺の『吉祥天像』。『吉祥天像』は仏画です。それから釈迦の伝記を描いたのが『過去現在絵因果経』。これは後の絵巻物の祖とされる作品ですね。

建築としては、東大寺の転害門と正倉院。ともに創建当時のもので、正倉院は校倉造でできています。奈良に行ったときにはぜひ見てきてください。

平安時代……律令制の衰退と国風文化の時代

平安時代初期には、桓武天皇、嵯峨天皇によって律令制の再建が図られました。薬子の変を契機に、北家藤原氏の政界進出が進み、藤原道長・藤原頼通の時代には、摂関政治の全盛期を迎えます。しかし一方で、律令制が形骸化し、地方政治は混乱していくことに。

そうした中でこの時代、武士の進出が顕著となっていきます。

やがて、白河上皇によって院政が始まりますが、院と朝廷との確執は保元の乱に発展し、平治の乱後には平清盛が政権を掌握します。

❖……平安京遷都までの経緯

桓武（かんむ）天皇、平城（へいぜい）天皇、嵯峨天皇から宇多天皇まで、政治史を見てみましょう。

桓武天皇は平城京を捨てて、都を山背（やましろ）国乙訓（おとくに）郡の長岡京というところに遷都しました。これが西暦七八四年です。ところがその翌年に、長岡京の造営長官である藤原種継（たねつぐ）が反対派によって暗殺されてしまうという事件が起こり、この事件によって長岡京の造営は中止となってしまいます。

この**種継暗殺事件**に絡んで、反対派の一人とみなされたのが桓武天皇の実弟、**早良（さわら）親王**です。嫌疑が皇弟にまで及び、それに抗議する形で早良親王はハンストを起こして死んでしまいます。

以後、桓武天皇の身の周りにたいへん不吉な事件が相次ぎました。そのために長岡京は、はやばやと都としての命を断たれることになります。

その一〇年後、都は葛野郡、今の京都の地に移ることになったわけです。それを**平安京**と呼んでいます。つまり、桓武天皇はいきなり平城京から平安京に都を移したわけではなく、一〇年足らずながら、その一歩手前に長岡京時代という一時期があったんですね。桓武天皇に平安京遷都を建議した人物は、和気清麻呂。これによって七九四年、都が現在の京都、平安京に移ることになりました。

平安京造営のために、各地から労働者が都に集まってきました。その中でも、とくに平安京の造営に尽力したのが、**飛騨の匠**という大工集団でした。

平安京は恵まれた自然環境の中に位置しているといわれます。

というのも、都が繁栄するための条件というのがありました。北に小高い丘があって、南には開けて池がある。西には西の方に通じる大きな道路があって、東側に川が流れている。こういう中に都をつくるのが一番良いと当時は考えられていました。これを**四神相応の地**というんですが、平安京はまさにそのとおりで、四神相応——東は青竜、南は朱雀、西は白虎、北は玄武という架空の動物が都を守護する、という考え方が取り入れられていたわけです。

❖……なぜ遷都が必要なのか？

古代にはしょっちゅう宮都が変わりました。なぜ頻繁に都が変わったのかというと——。

第一の理由は、天皇一代ごとに遷都するという慣例があったということ。

第二の理由は、**複都主義**という考え方による遷都。読んで字のごとく、都を複数持つという考え方です。

第三の理由としては、現在住んでいる皇居が火災などの事故に遭った場合に備えて。

第四の理由は、都を移すことによって為政者の権力の大きさを誇示するため。

第五の理由としては、政治と宗教を分離させる、あるいは逆に一致させるため。桓武天皇の場合は**政教分離**という方針をとったわけです。

第六の理由は、人心一新のため。

遷都には、こういった要因が一つではなく、必ず複数が絡み合っています。桓武天皇が平城京を捨てて長岡京に移ったのも、また長岡京から平安京に来たのも、こういう要因が重なり合ってのことです。

❖……桓武天皇の律令制再建策とは？

桓武天皇の政策を一言でいうと、**律令制の再建**といえるでしょう。

桓武天皇は、七九二年に**軍制の改革**を行って、いままでの軍団制を一部の地域を除いて廃止し、ほかは**健児制**（こんでいのせい）に切り替えました。

それまで兵士たちは正丁（せいてい）三人ないし四人に一人の割合で、いやいやながら無理やり軍団に引っ張られていた。それだとなかなか兵士の質は向上しません。そこで、解決策として採り入れたのが健児制です。健児制では、郡司の子弟の中で弓馬に巧みな者、武術的に優れた者を、強制的ではなく有志的に、積極的でやる気のある人間を集めました。やる気のある連中ですから、最強の集団になるわけです。こういう連中を使って軍事力としたわけですから、農民の負担も軽減され、兵士の質も向上しました。

律令制の再建策として、まず一つめは、班田収授を励行させるための方策として、それまでの六年に一回の班田収授を改め、一二年に一回としました。これを**一紀一班**といいます。

二つめ。それまでは、良民と賤民の通婚は認められていませんでした。大化の改新のときにこのような制度が生まれたんですが、それを改め、良民の数を確保するために**良賤間の通婚を許可**することにしました。そして、生まれてくる子どもは、全部良民に編入させ良民の数の確保を図ったわけです。

三つめ。それまでは、農民の負担の中に地方の国司の下で六〇日を限度に労役に従わなければならない**雑徭**というのがありました。その六〇日があまりにも長いというので、三〇日に短縮しています。

四つめは、古代のローンの制度、**出挙**といって春に種籾を貸し付けて秋に利息稲とともに返還する制度の手直しです。出挙の利息が五割では農民の負担が増えるばかりだということで、三割に低減化しています。

五つめは、東北経営を進めるため、征夷大将軍に**坂上田村麻呂**を任命しました。彼は、鎮守府を多賀城から胆沢城に移し、さらに北方に志波城を築きました。

このように桓武天皇は農民の負担を軽くすることによって体制の安定を図ろうとしたわけです。民衆をがんじ絡めにして体制を整えていくのではなくて、いいかたを換えれば、儒教的な視点に立った政策だともいえるでしょう。

その一例として、八〇五年に桓武天皇は藤原緒嗣と菅野真道を呼んで、どうしたらいい政治がとれるかということを論議させました。緒嗣は農民負担を軽減するのであれば、東北経営と平安京の造営をやめろと主張し、真道はそれに反対した。結局、天皇は緒嗣の意見を採り入れて解決策としました。これを**徳政相論**といいます。

それから六つめ。支配機構の改革にも着手しました。任期を終えて帰京する国司が、ちゃんと任国で任務を果たしてきたかどうかをチェックするために、令外官として新たに勘解由使を置きました。彼らがチェックした証明書を解由状といいます。

❖……上皇と天皇の異常な対立、薬子の変

次に**平城天皇**の時代に入りますが、平城天皇は間もなく病気のため譲位し、平城上皇となります。そして、弟の**嵯峨天皇**が即位します。

さて、ここで**藤原薬子**という女性が登場します。薬子は平城上皇のところに、自分の娘をすすめるために連れて行きます。ところが平城上皇は、お母さんの薬子に恋をしちゃった。藤原薬子と平城上皇の関係ができてしまった。薬子が歴史の表面に出てくる背景には、そういう愛憎のもつれがあったのです。

藤原薬子は藤原氏の式家の出身です。薬子は兄の藤原仲成と結んで、平城上皇をもう一度天皇の位に就かせて平城京に都を戻し、あわせて式家を再興しようと図ります。

こういう動きがあるのを平安京にいる嵯峨天皇はいちはやく察知して、自分の側の機密が式家の兄妹側にもれるのを防ぐために、八一〇年に**蔵人所**という役所を設けます。その長官に藤原冬嗣と巨勢野足という二人の人物を任命しました。蔵人所というのは天皇の機密文書を扱うところで、その長官を蔵人頭といいます。

そういうわけで、同じ朝廷に二つの頭を戴く格好で、平城上皇側の勢力と嵯峨天皇側の勢力に二分されてしまいました。この「**二所の朝廷**」と呼ばれる異常な対立が、やがて嵯峨天皇側の機先を制した武力行使となり、仲成は射殺され、薬子は毒をあおいで死に、平城上皇は出家して大乱に至らずに終わります。

これが**薬子の変**で、八一〇年の事件です。結局この争いによって、式家藤原氏は没落し、「二所の朝廷」という不穏な情勢も解消されました。都も本格的に平安京に定まったわけです。

❖……律令制度の修復を目指す嵯峨天皇

それでは、具体的に嵯峨天皇の時代を見てみます。

桓武天皇のときに**勘解由使**が設けられて**国司制度が強化**されたのに続いて、嵯峨天皇の時代には、蔵人所と京都の治安・警察のために検非違使が置かれました。蔵人所が設けられたために、いままでの複雑な太政官の組織が整理され、検非違使の設置によっていままで複雑だった警察機構も整理されました。

このように、二官八省一台五衛府にはない、そのときどきの必要に応じてつくられた官職をひっくるめて、**令外官**といいます。征夷大将軍もそうです。その他の令外官としては中納言、参議、鋳銭司、按察使、これは国司を監察する役人です。それから、〃人民の苦しみを問うために派遣された使い〃、今でいう民生委員のような問民苦使という令外官もありました。さらに、押領使、追捕使、関白。こういった官職も令外官といいます。

嵯峨天皇以降、清和天皇、醍醐天皇、三代にわたって**格式の編纂**が行われます。格というのは律令の条文補足・改定のための法令です。式というのは律、令、格の施行規則です。嵯峨天皇の時代につくられたのが、ときの年号をとって弘仁格と弘仁式です。藤原冬嗣らが編纂したもので、二つ合わせて**弘仁格式**といいます。

清和天皇の時代になると、藤原氏宗らによって貞観格、貞観式がつくられ、合わせて**貞観格式**と呼ぶわけです。そして、最後の格式の編纂が一〇世紀の初頭、醍醐天皇の時代に行われました。それを**延喜**

格式といいます。格は、藤原時平、式は藤原忠平らによってそれぞれ編纂されました。

❖……北家藤原氏は政界進出のために何をした？

さて、ここからが、時代が転換していくところです。藤原冬嗣が蔵人頭になったのがきっかけで、**北家藤原氏**は政界に台頭していきます。

北家藤原氏が政界に足場を築くに当たって、一番早く行ったのが**他氏排斥**です。他氏排斥が本格的にはじまったのは、八四二年から。これを**承和の変**といいます。承和の変で藤原氏によって排斥された哀れな貴族は、一人が伴健岑で隠岐に流されます。それから、三筆の一人で書道家としても鳴らした橘逸勢が伊豆に流されます。

さらに北家藤原氏は、八六六年の**応天門の炎上事件**をきっかけに、政界におけるライバル伴善男らを排斥します。

他氏排斥の政争の三番目は八八七〜八八八年の**阿衡事件**。これは、藤原基経を関白に任じる文書に「阿衡」の文字があったのに基経がイチャモンをつけ、阿衡（中国殷代の賢臣伊尹が任じられた官）は位のみで仕事はしないということだから朝廷には参内しませんといって、基経が政府に対していわば仕事をサボッた事件です。

それに対してときの宇多天皇は、問題の原因となった「阿衡」という言葉を文章にした文章博士で、官界の実力者であった橘広相という人物を退け、詔を改めて基経のいい分に屈服しました。これも藤原氏の強い勢力を示す事件でした。

この間、清和天皇が幼少で即位し、藤原良房が摂政として天皇を補佐するという立場に立ちます。さらに、光孝天皇の下で藤原基経が最初の関白になるという事態が起こりました。摂政とは天皇が幼少だったり病気のときに、天皇に代わって政務をとる人のことで、関白というのは、天皇が成人した後も天皇を補佐する立場の人をいいます。

ちなみに宇多天皇の治世を**寛平の治**といい、この時代に**遣唐使が廃止**されました。そして新たに宮中を警備するための武士も設置されました。これを**滝口の武士**といいます。

❖……三つに分かれる平安時代の文化

平安時代の文化は、平安前期の**弘仁・貞観文化**、中期の**藤原文化**、後期の**院政期文化**と、三期に分けてとらえることができます。ここでは弘仁・貞観文化を整理しましょう。

弘仁・貞観文化は平安前期の文化で、時期的には七九四〜八九四年。ちょうど遣唐使が廃止されるまでを一つの区切りとして押さえておくといいでしょう。

貴族中心の仏教文化で、晩唐の影響を受けた文化というのが大きな特徴です。密教の影響が強く、暗く神秘的なイメージを醸し出しているのも特徴です。

❖……現世利益を求める密教の流行

この時代、仏教では、**密教**が流行しました。密教というのは、どこまでいっても解き明かすことのできない秘密の教えという意味です。

密教の反対語が顕教です。顕教とは、教理研究をすすめた南都六宗のような宗派をいいます。

密教は加持祈禱によって現世利益や鎮護国家を求める教えです。加持というのは呪い、祈禱というのは祈り。したがって、祈り・呪いによって現世利益、つまりこの世で利益を受けようというわけですね。祈り・呪いによって鎮護国家を図ろうという考え方が密教の精神でした。密教という世界で説かれた世界の根本仏、宇宙の根本仏が大日如来（だいにちにょらい）という仏です。

日本では、この密教に相当する宗派は二つあります。一つは八〇五年に**最澄**（さいちょう）が開いた**天台宗**。もう一つが八〇六年に**空海**が開いた**真言宗**です。最澄は伝教大師、空海は弘法大師とも呼ばれます。

最澄の天台宗は、**比叡山延暦寺**を総本山とし、空海の真言宗は**高野山金剛峰寺**（こんごうぶじ）、そして空海が嵯峨天皇からもらった教王（きょうおう）護国寺、これは東寺（とうじ）とも呼ばれますが、ここを中心道場としたわけです。

天台宗で僧侶たちが勉強した中心的な経典は法華経です。それに対して真言宗の根本経典は、金剛頂経と大日経です。真言密教を東寺を中心とする密教、略して東密（とうみつ）というのに対して、天台密教はのちに台密（たいみつ）と呼ばれるようになります。

著書を見ると、最澄の著書が『顕戒論（けんかいろん）』と『山家学生式（さんげがくしょうしき）』。空海の著書は『三教指帰（さんごうしいき）』です。『三教指帰』は、儒教、仏教、道教の三つの教えの中で、仏教が一番優れていることを説いた本です。

天台宗は最澄のあと、**円仁**と**円珍**という二つの派に分かれてしまいます。最澄の教えをそのまま守り通して、比叡山延暦寺を守ったのが円仁で、慈覚（じかく）大師と呼ばれます。それに対して、最澄の教え、その教義解釈をめぐって、円仁と立場を異にしたのが円珍です。円珍は智証（ちしょう）大師とも呼ばれ、比叡山延暦寺を下りて、麓の園城寺（おんじょうじ）にこもります。園城寺は三井寺（みいでら）ともいいますね。

そうしてそれぞれ、天台宗山門派・天台宗寺門派（じもんは）と呼ばれる一派を開いていきました。

円仁は八三八年、実質上最後の遣唐使として中国に渡りました。円珍というお坊さんも中国に渡っていますが、円珍の場合は遣唐使ではなくて、民間の商船で渡っているんです。

❖……神仏習合の時代

神と仏の関係を見てみると、奈良時代から両者はいわば同居状態にありました。だから神前読経といって、神の前で仏典を読んだりすることなどは当たり前でした。そのへんを歩けば神官の姿をした僧侶もいたし、僧侶の格好をした神官もいた。これが日常の光景だったわけです。そうした神仏習合の風が平安時代にかけても進み、寺の境内には鎮守（社）と呼ばれる神社が建ち、神社の境内には神宮寺と呼ばれる寺が建ったわけです。また、古くからある神道系の山岳信仰と仏教信仰が融合して、修験道と呼ばれる一種の密教が盛んになりました。

❖……独特の美を表現した密教美術

この時代、比叡山延暦寺も高野山金剛峰寺も、女性の参詣は禁止されていて、当時は**室生寺**だけが、唯一女性の参詣を認めていました。そのため、室生寺は後に**女人高野**という呼び名で知られるようになります。室生寺金堂は檜皮葺の屋根でつくられました。現在は柿葺です。また室生寺五重塔も、この時代の代表的建築です。

平安時代の初期の彫刻は、一木造・翻波式が特徴です。代表的なものが『観心寺如意輪観音像』。そして『薬師寺僧形八幡神像』。お坊さんの形をした八幡神というから、僧形で仏教、八幡神で神道。それが一緒になった像だから、これも神仏習合の表れです。

それから『神護寺薬師如来像』『元興寺薬師如来像』。薬師如来というのは、「くすりし如来」と書くように、病人を救うための仏なので、手に薬壺を持っているのが特徴です。

絵の世界では、平安初期には、仏の宇宙図・世界図が描かれました。それを、**曼荼羅**といいます。有名なものに、『神護寺両界曼荼羅』があります。両界曼荼羅の両界というのは、金剛界と胎蔵界（たいぞうかい）の二つの世界です。

それから、『園城寺黄不動（きふどう）』。園城寺はさっき出てきた三井寺のことで、この園城寺にある不動明王像のことを黄不動といいます。これを描かせたのは円珍です。

この『園城寺黄不動』と『青蓮院青不動』、それに『高野山明王院赤不動』をひっくるめて**三不動**と呼んでいます。

❖……平安初期の教育と文芸・文化

平安時代の前期には、有力な貴族は自分たちの子どものために独自の学寮をつくるようになりました。これは学校というより、むしろ寄宿舎のようなものです。それを**大学別曹（べっそう）**と呼びます。代表的なものに在原氏の奨学院、藤原氏の勧学院、橘氏の学館院、和気氏の弘文院があります。

さて、空海が庶民のために建てた学校は、**綜芸種智院（しゅげいしゅちいん）**と呼ばれます。儒教・仏教・道教などを教授した庶民教育のための学校で、藤原三守（みもり）という人の経済援助によって建てられました。

平安時代の前期には、唐風の書道家として**三筆（さんぴつ）**と呼ばれる人びとが活躍します。**空海・嵯峨天皇・橘逸勢（たちばなのはやなり）**。書状として有名なのは二つ。空海の『風信帖（ふうしんじょう）』ともう一つが最澄の『久隔帖（きゅうかくじょう）』です。『風信帖』は空海が最澄に出した手紙。それに対し『久隔帖』というのは、最澄の弟子で泰範（たいはん）という者が空海のもとに行ったまま帰ってこなくなったんですが、それを案じて最澄から泰範に宛てた手紙です。

文学の面では、**勅撰漢詩文集**の編纂が進みます。平安時代の初期には三つの勅撰漢詩文集が成立しました。

まず、最初が『凌雲集』。続いて『文華秀麗集』、三つめが『経国集』です。ポイントは、『凌雲集』と『文華秀麗集』は嵯峨天皇の命令、『経国集』は淳和天皇の命令ということです。『凌雲集』を編集したのは小野岑守と菅原清公、『文華秀麗集』を編集したのは藤原冬嗣と藤原清公。そして『経国集』を編纂したのが良岑安世です。

空海の著作で、有名なのは『文鏡秘府論』と『性霊集』。『性霊集』は空海の漢詩文集で、弟子の真済という人が編集したものです。なお、『文鏡秘府論』は漢詩文の格式などに関する論評集です。

菅原道真の著作には特徴があって、「菅家」ということばが頭についています。菅家とは、菅原道真のこと。漢詩文集に『菅家文草』と『菅家後集』があります。道真の著書の中でそれより大事なのが、『**類聚国史**』で、六国史を部門別に編年体で編集したものです。

六国史というのは、『日本書紀』にはじまる六つの官撰史書です。

『続日本紀』は奈良時代を中心に記述されています。続いて平安前期を扱った『日本後紀』、それに続く『続日本後紀』は仁明天皇一代記です。仁明天皇の時代には、八四二年に承和の変が起こっています。『日本文徳天皇実録』は文字通り、関係する天皇は文徳天皇です。『日本三代実録』の三代とは、清和・陽成・光孝の三天皇。この三天皇の時代を扱っているのが、『日本三代実録』というわけです。

それから説話文学では、薬師寺の僧景戒が著した仏教色の強い説話文学、『**日本霊異記**』があります。

❖……醍醐天皇の時代とは？

それでは**醍醐天皇**の時代のお話をしていきましょう。この時代の治世を**延喜の治**といいます。

まず、九〇一年に**菅原道真**が藤原時平の讒言（ざんげん）によって大宰府に左遷されました。藤原氏にとっては、これも他氏排斥の一つです。これを**昌泰の変**（しょうたい）とも呼んでいます。

また、九〇二年に政府は**荘園整理令**を出しました。その内容は、勅旨田（ちょくしでん）などを禁止するというものです。勅旨田というのは、天皇の命令によって開墾された土地のことです。

それまでは国家財政の支えとするために、九世紀に大宰府に公営田、畿内に官田を開いて直接経営を進めてきました。天皇も勅旨田をもっていましたが、まずその勅旨田を禁止しようとしたわけです。

それからもう一つ、実は、この九〇二年という年は、班田収授が最後となった年です。正確にいえば、班田収授をしたという記録が九〇二年を最後に後を絶ったということです。

九〇五年には、日本最初の勅撰和歌集『**古今和歌集**』が成立しました。編者は、紀貫之、紀友則らです。勅撰集というのは、天皇の命令で献上されたものをいいます。

それから、三善清行（みよしのきよゆき）という人物。学者として九一四年、意見封事（いけんふうじ）十二箇条を醍醐（だいご）天皇のもとに出し、崩れつつある律令制の再建に関して天皇にアドバイスをしました。

❖……夜の政治が多くなった村上天皇の時代

醍醐天皇の次が朱雀（すざく）天皇、その次が**村上天皇**の時代です。この治世を**天暦の治**（てんりゃく）といいます。この時代、**乾元大宝**（けんげんたいほう）というお金がつくられました。皇朝十二銭最後のお金です。

また、橘成季（たちばなのなりすえ）の『古今著聞集（ここんちょもんじゅう）』の中に「このころ松明（たいまつ）の使用量がかなり増えた」という記録があることから、政治が夜に行われていることが推定されます。律令制下の政治は本来は未明・早朝に朝集殿に役人が集まってきて、だいたい午前中いっぱい朝堂院で執務し、午後はそれぞれの役所に帰っていったのですが、どうやら政治の時間帯がずれてきたことからも律令制の衰退ぶりがわかると思います。

❖……武士はなぜこの時代に生まれたか？

荘園というのは、貴族や有力寺院、地方の豪族が労働力を巧みに使って開発した私有地のことです。私有地ですが、国家に税を納めなければなりませんでした。そのために荘園に検田使や徴税使といった国家権力が介入してきます。国衙（その国の役所）から派遣されてくる役人のことです。

そうすると、荘園の持ち主は自分の土地であるにもかかわらず国家権力が入ってきますから、その土地を武装して守るようになります。これが武士の発生の一つの経緯です。

二つめは、在地の国衙の役人の武装化です。これは地方政治が乱れているという証しでもあります。それから腐りきった社会の中で、健児制も形骸化します。こうした諸条件の中で、各地に武士団が形成されていったわけです。

当時武士団として勢力を誇ったのは**桓武平氏**と**清和源氏**でした。朝廷は、国内の有力な武士たちを諸国の治安を維持するために、押領使、追捕使に任命します。

このようにして武士が台頭してきますが、武士が果たしてきちっと諸国の治安維持をしたのかどうか。これを示す事件が、朱雀天皇の時代に起こっています。

❖……平将門の乱と藤原純友の乱が発生

平将門は下総の猿島を根拠地にして、一族の婚姻問題と所領問題から伯父の平国香と争い、国香を殺害します。そうして、九三九年に乱を起こして関東の大半を占領して、関東地方に自分を中心とするミニの律令国家をつくろうとしました。自分こそは新しい天皇だとして、自分で新皇と称したわけです。

それに対して朝廷はどう対処したか。征東大将軍藤原忠文を送ってこの乱を鎮定させようとしますが、征討軍の到着前に鎮定されてしまいます。**平将門の乱**を鎮定したのは、藤原秀郷と平貞盛でした。

同じころ、西では**藤原純友**が九三九年から本格的に海賊行為を繰り返していくわけです。藤原純友という男は律令国家の役人だった人で、伊予掾という地位にいたんですが、任期が切れても都には戻らず、瀬戸内の海賊を率いて、瀬戸内海沿岸一帯を荒らし回って大宰府まで攻略したんですね。

藤原純友が拠点としたのは伊予の日振島です。朝廷はこの藤原純友の暴挙を抑えるために、やはり藤原忠文を派遣します。しかし、実際に純友の乱を鎮圧したのは、追捕使の小野好古と清和源氏の祖の源経基でした。平将門の乱と藤原純友の乱を合わせて承平・天慶の乱といいますが、承平・天慶の乱は地方武士の実力を中央に認識させる契機となった事件といえます。

さて、そのほかに武士の台頭、進出を示す事件がいくつか起こっています。一〇二八年の平忠常の乱、一〇五一年の前九年合戦と一〇八三年の後三年合戦、一一五六年の保元の乱と一一五九年の平治の乱です。

❖……安和の変で藤原氏の他氏排斥が完了！

九六九年、**冷泉天皇**の時代ですが、**安和の変**という事件が起こりました。これは源高明が源満仲の密告によって大宰員外帥に左遷された事件です。

この事件の後、藤原実頼が円融天皇のもとで摂政になります。つまり、安和の変は、藤原氏による他氏排斥最後の事件で、以後、**摂政・関白常置の体制**に入るきっかけとなった事件なのです。ちなみに源高明は有職故実の本として『西宮記』を著しています。

さて、この時代、朝廷の要職にある者のほとんどが藤原氏です。その中で、だれが藤原氏のトップの地位に就くか、つまり氏長者の地位をめぐって、血のつながった人間同士が骨肉相食む争いを演じました。それが**兼通・兼家の争い**であり、また**伊周と道長の争い**です。

❖……摂関政治の全盛期を築いた藤原道長の手法とは？

伊周・道長の権勢争いで勝ち抜いて出てきたのが道長です。道長ははじめ**内覧**という立場にありました。内覧とは、天皇に差し出す文書を予めご覧になる立場のことで、内覧から一〇一六年、**摂政**になるんです。さらに、彼は翌年**太政大臣**になっています。こうして道長と子の頼通の時代に摂関政治は全盛期をむかえます。道長の日記を『御堂関白記』といいますが、道長は関白になっていないことに注意しましょう。

道長が摂関政治の全盛期を築きあげた理由の一つは、自分の娘を皇室に入内させるという手段をとったことです。一〇一八年という年に**一家三立后**を実現させました。

道長は、まず娘彰子を一条天皇のもとに入内させ、娘妍子を三条天皇のもとに入れました。そうして三人め、これが藤原威子という娘で、後一条天皇のもとに入内させた。それが一〇一八年です。したがって、藤原氏一家の中で娘三人に天皇家と血の関係を結ばせたわけなんです。これを一家三立后といいます。

最終的に藤原道長は、さらに嬉子という娘を後朱雀天皇のもとに入れています。そして、天皇と娘の間に男の子が生まれてくると、この子どもはやがて次の天皇になります。次期の天皇から見れば道長は

藤原道長と天皇家との深い関係

外祖父、つまり母方の祖父に当たるわけです。これが摂関政治の維持にはきわめて大事な条件となりました。天皇よりも年齢も上だし、政治的な力も勝っているし、道長のほうがかなり上位の立場を保てるわけです。

結局、道長は後一条・後朱雀・後冷泉天皇三代にわたって外戚関係を維持しながら摂関政治の全盛期を築きます。このようすを述べているのが藤原実資（さねすけ）の日記『**小右記**（しょうゆうき）』という記録で、その中に「この世をばわが世とぞ思うふ望月のかけたることもなしと思へば」という有名な歌が収められています。

さて、藤原道長の時代、刀伊（とい）の入寇（にゅうこう）という事件が起こります。一〇一九年に女真（じょしん）族の刀伊が博多湾に攻め入ってきた事件ですが、これを撃退したのは、大宰権師藤原隆家（たかいえ）に率いられた九州の武士団でした。

❖……日本風の文化、国風文化の誕生

平安中期の文化、国風文化を見てみましょう。

八九四年に遣唐使が廃止されて、今までの中国風の文化から脱却し、いよいよ日本本来の風土に見合った文化が生まれます。これが**国風文化**で、藤原氏の全盛時代に花開いたので、**藤原文化**ともいいます。

今までの中国を模倣した文化は**唐様**（からよう）が特徴でした。その唐様から和様へ、つまり人びとの求める対象が、中国風のものから日本風のものへと切り替わっていったわけです。

例えば、今までは文字では中国の文字、つまり漢字が使用されていました。だから漢文学が栄えた。それに対して、その漢字の一部を崩して、片仮名や平仮名が生まれた。これが日本の文字なんです。すべての面で唐様から和様への転換が図られたのが、平安中期以降です。

❖……浄土教の流行と陰陽師の活躍

仏教では、平安初期の密教に代わって、新たに浄土教が流行しはじめます。来世に極楽浄土という世界に生まれ変わろうという教えです。こうして人々の間に阿弥陀と念仏の教えが徐々に広まっていきました。浄土教そのものは、もっと前から日本に入っていたんですが、本格的に世の中に広がっていくのは、平安中期以降だったんです。一〇世紀の中ごろに**空也**（くうや）、一〇世紀後期には**源信**（げんしん）が活躍しました。源信は九八五年、極楽往生の方法などを述べた『往生要集』を著しています。

この浄土教の流行に拍車をかけた悲観的・予言的年代観を**末法思想**（まっぽうしそう）といいます。末法思想とは、釈迦入滅二〇〇〇年後には国家も仏法も滅ぶという歴史観で、日本では一〇五二年に末法第一年目に入ると信じられました。

神道と仏教の関係では、**本地垂迹説**（ほんじすいじゃくせつ）が生まれました。これは、神仏習合において、仏を優位とする見方です。つまり、全世界・全宇宙の根本には仏がいて、神はその仏の化身だというわけです。ことばを換えると仏主神従ですが、仏が中心で、神はそれにつき従うという立場で神と仏の関係を説明する考え方です。

そのほか、平安時代には、怨霊、つまり悪霊のたたりと噂される出来事が相次いで起こりました。

例えば平安時代の初期、桓武天皇の身の回りにたいへん不吉な事件が相次ぎました。そういったものが全部、政治にからんで悲運な、非業の死を遂げた人びとの怨霊のたたりだと噂されるようになって、そのような人びとの魂鎮め（たましずめ）、怨霊鎮めのための儀式が必要になったのです。この鎮魂の儀式を、**御霊会**（ごりょうえ）といいます。

それから**陰陽道**。これは、物事や現象は陰と陽からなるという古代中国の考えです。陰陽師として活躍したのが、賀茂氏や安倍氏。特に安倍清明という人は、陰陽師としてよく知られた人です。また、一種の仏教天文学である宿曜道も流行しました。

❖……仏教思想と国風文化の関係とは？

貴族の住宅は**寝殿造**で築かれました。白木柱で屋根は檜皮葺。さらに、部屋の中は板敷です。

さて、当時の人びとは、死後阿弥陀仏に救われたいと願う気持ちがどんどんと強まっていきました。有力者は自分でお寺を建てて、中に仏像、阿弥陀仏を安置して極楽往生を祈りました。藤原道長の法成寺、藤原頼通の平等院鳳凰堂、日野資業の法界寺阿弥陀堂というように、寺に阿弥陀堂を設けて、死後の世界を夢見たわけです。

平安初期の彫刻は一木造・翻波式で一本の木からつくって波を翻すような文様でしたが、平安中期以降になると、寄木造という製法がブームになります。定朝という仏師が開発した技法で、手・足・胴をばらばらにつくって最後にドッキングさせるやり方です。だから仏像も大型化し、量産も可能になったんですね。寄木造の仏像では、平等院鳳凰堂の阿弥陀如来像が有名です。

絵画の世界では、死者、あるいは臨終の人の枕辺に、極楽浄土から阿弥陀如来が諸神諸仏を引き連れて迎えに来る姿を描いた絵が流行しました。これを来迎図といいます。『高野山聖聚来迎図』が有名です。来迎図には、ほかに『平等院鳳凰堂扉絵』があります。

それから中国風の絵を唐絵と呼びますが、この従来の唐絵に代わってこの時代に流行した絵を大和絵といいます。大和絵というのは、日本の花鳥風月、日本の自然を題材とした絵で、これをはじめたといわれるのが、巨勢金岡（こせのかなおか）という人です。

めでたく極楽浄土に旅立った人びとがたくさんいたといいます。その人びとの伝記を集めたものが往生伝です。最初の往生伝が『日本往生極楽記』で、著者は慶滋保胤（よしげのやすたね）です。

❖……仮名文字の浸透で日記や物語文学が発達

仮名文字は、平安中期以降になると広く用いられるようになってきます。この仮名文字の普及によって、**日記・物語文学**が発達してきます。

物語文学では、最初の散文が『**竹取物語**』。最初の歌物語が『**伊勢物語**』です。王朝文学の最高傑作は『**源氏物語**』で、作者は紫式部。さらに、随筆では『**枕草子**』。書いたのは清少納言。最初の仮名日記文学は紀貫之の『**土佐日記**』です。

『蜻蛉日記（かげろうにっき）』を書いたのは、藤原道綱の母。『更級日記』の著者は、菅原孝標（すがわらのたかすえ）の女（むすめ）。

漢詩文集では『本朝文粋（ほんちょうもんずい）』、これは藤原明衡（あきひら）が撰集したものです。

それから和歌の世界には**六歌仙**が出ました。そして『古今和歌集』から『新古今和歌集』に至るまで、**勅撰和歌集**が全部で八つつくられました。これをまとめて**八代集**といいます。

《六歌仙》在原業平（ありわらのなりひら）・遍昭（へんじょう）・喜撰（きせん）・小野小町・文屋康秀（ふんやのやすひで）・大友黒主（おおとものくろぬし）

《八代集》

『古今和歌集』『後撰和歌集』『拾遺和歌集』『後拾遺和歌集』

『金葉和歌集』『詞花（しか）和歌集』『千載（せんざい）和歌集』『新古今和歌集』

書道では三跡（蹟）と呼ばれる和風能書家が出ました。小野道風（おののみちかぜ）・藤原佐理（すけまさ）・藤原行成（ゆきなり）の三人です。

❖……平安貴族はどんな生活をしていた?

平安貴族たちは、陰陽道の陰陽五行説による迷信に左右された生活を送っていました。方違や物忌が流行したのもその表れです。

貴族たちのファッションですが、貴族の男子の正装は**束帯・衣冠**です。女子の正装は**十二単**ですね。**女房装束**ともいわれます。また、貴族たちの平常服は直衣。それから狩衣。狩衣はいわばスポーツウェアで、その狩衣が変化したものが水干です。

貴族の婚姻形態は平安前期までは男が女のもとに通う**妻問婚**で、夫婦別居が一般的でした。やがて平安時代の中ごろを過ぎると、夫婦別居制の妻問婚から夫婦同居制の**婿入婚**に変わり、生まれた子どもは妻の家で育てます。これを、婿入婚または**招婿婚**ともいいます。

❖……官職売買の横行など地方行政は大混乱

摂関政治の全盛期、一〇世紀の後半から一一世紀にかけての時代は、地方でもたいへん政治が緩んでいました。地方の官職を売ったり買ったりする、**売官売位の風潮**が広がっていたんです。

例えば、国司に任命されても任国に行かずに代理人を派遣し、自分はのうのうと平安京の中で生活するという国司も現れました。そういう在京国司のあり方を遙任といいます。そして、その代理人のことを目代といいます。目代には自分の知り合いや身内などを派遣していたのですが、彼らは政治的な知識も何もなかったので、現地のちゃんとした役人が政治をとらざるを得ない。そういった現地の役人のことを在庁官人といいます。

遙任のために本来の国司の来ない国衙のことを留守所といいます。つまり、目代のもとで在庁官人が留守所で政治をとったわけです。

それから、私財を出して国司のような地位を得る人も出てきます。それを**成功**（じょうごう）というんですね。当時の国司には、四年間（最初は六年）という任期がありました。したがって、その任期が迫ってくると、私財を出して同じポストに就く人も出てくる。なぜかというと、当時の国司は本来のあり方、つまり一国の行政官としての姿は失われ、徴税請負人としての性格を強めていたからです。しかも税率も任意でかけられたっていうんだから、国司の地位はだんだん利権視されていったんですね。成功をくりかえすことを、重ねて任ぜられるという意味で**重任**（ちょうにん）といいます。

だから国司の中には、その地方の農民を収奪するために行くような人も出てきたわけですね。このように、任国に赴任する国司の長官（守）を**受領**（ずりょう）といいます。

❖……荘園の発達と地方への広がり

ここで荘園についてまとめておきましょう。

七四三年に墾田永年私財法が出された結果、貴族や有力な寺院・神社が、班田農民・浮浪人（ふろうにん）などを駆使して土地開墾に力を入れます。こうして生まれた土地を荘園と呼びます。

八世紀から九世紀にかけて各地に生まれた荘園を、一般に**初期荘園**といいます。初期荘園には、貴族たちがみずからの労働力を駆使して開いた**自墾地系荘園**（じこんち）と呼ばれるものと、他人が開いた土地を買収して自分の荘園に組み込んだ**既墾地系荘園**（きこんち）という二タイプがありました。しかしいずれも「開墾した土地」が中心ですから、この二つをひっくるめて**墾田地系荘園**といいます。ですから、初期荘園と墾田地系荘園は同義語となるわけです。

やがて一〇世紀、平安時代も中期に入ると、畿内などの中央部だけではなく、都から遠く離れた地方でも、有力農民がリーダーとなって他の多くの農民たちと協力して土地を開発するケースも出てきました。ですから開発を終えた段階で、その土地は荘園となります。

荘園というのは、田んぼや畑の一つひとつのことではなく、その周囲に点在する民家や住民が信仰している神社やお寺、そういった風景全体をひっくるめて荘園と呼ぶんですね。

❖……中央貴族と開発領主がいた荘園の構造

さて、開墾した土地、その開発の中心となった有力農民のことを**開発領主**といいます。その開発領主のもとで大勢で土地を開き、田んぼをつくった。それはまぎれもなく課税対象となる土地ですね。ですから、その国の役所、国衙から役人が土地のチェックにやってきます。国衙から派遣される役人を**検田使**といいます。

しかし、開発した人々にとっては「自分たちが開いた土地」という意識が当然ありますから、検田使のような国家権力の介入が面白いはずはありません。そこで、中央の京都で政治的に力を持っていた**権門勢家**といわれる有力貴族や寺社を頼ったんですね。荘園の領有名義を彼らに寄進して、そのかわりに保護してもらおうとしたわけです。こうした新しいタイプの荘園を寄進地系荘園といいます。寄進地系荘園は、一〇世紀後半から一一世紀半ばにかけて広がりました。

荘園の寄進を受けたのは貴族や寺社といった権門勢家の人びとで、「保護してくれ」と頼まれた側を**領家**といいます。ところが保護を頼まれた中央貴族や寺社は、実際に都から遠く離れた現地に行って、一日中荘園に張りついているわけにはいきません。そこで、中央から現地に荘園管理のために人を派遣することもありました。また荘園を寄進した開発領主が現地で荘園を管理する場合もありました。このように荘園の管理にあたった人々を**荘官**（しょうかん）といいます。

荘官にも預所（あずかりどころ）・下司（げし）・公文（くもん）・雑掌（ざっしょう）・地頭（じとう）などいろいろな呼び方がありました。鎌倉時代になると地頭が出てきますが、これももともとは荘官の呼称だったんです。預所は上級の荘官、それ以下の下司・公文などは一般荘官の呼称でした。荘官となった人は、現地で**在地領主**としての力を蓄えていきます。都にいる中央領主に対して、地方の地元の領主という意味で在地領主といいます。

ところで開発領主というのは、それなりに土地開発に関する知識や技術などのノウハウを持った人でないと、全体の指揮もとれませんし、責任のある土地開発もできません。したがって、その地域の有力農民ということになります。多くの労働力を駆使できるような立場の人ですね。その意味では農業経営の専門家といってもいいでしょう。

このような農業経営の専門家のことを、歴史では**田堵**（たと）と呼んでいます。必ずしも開発領主が田堵とは限りませんが、そういうケースが多かったんです。またあちこちで大規模な土地開発をガンガン手がけるような田堵もいて、そういう田堵を特に大名田堵と呼びます。

開発した田んぼは、その荘園に専属した農民に割り当てられ、専属農民はそれぞれの田んぼを持ち場として農作業にあたります。自給自足の生活ですから、割りあてられた田んぼを耕していかないと生きていけない、つまりその田を「耕作」せざるを得ないわけです。

ところが事情があって、どうしても別の人に農作業を頼むしかない、というケースも出てきます。そうした場合、農業経営の専門家のような有力農民、田堵に農作業を頼まないといけない。田堵は耕作を請け負う、つまり「**請作**（うけさく）」したわけです。専属農民であれ田堵であれ、かれらのように荘園で働く農民たちをまとめて**荘民**(しょうみん)といいます。

一〇年、二〇年と年を重ねるごとに、荘民の土地に対する耕作権も強まっていきます。さらに長い年月を経るうちに、荘民たちは「あの田んぼは代々うちが耕しているんだ」「あれはうちの田んぼだ」というように、土地に対する所有意識も強まっていきます。そうして田んぼにはそれぞれの名がつけられて、**名田**(みょうでん)と呼ばれるようになります。

こうして平安時代末期には、名田を耕す農民たちは名田の所有者という意味で**名主**(みょうしゅ)と呼ばれるようになるわけです。

名主たちは領主に対して年貢・公事(くじ)・夫役(ぶやく)を納めました。年貢というのは、班田制の時代の租に相当するものです。公事は特産物などを納めるもので、班田制下の調に相当します。夫役は人夫役(にんぶやく)という言葉があるとおり、労働力を提供するものです。

❖……荘園が得た不輸・不入の権とは？

荘園の中には権門勢家の権威にすがりながら、政府から租税免除の特権を勝ち取るところも出てきました。租税免除の特権を**不輸の権**(ふゆ)といい、不輸の権を得るための手続きを立券荘号(りっけんしょうごう)といいます。政府の太政官と民部省から不輸の権を認められた荘園を**官省符荘**(かんしょうふしょう)といいます。官省符荘の「官」は太政官の「官」、「省」は民部省の「省」です。

地方国衙でも国司が不輸の権を認めることもありました。そのような荘園を**国免荘**(こくめんのしょう)と呼んでいます。

さらに、国衙から派遣される検田使の立ち入りを拒否する権利を得る荘園も出てきました。そのような立ち入り拒否権のことを**不入の権**(ふにゅう)といいます。

ですから、不輸・不入の権を得てはじめて荘園は、国家権力から完全に独立した土地になったということができます。

❖……中世土地制度の基本となった荘園公領制

では、国という広い視野から土地領有体系を考えてみましょう。

律令制下では、国は郡からなり、郡は里で構成されていました。班田制が順調に行われている間はよかったのですが、一〇世紀になると班田が行われなくなりました。九〇二年が班田最後の年です。そうすると、国家財政も今までは租・庸・調を基本とする律令税制でやってこれたが、班田収授そのものがアウトになったわけですから、政府としても全く新しい収入源を体制として確立しなければなりません。しかも一方では、どんどん荘園が増えている。荘園の増加によって、相対的に公領は減少しています。

そうした状況を打開するために、政府は国司のあり方に目をつけました。今までは、国司は一国の行政官として中央から派遣され、その任地で徴税事務のような実務を担当していたのは郡司でした。そうしたシステムを改めて、国司を徴税責任者として、公領からあがる税を国家に納める仕事をさせることにしたわけです。

徴税請負人と化した国司は、田堵に**官物**(かんもつ)や**臨時雑役**(りんじぞうやく)といった新しい税を課すようになりました。しかも自分で税率も自由に調整できたので、中には悪さをして訴えられる国司も出てきます。なお官物というのはいわば年貢で、班田制時代の租や庸・調に当たり、臨時雑役というのは雑徭(ぞうよう)などの力仕事に相当するものです。

国司は徴税事務を円滑に進めるために、公領を郡や郷、保という名前のブロックに分けて、郡には郡(ぐん)

司、郷には郷司、保には保司という役人を置いて、彼らに徴税を請け負わせます。郡司・郷司・保司というポストには、開発領主や大名田堵のような地主クラスの豪族が任命されました。彼らは在地領主としての力を持った人たちであり、また徴税という公的事務をしていますから、その国の在庁官人でもあったわけです。

ここまでを整理すると、荘園の場合は、荘園領主は貴族や寺社といった権門勢家で、本家とか領家と呼ばれる人たちです。そして現地で在地領主として徴税などを担当したのが荘官でした。

公領の場合は、荘園領主に相当するのが朝廷や院です。現地では、郡司や郷司、保司という豪族が在地領主として徴税を担当していました。いわば公領における荘官の役割を果たしていたわけです。

このように、一国は荘園と公領という二つの要素で構成されているのがわかります。この領有体制を**荘園公領制**といい、ちょうど鳥羽院政のころに確立します。そしてこのシステムは古代末期から中世にかけての土地制度の基本となっていきますが、やがて太閤検地で崩壊するわけです。

❖……後三条天皇が荘園整理令を発布

藤原頼通の娘には、外戚となるべき男の子が生まれませんでした。これが摂関政治にブレーキをかける結果となったんですね。

藤原頼通が外戚となるチャンスを逸した、その機に乗じて出てきたのが**後三条天皇**です。後朱雀天皇の第二皇子で母は禎子内親王です。この天皇は**延久の荘園整理令**という厳しい法令を出しました。

寄進地系荘園がどんどん増えて、国の財政がだんだんと逼迫してくる状況にあったから、一〇六九年に延久の荘園整理令という法令を出すわけです。そのときの学者が大江匡房で、この延久の荘園整理令をまとめた人です。延久の荘園整理令の内容は三つにまとめられます。

①寛徳二年（一〇四五年）以後の新立荘園を禁止
②国務に妨げのある荘園を禁止
③券契不明の荘園を禁止

記録荘園券契所という役所を置いて徹底的にすすめた結果、藤原氏が大変な抵抗をしたことからもわかるように、この政策はかなり効果をあげたようです。

❖……前九年合戦と後三年合戦とは？

さて地方の混乱、武士の台頭を示す事件をまとめましょう。二度にわたって東北で起こった戦いで、**前九年合戦・後三年合戦**という事件がありました。

一〇五一年が前九年合戦。当時、安倍頼時（あべのよりとき）が東北地方で勢力をにぎっていて、なかなか律令国家、中央に従おうとしなかった。そこで、源頼義、義家らが鎮定に向かって、豪族安倍氏を抑えました。これを前九年合戦といいます。これをテーマとした軍記物が『陸奥話記（むつわき）』です。当時、律令国家に帰順した蝦夷のことを**俘囚**（ふしゅう）と呼んでいましたが、しょっちゅう反乱をおこしていたようです。安倍頼時は俘囚の長でした。

このときに、京都の石清水八幡宮（いわしみずはちまんぐう）を鎌倉に勧請して、鎌倉に**鶴岡八幡宮**（つるがおかはちまんぐう）の原型が生まれます。つまり、源氏の守護神が鎌倉に鎮座することになったわけです。

それからしばらくして、東北地方の出羽の豪族清原武則（たけのり）の死後、一族の内紛が生じます。これに源義家が介入し、清原氏を滅ぼしたのが一〇八三年の後三年合戦です。後三年合戦に際して、義家は東国の武士を率いて鎮定したにもかかわらず、朝廷は彼の功績を認めようとしませんでした。そのために義家は私財を投げうって、付き従った人びとに、いわば恩賞の形でほうびを分け与えました。そのため、東国における源氏の名声はますます高まっていきました。

❖……摂関政治が衰え、院政がスタート

さて、**院政**に入ります。まず「院」とは何かということですが、法皇や上皇の御所（ごしょ）を院といいます。そして、上皇がとった政治という意味で院政というふうに呼ぶわけです。

まず、**白河上皇**です。父、後三条天皇のあとをついで白河天皇として即位し、幼少の堀河天皇に譲位の後に院政をはじめました。一〇八六年からです。上皇は天皇の父または祖父という立場にあたる人だから、朝廷（天皇）にはばからずに自由に政治がとれる、つまり専制政治をとりやすい立場にありました。

それから、多くの上皇は神仏にすがる気持ちが大変強かった。事実、白河上皇は熊野・高野に参詣を繰り返します。また、同じような考えから、六勝寺（ろくしょうじ）の一つ、法勝寺（ほっしょうじ）をつくっています。六勝寺には白河天皇の法勝寺、堀河天皇の尊勝寺（そんしょうじ）、そして鳥羽天皇の最勝寺（さいしょうじ）などがあります。

白河院政では、院をガードするための院北面（いんのほくめん）、つまり**北面の武士**が設けられました。この白河上皇の時代、院政を支えたのは摂関家に不満をもった人びと、および摂関政治の時代の中心勢力だった源氏にとって代わった**平氏**（へいし）です。

この時代に、伊勢平氏の中から**平正盛**（まさもり）という武将が登用されます。正盛は源義親（よしちか）の乱を平らげて武名をあげました。その正盛が白河上皇と結んで勢力を培うわけです。次の**鳥羽上皇**の時代には**平忠盛**が登

用されます。鳥羽院政を支えた経済基盤は、八条女院領（八条院領）という寄進地系荘園からあがる収益でした。

こうして、平正盛は白河上皇のもとで一定の社会的地位を獲得し、子の平忠盛は日宋貿易での経済的利潤と社会的地位の両方を掌中にしたところで、清盛が登場してくるのです。

❖……上皇を中心とする院政の構造

院政の中心は上皇ですが、院政が行われた場所は**院庁**という役所です。ここで実際に執務にあたった職員のことを**院司**といいます。また、この院政全体を支えていた上皇の側近の人々を、**院の近臣**といいました。上皇の取り巻き連中といってもいいでしょう。

院政の時代に出された文書には、二通りありました。院庁から出される院庁下文と上皇の命令を伝える院宣です。院庁下文と院宣では、院庁下文のほうが、より公的で重要です。院宣のほうがむしろ私的な命令文書でした。

院政を支えた財源は、寄進地系荘園から上がる収益と、知行国から上がる収益でした。国司制が変形した知行国の制が蔓延しているので、それぞれの国が昔のような行政支配からはズレてしまって、私的な収奪の場所に変わりました。つまり、院が院の近臣の中の特定の個人、これは上級貴族や寺社といった人びとですが、特定の人にまず一国の支配権を与えます。支配権を与えられた人のことを**知行国主**と呼びます。

知行国主は自分の知人、身内といった知り合いを選んで国司に任命します。その国司は任国には行かないで、さらに知人、身内といった関係者に行ってもらう。だから実際に任国に赴任するのは目代ということになりますね。この場合、やはり任国の国衙は留守所となります。中には不当に収奪をはたらいて私腹を肥やすものも出てくるわけです。

そして、その国の公領から収益を吸い上げて、最終的には知行国主がその大部分を収入として得る。その収益でもって上皇の寺社参詣費用や寺院造営費などを出して奉仕する、という構造になっていました。そのような支配のされ方をした国を**知行国**といい、そのような仕組みを**知行国制**といいます。知行国からさんざん収奪しきった富が院政の財源になるわけで、院のもつ知行国のことを、特に院分国と呼んでいます。

❖……ついに天皇と上皇が激突！

政治の流れとしては、天皇を中心とする律令制が行き届いていた時代から摂関政治の時代になりました。それが衰退して院政の時代になり、やがて院と朝廷の確執が起こります。それが鳥羽法皇（法皇は出家した上皇の呼称）の死後、一一五六年に起こった**保元の乱**でした。この事件はまさに古代史に終わりを告げる乱といってもいいかもしれません。

この乱は朝廷と上皇側、院側の対立で、**後白河天皇**と**崇徳上皇**側が衝突したのです。後白河天皇側に藤原忠通が味方して、崇徳上皇の側には藤原頼長が、それぞれ分かれてくみします。それに源氏・平氏がそれぞれ入り乱れ、分かれての対立です。

源氏は源為義、源為朝らが上皇側につき、天皇側には源義朝がくみします。さらに平氏も分かれて平清盛が天皇方につき、平忠正が上皇側について対立します。

その結果、天皇側が勝利します。保元の乱という事件は貴族が乱の中心となって、武士がそれにつき

保元の乱・平治の乱◆人物関係図

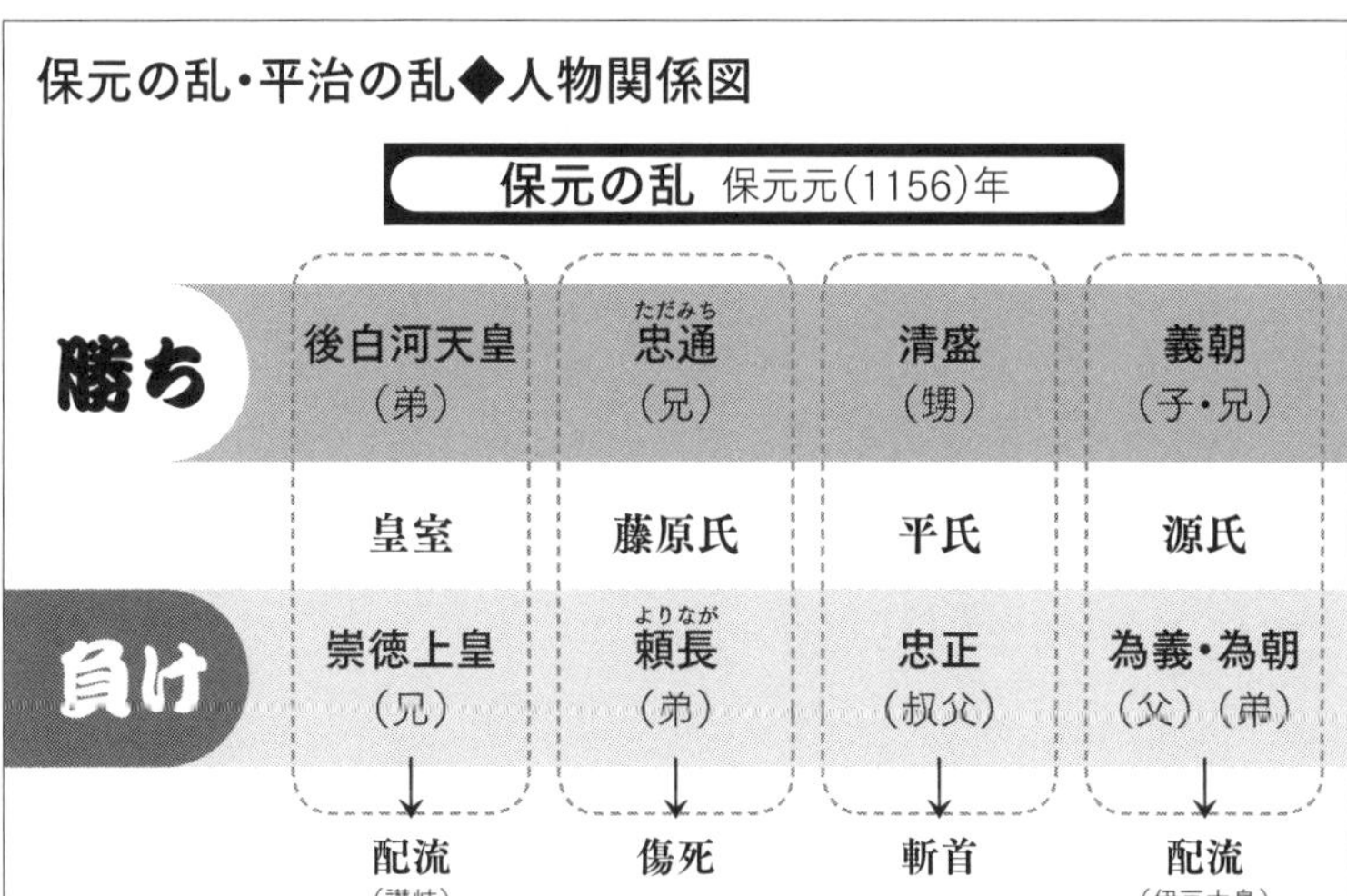

崇徳上皇と後白河天皇の対立がもととなり、藤原氏、平氏、源氏を巻き込んだ、武士の力を世に知らしめた事件。

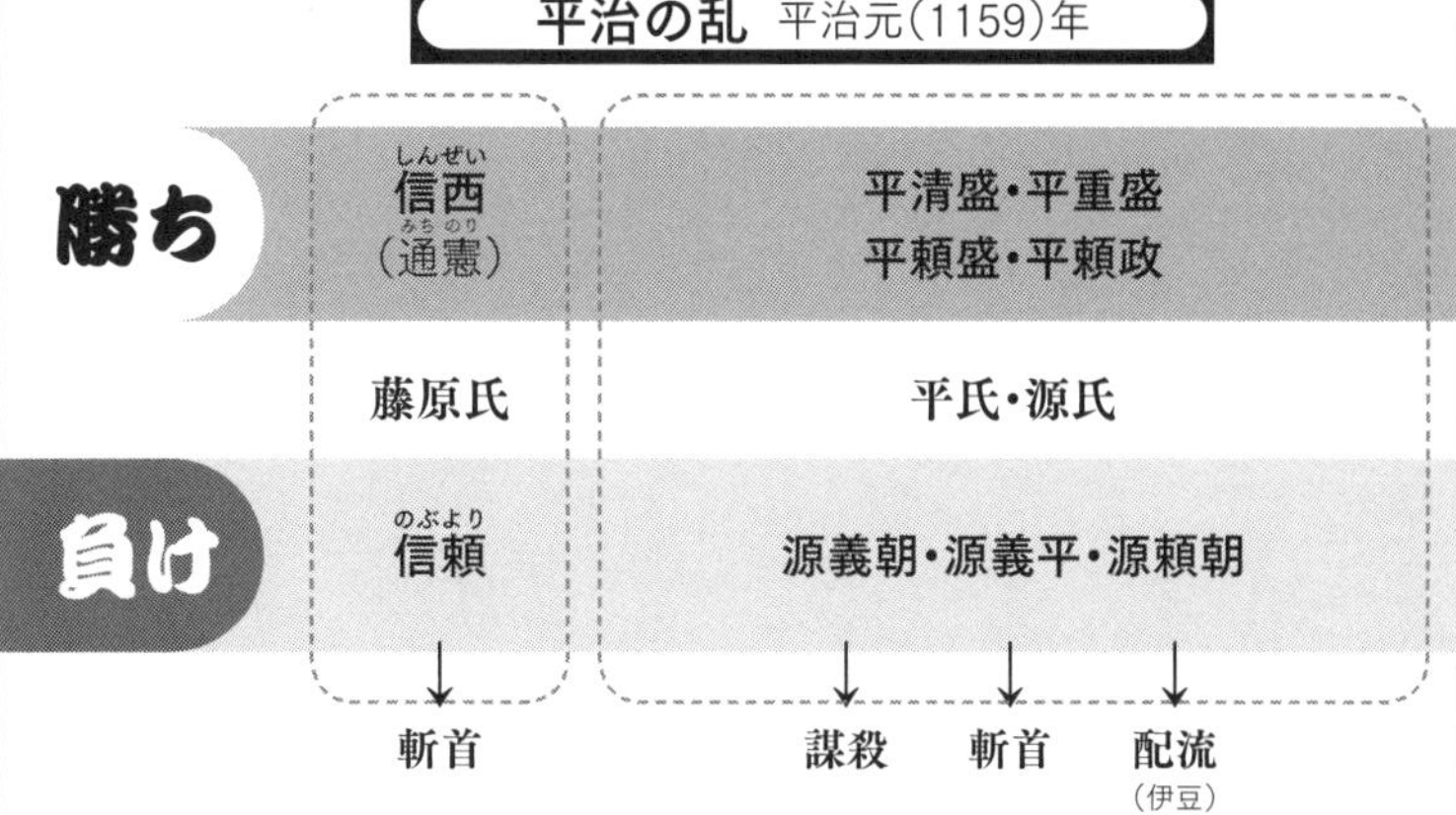

清盛と義朝の勢力争いが表面化。頼政を除く源氏は政治の表舞台から降ろされ、平氏独占の社会が形成される。

従う。つまり、貴族が主、武士が従という関係で展開しました。

❖……源義朝 VS 平清盛の対立、平治の乱が勃発

保元の乱の三年後、一一五九年に**平治の乱**が起こります。これは保元の乱で勝利した天皇側についた源平を主とする対立です。これをテーマとした絵巻物が『平治物語絵巻（へいじものがたりえまき）』。

平治の乱では、源義朝、そして平清盛、この源氏と平氏の対立になりました。今度はそれに貴族の藤原氏が二つに分かれてくみします。藤原信頼が義朝方について、清盛方には藤原通憲（みちのり）がくみします。この人は信西（しんぜい）とも呼ばれている人です。

結果は清盛方の勝利に終わりました。三年前の保元の乱までは貴族が主、武士が従でしたが、この事件では立場が逆転して武士が主となり貴族が従となった戦いとまとめることができます。その結果、清盛の時代が到来するのです。

❖……平清盛が政権を握った平氏政権とは？

さて、平治の乱に勝利した**平清盛**は、京都の六波羅に政庁を構えて政権を握りました。これを**平氏政権**または**六波羅政権**と呼んでいます。平氏は、もともとは桓武（かんむ）平氏の流れを引き継いでいますから、武士的な側面をもっています。

ところが院政がはじまると、院の近臣として院政をサポートしましたから、その意味では貴族的な顔ものぞかせているといえますね。清盛自身も一一六七年に武家として最初の太政大臣に就任し、家臣を地頭として西国に置いていています。つまり平氏政権は、公家・武家の両方の性格をもっていたわけです。

にもかかわらず、清盛は公家政権の確立を志向しました。清盛は娘の徳子を高倉天皇のもとに入れ、子の安徳天皇の外戚の地位に就きました。このあたりの政権維持構造は摂関政治と同じですね。

その財源も荘園公領制に立脚したものでした。五〇〇余りの荘園と二八か国にのぼる知行国からの収益のほかに、**日宋貿易**による利潤によって支えられていたわけです。その日宋貿易は民間商人や僧侶の往来が主ですが、清盛は大輪田泊（現在の神戸港）を修築して貿易港としました。

また、清盛は船の通行の安全のために**音戸の瀬戸**を開削します。日宋貿易では、砂金・刀剣・硫黄など輸出し、宋銭・陶磁器・百科全書『太平御覧』などを輸入しました。貿易船は主に中国の明州・杭州・揚州などの港に入港し、中国から輸入された品物は唐物と呼ばれました。

❖……頼朝、義仲が挙兵し、平氏を打倒

平氏がそのような性格をもっていたから、従来から根強く勢力を保ち続けている朝廷や院、山門つまり延暦寺などの公家勢力からの風当たりが相当強くなってきます。こうした中で、一一七七年には京都東山の俊寛の山荘がある鹿ヶ谷で平氏打倒のクーデタがもち上がりました。しかし、これは一味の多田行綱の密告によって事前に発覚し、結局は失敗します。これを**鹿ヶ谷の陰謀**といいます。その結果、俊寛は鬼界ヶ島に、そして藤原成朝は備前国に流される途中、殺されてしまいました。

また、一一八〇年には都が一時湊川下流の福原に移りましたが、半年後にはまた京都に戻っています。

当時、院政を行っていたのは後白河上皇です。後白河院政の財源の一つに長講堂領と呼ばれる寄進地系荘園がありましたが、上皇は平氏政権とは基本的には対立関係にあった。そのため一時、鳥羽殿に幽閉されたりして、事実上院政は停止状態にあったわけです。

こうした状況の中で一一八〇年、後白河法皇の第三皇子、以仁王が平氏打倒の令旨を発しました。令旨とは親王などが発した文書のことです。これをきっかけに、各地の源氏が挙兵していきます。平氏は平重衡が興福寺や東大寺などの南都の大寺院を焼くなどして反撃に出ました。

一方、伊豆では**源頼朝**が、木曽では**源義仲**が挙兵します。やがて義仲は北陸砺波山の倶利伽羅峠の戦いで平維盛軍に夜襲をかけて敗走させ、一一八三年に京都に入ります。それに押される形で平氏は西国へ落ちていきます。その時点で東国の源頼朝、京都の源義仲、西国の平氏と三つの勢力が日本を分割するような体制になりました。これを**三者鼎立体制**と呼んでいます。

さて、平氏は摂津国の一の谷の戦い、讃岐国の屋島の戦いを経て、さらに西に追われ、結局一一八五年、長門国の**壇の浦の戦い**で一門が滅亡しました。この一一八〇年からの源平争乱を年号をとって**治承・寿永の乱**といいます。西国では養和の大飢饉がおこっている最中、歴史は武家社会へと着実に転換しはじめていたわけです。

❖……平安末期に開花した院政期文化とは？

平安末期には、**院政期文化**が開花しました。

藤原文化が中央の文化であるのに対して、院政期文化は地方の文化です。それは浄土教が地方に伝播していったことによります。浄土教を地方に伝えたのは、聖、**遊行聖**たち。聖というのは、延暦寺や金剛峰寺などで修行し、途中で山を下りてきたような人びとですが、中には脱落した人もいます。そういう人びとが巷に入って、自分が聞きかじった教えを人びとに説いて歩いたんですね。このようにして、各地をめぐった僧侶を遊行聖といいます。

武士の台頭

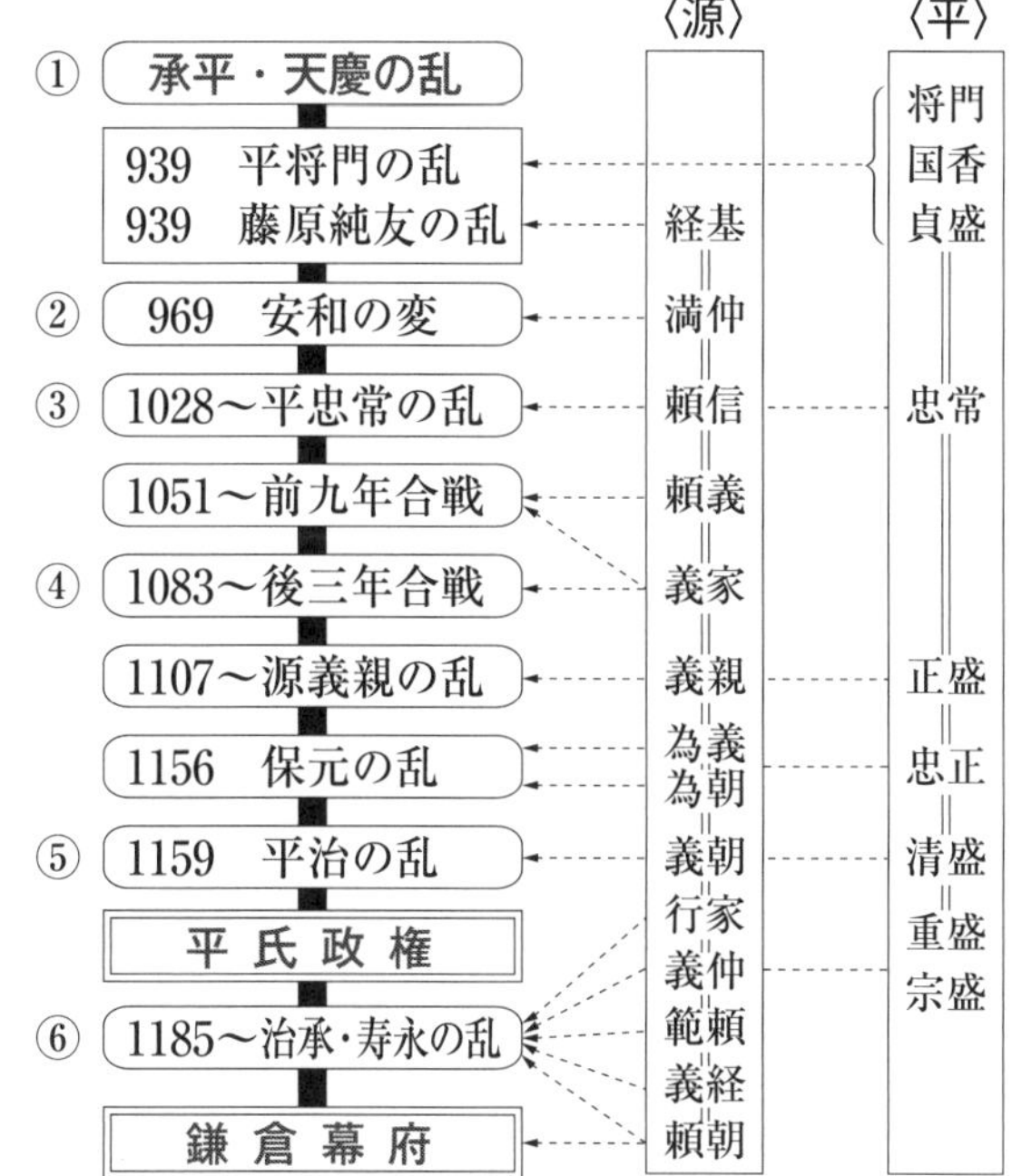

① 武士の実力を中央政府に認識させる契機となった事件
② 藤原氏による他氏排斥最後の事件
③ 東国における源平勢力の交代の契機となった事件
④ 源氏勢力の東国における地位確立を決定づけた事件
⑤ 武家の実力が公家の実力を凌駕した事件
⑥ 本格的な中世武家政権への過渡期の事件

この時代の建築では、陸奥の**中尊寺金色堂**(こんじきどう)。これは藤原清衡(きよひら)が建立した建物で、中に清衡・基衡(もとひら)・秀衡(ひでひら)三代の遺体が納められています。ミイラです。中尊寺金色堂は平泉にあります。藤原基衡が建てた寺が毛越寺(もうつじ)。そして秀衡が建てたのが無量光院です。

奥州平泉の藤原氏の文化にあやかろうという意味で、平泉の泉という字を分解して名づけたのが、白水阿弥陀堂。福島県いわき市の願成寺(がんじょうじ)という寺の境内に建てられた阿弥陀仏を祀るお堂です。

そのほか、伯耆国(ほうき)(鳥取県)には三仏寺投入堂、豊後国(大分県)には富貴寺大堂が営まれました。

❖……多彩なテーマが描かれた絵巻物の流行

平安末期は**絵巻物**が流行した時代です。絵巻物というのは、絵と詞書を交互におりまぜて巻物にしたもので、右から左へと場面が展開します。この時代の三大絵巻は、まず『**源氏物語絵巻**』。これは藤原隆能(たかよし)が書いたものです。次は『**伴大納言絵巻**(ばんだいなごんえまき)』。作者は常盤光長(ときわみつなが)です。『伴大納言絵巻』は、八六六年の応天門の変をテーマとしています。伴大納言とは伴善男(とものよしお)のこと。それから『**信貴山縁起絵巻**(しぎさんえんぎ)』。これは命蓮(みょうれん)というお坊さんの奇跡などを描いています。次に『**鳥獣戯画**』があります。鳥羽僧正覚猷(とばそうじょうかくゆう)が書いたものかといわれています。

装飾経では、四天王寺の『扇面古写経』と安芸の厳島神社の『平家納経』の二つが有名です。

❖……民間から発生した歴史文学

『日本三代実録』を最後に、官撰の歴史書は後を絶ちました。それに代わって今度は民間で**歴史物語**が生まれました。

歴史物語としては、『**栄花物語**』と『**大鏡**』の二つがあります。ともに藤原氏の栄華をテーマとしたものですが、『栄花物語』のほうは道長の栄華を称賛的に描写しています。それに対して『大鏡』のほうは、道長の栄華、時代を批判的に描写しています。『栄花物語』を書いたのは赤染衛門といわれています。『大鏡』は夏山繁樹という人と大宅世継という人物の対談形式で書かれたもので、別名『世継物語』ともいいます。『栄花物語』のほうが**編年体**で書かれたのに対して、『大鏡』は**紀伝体**。時代順に、時間を追って書くのが編年体です。これをブロック別に、分野別に書くのが紀伝体です。

それから**軍記物**。『将門記』は平将門の乱をテーマとした日本最初の軍記物です。『陸奥話記』は、前九年合戦をテーマとしています。ちなみに後三年合戦は、『後三年合戦絵巻』に描写されています。

説話文学では和漢混淆文で記された『**今昔物語集**』。編者は源隆国といわれています。本朝（日本）・天竺（インド）・震旦（中国）に分類されています。

最後に『**梁塵秘抄**』。これは後白河法皇がまとめた今様を中心とする歌謡集です。

芸能では、猿楽・田楽などが盛んになり、また、歌に合わせて人形を操る傀儡という芸もありました。

第5章 鎌倉時代……本格的武家政権の誕生

一二世紀末期、鎌倉に最初の本格的な武家政権が誕生します。鎌倉時代初期には、源氏による独裁色の強い政治が行われていましたが、それでも依然として公家側優位の体制でした。

それが、一二二一年の承久の乱後、公武の勢力関係は逆転し、北条泰時から時頼の時代にかけて、執権政治が確立します。しかし、文永・弘安の役を転機として、政治体制、社会構造は大きな変貌を遂げました。ついに後醍醐天皇の討幕計画を経て、鎌倉幕府は一五〇年の支配に終止符を打つことになるのです。

❖……なぜ幕府は鎌倉に置かれたのか？

鎌倉時代に入ります。

源平争乱の中で、**源頼朝**は一一八〇年に石橋山の戦いで平家方の大庭景親（おおばかげちか）と交戦し、一旦は敗れて現在の真鶴岬（まなづる）から船で房総半島の安房に渡りました。そこで千葉常胤（ちばつねたね）や上総介広常（かずさのすけひろつね）らの武士を味方に付けて、その年の十月に鎌倉入りします。

それは鎌倉が三方を山に囲まれた要害の地であったこと、それから千葉常胤のアドバイスがあったこと、さらに、すでに源氏の守護神が勧請されていたことなどが主な理由です。鎌倉入りした頼朝は、さっそく武家政権の骨格をつくり、第一歩として一一八〇年には鎌倉幕府最初の役所として**侍所**を設置したわけです。

侍所は**御家人**を統率する機関です。将軍（鎌倉殿などともいいます）と封建的な主従関係を結んだ武士を御家人といいますね。侍所の長官職を**別当**といい、初代別当には武家の和田義盛（わだよしもり）が任命されました。

一一八四年には、一般財政・政務を担当する**公文所**（くもんじょ）が置かれました。長官職は侍所と同じく別当と呼ばれ、初代には公家出身の大江広元（おおえのひろもと）が就任しました。公文所はのちに政所（まんどころ）に吸収されていきます。

また一一八四年には**問注所**（もんちゅうじょ）という役所も設けられました。これは裁判をするところではなくて、裁判事務を扱う役所です。問注所にかぎって、その長官のことを執事と呼びます。問注所の初代執事に就任したのが三善康信（みよしやすのぶ）、この人も公家出身です。

幕府とは、もともと中国で出征中の将軍の陣営を指す言葉でしたが、日本では近衛大将の居館を意味し、頼朝が征夷大将軍に就任したのちには、将軍の居館を幕府と呼ぶようになりました。

侍所、公文所（のちに政所）、そして問注所という字からもわかるとおり、「所」という字がついた役所を中心にして政治が行われました。ですから、鎌倉幕府の政治の特徴は、**所の政治**と呼ぶことができます。

また、将軍頼朝による独裁色の強い政治、これが鎌倉幕府の初期の政治の特徴であるといえます。

❖……鎌倉幕府の実質的な成立はいつ？

鎌倉幕府は**征夷大将軍**（せいいたいしょうぐん）がリードしています。将軍ですから、鎌倉幕府は軍事政権です。軍事政権である以上、鎌倉幕府から派遣あるいは任命される武士が諸国に守護や地頭という軍事力として扶植されないと、軍事政権の実質的な成立とはいえません。

したがって、**守護・地頭の設置**をもって実質上の鎌倉幕府の成立というふうに考えているわけです。頼朝は大江広元の建議に従って、一一八五年、後白河法皇に守護・地頭の設置を認めさせます。

守護・地頭という言葉の意味ですが、守護ははじめは惣追捕使（そうついぶし）と呼ばれていました。それから地頭は、一一八五年の段階では国地頭と呼ばれて、いわゆる守護との職務内容の区分も不明確でした。そのため、頼朝は直ちにこの国地頭をやめて、あんたは守護になれ、あんたは地頭になれというふうに権限を分けたんです。

守護は一国に一人の割合で、東国の有力御家人が任じられました。その守護の職掌、仕事内容ですが、だいたい大きく三つに分けることができます。ひっくるめて、**大犯三箇条**（だいぼんさんかじょう）と呼んでいます。大犯とは、犯してはならない重大な犯罪という意味ですね。

大犯三箇条の内訳は、一つめが京都大番役（おおばんやく）に御家人を勤務させる大番催促、二つめは謀叛人の逮捕、三つめは殺害人の逮捕です。京都大番役は皇居・京都の警固が任務で、諸国の御家人が交代で命じられたもので、守護がこれの徴発や統率にあたったわけです。

地頭の仕事・職掌ですが、地頭というのはそれぞれの荘園や国衙領に配置された武士です。したがって、それぞれの土地を管理します。それを下地管理といいます。そして、その荘園から上がる年貢を集めて荘園領主に送る年貢徴収事務をします。また、補任（ぶにん）された土地全体の治安を守る警察的な役割も担っていました。治安維持です。以上の三つが地頭の職掌です。

ここでの注意点は、守護と地頭というふうに分けられた上でも、守護は地頭をも兼務する場合が多かったという点。だから、ほとんどの場合、一人の人間が守護であると同時に地頭でもあったということです。必ずしも地頭は地頭、守護は守護とはっきり区別されていたわけではないのです。

また地頭の得分、サラリーですが、これは不定です。ことばを換えれば、それぞれの土地の慣例によっていたといえます。

こうして軍事力が諸国に少しずつ扶植されていって、鎌倉幕府は軍事政権としてのスタートを切ったわけです。

やがて頼朝は一一九〇年、右近衛(うこのえ)大将という地位を与えられ、一一九二年ついに**後鳥羽天皇**に任命されて征夷大将軍になります。これは、武士が権力を握ることに反対していた後白河法皇が亡くなったために実現しました。

鎌倉幕府は、将軍がリードする政権だから、軍事政権です。であれば、軍事力が諸国に散りばめられた年をもって鎌倉幕府が成立した、と考えるのが正しいでしょう。ですから、守護・地頭を設置した「一一八五年が鎌倉幕府の実質的スタートの年」なわけです。

❖……御家人制度は情で結ばれた主従関係

まず鎌倉幕府の政治を支えた基盤を見てみます。その政治基盤を一言でまとめると、**御家人制度**という言葉で表現できます。

征夷大将軍という武家政権の首長と封建的な主従の関係を結んだ武士を御家人といいます。将軍は御家人に対して**御恩**をかけてやる。それに対して、御家人は将軍に**奉公**という形で応えるわけです。

御恩には二通りのタイプがあって、一つは先祖伝来の所領の安堵(あんど)権を認められる本領安堵というタイプ。もう一つは新恩給与(しんおんきゅうよ)といって、地頭に任命されたり地頭職(しき)などを与えられるもの。地頭職というのは地頭になるわけではなくて、地頭としての権利や権限を与えられることをいいます。

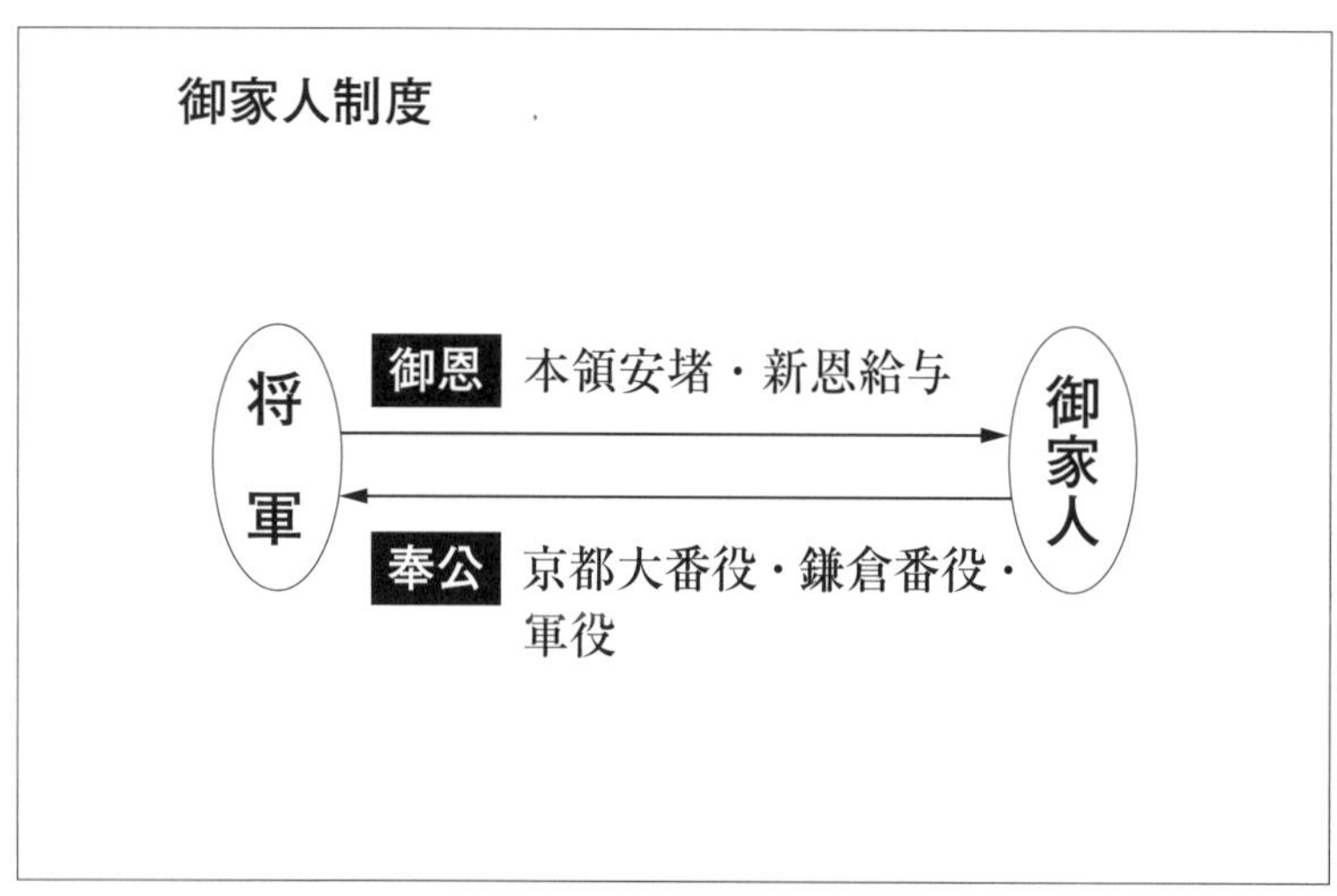

本領安堵、つまり先祖伝来の所領の安堵権を認められた武士の精神を表すのに、こういう言葉がありますーー「一所懸命」。一所に命を懸ける。その一か所の土地に命を懸けて、安堵された土地を守り抜いたわけです。

御家人はこういった御恩をかけてもらっていますから、逆に将軍に対して奉公という形で恩返しします。普段、穏やかで何もない平時にあっては、武士たちは京都大番役のほか鎌倉番役という役目をもって勤務しました。しかし、いざ何か戦があったり将軍のもとで緊急の事態などが発生した場合には、「いざ鎌倉」といって将軍のもとに馳せ参じ、戦に従ったわけです。

要するに将軍と御家人は〝情の関係〟で結ばれている。これが御家人制度の特徴です。

❖……関東御成敗地とは？

では次に、鎌倉幕府を支えた経済基盤を見てみましょう。

鎌倉時代は基本的には土地の給与を通じて主従が結

びついた封建社会ですから、経済基盤は土地から上がる税でした。鎌倉幕府が支配し得た土地をひっくるめて、**関東御成敗地**と呼びます。

さて、この関東御成敗地の内訳ですが、主に、頼朝が平家から獲得した荘園＝**関東御領**、頼朝に与えられた知行国＝**関東御分国**、さまざまな権利を御家人に任命、補任する権限をもっていた国衙領や荘園である**関東進止所領**からなります。

こう見ると、鎌倉幕府というのは封建社会だといいながら、その財源が荘園、知行国、国衙領などから成っていますから、鎌倉幕府は荘園公領制に立脚した未熟な封建制ということができます。

❖……北条氏の台頭と朝廷側にくすぶる不満

やがて北条氏が**執権**という立場で政界に介入してくるようになります。その進出過程にあって、北条氏は昔、藤原氏がやったのと同じように、有力な御家人たちを次々と政界から排除しようとしました。まず、一二〇〇年に梶原景時が御家人たちの間から追放される格好になります。それから、一二〇三年には**北条時政**によって比企能員が滅ぼされます。そして一二〇五年、頼朝以来の重臣だった畠山重忠も滅ぼされてしまう。さらに一二一三年、侍所の初代の別当になっていた和田義盛が北条氏に滅ぼされてしまいます。

北条氏はこうしてかつての同僚や有力な御家人たちを次々に政界から追放することによって、北条一族の立場を固めていこうとしたわけなんですね。

さて**北条義時**の時代になると、公家（朝廷）と武家（幕府）という**公武二元支配**の中で、その対立と緊張がますます深まっていきます。公家の側では、当時の代表者である後鳥羽上皇が政治を執っていましたが、武家に対して非常に反感の目で見ていくようになりました。

そして、源氏将軍三代の滅亡を見て、一二二一年、後鳥羽上皇の命令をきっかけに、鎌倉幕府がはじまって以来の最初の公武の衝突、**承久の乱**が起こりました。北条義時の時代です。

❖……後鳥羽上皇が幕府にケンカをふっかけた承久の乱

発端は一二二一年、時の公家の代表者、後鳥羽上皇が北面・西面の武士や院方所領の武士・僧兵など二万数千を集めて北条義時追討の命令を出したことにはじまります。

これはたいへん緊急な事態になったわけで、変報に接した鎌倉側は北条泰時・時房らが大将軍に任じられ、十九万余騎の精兵を率いて京都に攻めのぼります。混成軍である上、統率・指揮する人材を欠いた上皇軍はわずか一か月足らずであっけなく敗れ、幕府側の圧勝に終わりました。

この事件の戦後処理のポイントは四つほどあります。

まず乱の当事者である後鳥羽上皇ですが、隠岐に流されます。それから、後鳥羽上皇の子、土御門上皇は乱には加担しなかったにもかかわらず、自ら希望して土佐に赴き、後に阿波に移ります。それから、土御門の弟、順徳上皇は佐渡に流されてしまいます。順徳の子の仲恭天皇が廃位となってしまい、後鳥羽の兄の子、後堀河天皇が誕生するわけです。

京には今までの京都守護に代わって**六波羅探題**が設けられました。六波羅探題は二か所あって、その職に就いたのが北条泰時と北条時房です。

この乱の結果、公家側の所領が奪われてしまい、この没収した所領に新しく地頭が配置されます。こうした地頭の中でも新補率法という給与規定の対象になった地頭のことを、**新補地頭**と呼んでいます。

これに対して一一八五年の時点で設けられた地頭は**本補地頭**と呼んで区別されるようになりました。ですから、新補地頭というのは没収公家・武家領三〇〇〇か所に新たに幕府側から任命された地頭のことをいうわけです。

公家側の所領がずいぶん幕府側の直轄地、関東御領に編入されてしまったということで、幕府にとっては土地をうまく掌握していくことが重要となったわけです。そのために土地台帳として**大田文**がつくられることになりました。

承久の乱は、鎌倉幕府が直面した最初の公武の対立で、公家側優位の公武二元体制から武家側優位の公武二元体制に転換するきっかけとなった事件といえます。

❖……武士が政治的、精神的に公家から独立

源氏の独裁政治が終わって、いよいよ**北条氏の執権政治**に入ります。

北条泰時は、一二二五年、執権を補佐するための**連署**という組織を設けます。執権というのは将軍を補佐する地位で、その執権を補佐するのが連署です。最初の連署に就任したのが、六波羅探題を務めていた北条時房でした。

また同じ年に、泰時は**評定衆**による合議制を確立します。源頼朝の死後、将軍の独裁を押さえるために、一時十三人の合議制が敷かれたことがありましたが、今度は十一人制でしっかり組織化されたわけです。ただ人数はいつも十一人ではなく、しばしば変動しました。

そして一二三二年、武家最初の成文法である**御成敗式目**を制定します。これは評定衆の三善康連らに命じて作成させたもので、**貞永式目**ともいいます。〝成敗〟とは裁断するという意味です。

御成敗式目は五十一か条から成るわが国最初の**武家成文法**で、頼朝以来の先例と道理と呼ばれる武家社会の慣習をもとに制定されました。内容的には所領関係の記載がいちばん多くなっています。ということは、土地をめぐる対立がいかに多かったか、ということですね。

大事な点は、幕府は今までの公家法、例えば律令とか荘園関係の法――これを本所法と呼びます――これらを否定していないことです。

武士が、公家からの政治的な独立を承久の乱を通じて実現させ、今度は御成敗式目という法律をつくって、支配が及ぶ範囲で独自に施行するということは、精神的独立をも勝ち取ったということを示しているわけです。こうして第三代の執権、泰時の時代に、実質上の執権政治が確立しました。

その執権政治を支えたものは二つあります。一つは評定衆を中心とする**合議制**、将軍の独裁色を排して合議による政治を執っていこうということです。もう一つは、御成敗式目に従った政治、つまり**法治主義**。この二つが執権政治を支える柱となったということが理解できます。

一二四七年には、**宝治合戦**という北条氏の他氏排斥事件が起こりました。これによって、三浦泰村が率いる三浦一族が北条時頼に反抗して滅ぼされてしまいます。宝治というのは年号です。

その翌々年、一二四九年に北条時頼は**引付衆**という評定衆を補佐する新しい組織を設けます。長官を引付頭人といいます。この引付衆をなぜ設けたか。裁判の公平と迅速化を図るためでした。

五代執権**北条時頼**の時代には、宗尊親王が幕府の第六代目の将軍に就任しました。

❖……蒙古襲来（元寇）を乗り切るも財政が逼迫

八代執権**時宗**のときに**文永・弘安の役**が起こりました。蒙古襲来（**元寇**）です。

このときの模様を伝えてくれる史料に、『**蒙古襲来絵詞**』という絵巻物があります。これは、肥後の御家人竹崎季長が、武功を子孫に伝えたいがために自らの活躍ぶりを絵師に描かせたものといわれています。

文永の役は一二七四年、元・高麗連合軍が博多湾に上陸した事件です。弘安の役は元が一二八一年、東路軍と江南軍と二つの軍に分かれて日本に来襲した事件です。東路軍は元・高麗連合軍をいいます。江南軍は南宋軍ともいいますが、元軍です。

幕府は二度の元軍の襲来に対して、一二七五年、それまであった異国警固番役を制度化します。また蒙古襲来に対して、幕府は御家人・非御家人を問わず幅広く動員したので、幕府の支配力が広く西国にも及びました。

九代執権**貞時**のころになると、御家人の内部分裂が激しくなって、一二八五年には平頼綱と本来の御家人である安達泰盛との対立が深刻化します。十一月に起こったので**霜月騒動**と呼ばれていますね。

将軍と主従関係を結んだ本来の御家人のことを**外様**といいます。それに対して平頼綱は北条氏の家来、**御内人**の代表で**内管領**という立場にありました。騒動の結果、平頼綱が勝利をおさめ、この後、約八年間、平頼綱による専制的な恐怖政治が続きました。

やがて一二九三年、北条貞時によって平頼綱（法号は禅門）は一族とともに滅ぼされてしまいます。これが**平禅門の乱**と呼ばれているものです。

ところで、このころは蒙古襲来が終わった後で、御家人の経済的な窮乏がたいへん進んでいたことから、一二九七年、貞時は**永仁の徳政令**を出します。借上と呼ばれる高利貸業者に対して、御家人の借金帳消しを命じたものです。

この背景には、蒙古襲来に際しての御家人の働きに対して幕府による恩賞が不十分だったこと、分割相続による生産力の低下、貨幣経済の中に巻き込まれたこと、などがありました。ところが、かえって御家人の金融への道が閉ざされる結果になったので、翌年、この法令は一部撤回されています。

❖……鬱積する御家人の不満と得宗専制体制

さて、十四代執権**北条高時**のころというと、幕府の御家人制度の動揺が非常に顕著になっていた時代です。

原因の一つめは、蒙古襲来後の幕府の処理、恩賞に関する処理が不適切であったこと。

二つめは、このころ悪党（あくとう）と呼ばれる、荘園領主にも幕府にも反抗する勢力が畿内を中心に暴れ始めたこと。**悪党の跳梁**ですね。

三つめは、**得宗（とくそう）専制体制**です。

得宗というのは、北条義時以後の北条氏の嫡流家（ちゃくりゅうけ）の当主のことをいいます。北条貞時のころから、執権たるが故ではなくて、北条氏の嫡流たるが故に専制政治が執れるという風潮が高まっていきました。これを得宗専制体制といいます。

幕府と本来の主従関係を結んだ武士、これを御家人といいましたね。一方、北条氏と私的な主従関係を結んだ武士を御内人（みうちびと）と呼びました。その代表者は内管領（うちかんれい）と呼ばれました。

だから北条氏による得宗専制支配が強化すればするほど、本来の御家人たちは幕府に対して不満を持つようになります。この不満を抑えようとして、得宗家はさらにそれ以上に強力なパワーで御家人たちを支配する。だから、また不満がつのる。

鎌倉末期には、この悪循環の歯車が回り始めていたわけです。

❖……後醍醐天皇の執念が実り、ついに鎌倉幕府滅亡

鎌倉幕府の御家人の動揺が著しくなっていく中で、後醍醐天皇は二度にわたって鎌倉幕府討幕運動を起こしていきます。その一つが、一三二四年、**正中の変**と呼ばれる第一次討幕計画です。

後醍醐天皇は討幕を進めるにあたって、日野資朝、日野俊基らを使います。ところが、このクーデタ計画は六波羅探題がいち早く察知するところとなって、失敗に終わりました。ですが、日野資朝は一身に罪を負って佐渡に流されたものの、後醍醐天皇は事なきを得ます。

ところが、その後も後醍醐天皇の討幕の熱意は続くことになります。そして、一三三一年、二度目の討幕の計画がもち上がりました。これが**元弘の変**です。

しかしこれも情報が漏れて天皇は捕えられ、隠岐に流されてしまいました。しかし、天皇はまもなく伯耆国の豪族名和長年に迎えられて隠岐を脱出します。そして、その後、各地の武士が兵を挙げることになります。

例えば足利尊氏、それから新田義貞。さらに播磨では赤松則村、肥後では菊池武時。こういう人びとが各地で反幕行動に走り、足利尊氏は六波羅探題を攻略しました。新田義貞は鎌倉を陥れて、一三三三年、ここに鎌倉幕府は滅んでしまいます。

さてここで、鎌倉時代の朝廷について見てみましょう。

鎌倉中期、皇統が二つに分かれました。一つは後深草天皇を祖とする**持明院統**。もう一つは亀山天皇

を祖とする**大覚寺統**(だいかくじとう)で、後醍醐天皇は大覚寺統の天皇です。

この二つの皇統が後に、ずっと皇位継承をめぐって対立します。そして一三一七年に、鎌倉幕府は朝廷の皇位継承にまで立ち入って、以後両方の皇統から互いに天皇を出すという策を提示しました。これを**両統迭立**(てつりつ)といいます。またそれを取り決めたことを**文保の和談**といいます。文保というのは年号です。

また鎌倉時代の摂関家について。ずっと発展してきたのは北家藤原氏で、摂関政治を執ったのも北家藤原氏でした。藤原氏は鎌倉時代になると、五つに分かれて、**五摂家**と呼ばれるようになります。一条、二条、九条、近衛(このえ)、鷹司(たかつかさ)。これが鎌倉時代の公家の世界です。

鎌倉時代の政治というのは、初期の源氏、特に頼朝を中心とする独裁政治、次に北条氏による執権政治、そして最後の得宗専制政治と推移しました。鎌倉幕府の政治は三段階をへて動いたということです。

❖……お金が流通し、定期市が立った時代

鎌倉時代の社会と経済を見てみましょう。

まず、**宋銭**。鎌倉時代に日宋貿易で宋銭が非常に多く輸入されますが、これは商品として輸入されます。その結果、年貢の一部は銭納化されるようになりました。こうしてお金が流通するようになって、交換経済が発展した結果、定期市である**三斎市**(さんさいいち)が立つようになります。荘園の中心や交通の要(かなめ)となっているようなところで、月に三回開かれました。

農業はどうでしょう。鎌倉時代の農業では、畿内や瀬戸内などの暖かい地域で**二毛作**が行われはじめ、牛馬耕がさかんになりました。一般に、牛は耕作、馬は運搬に使われました。これを示す史料が『松崎

天神縁起絵巻』です。二毛作で裏作として栽培されたのは麦です。この二毛作は畿内や瀬戸内沿岸の温暖な地域ではじまりました。

それから、肥料として使われたのが刈敷（かりしき）と草木灰。刈敷というのは、草木を地中に埋めて腐らせたもので、草木灰というのは草木を焼いてつくった灰です。

さらにこの時代、問丸という運送業者、そして借上という高利貸を営む金融業者も登場しました。

ところで、この時代の主役は地頭でした。地頭は**地頭請**（じとううけ）と**下地中分**（したじちゅうぶん）を通して荘園侵略を進めました。

地頭請というのは、荘園から上がる年貢を地頭が一括して領主に納めるシステムです。

そのうち、地頭の中には力が強くなって中央の領主のいうことを聞かないものも現れてきます。そこで、荘園領主はその土地を二つに分けて一方を地頭に与え、残りの支配権を維持して、土地人民をそれぞれ分割支配しようという手段で年貢の確保を図りました。これが下地中分です。

❖……地方を二元支配した「公武二元体制」とは？

では、鎌倉時代の公武二元体制についてです。

これを一つの国で考えてみましょう。鎌倉と京都の間に一つの国がある。さて、その国で国司が政治を執る場所を**国衙**（こくが）といいました。その国の中には私有地である多くの荘園や、国衙領という公の土地がありました。現代でも一つの県の中には国有林や国道などという国のもの、公の空間があります。当時、公の領地は国司の私領のように扱われ、国衙領と呼ばれていました。こういった国衙領、公の領地もたくさんあれば、荘園と呼ばれる私有地もたくさんあったわけですね。

そこでまず、朝廷の側から見ていきましょう。

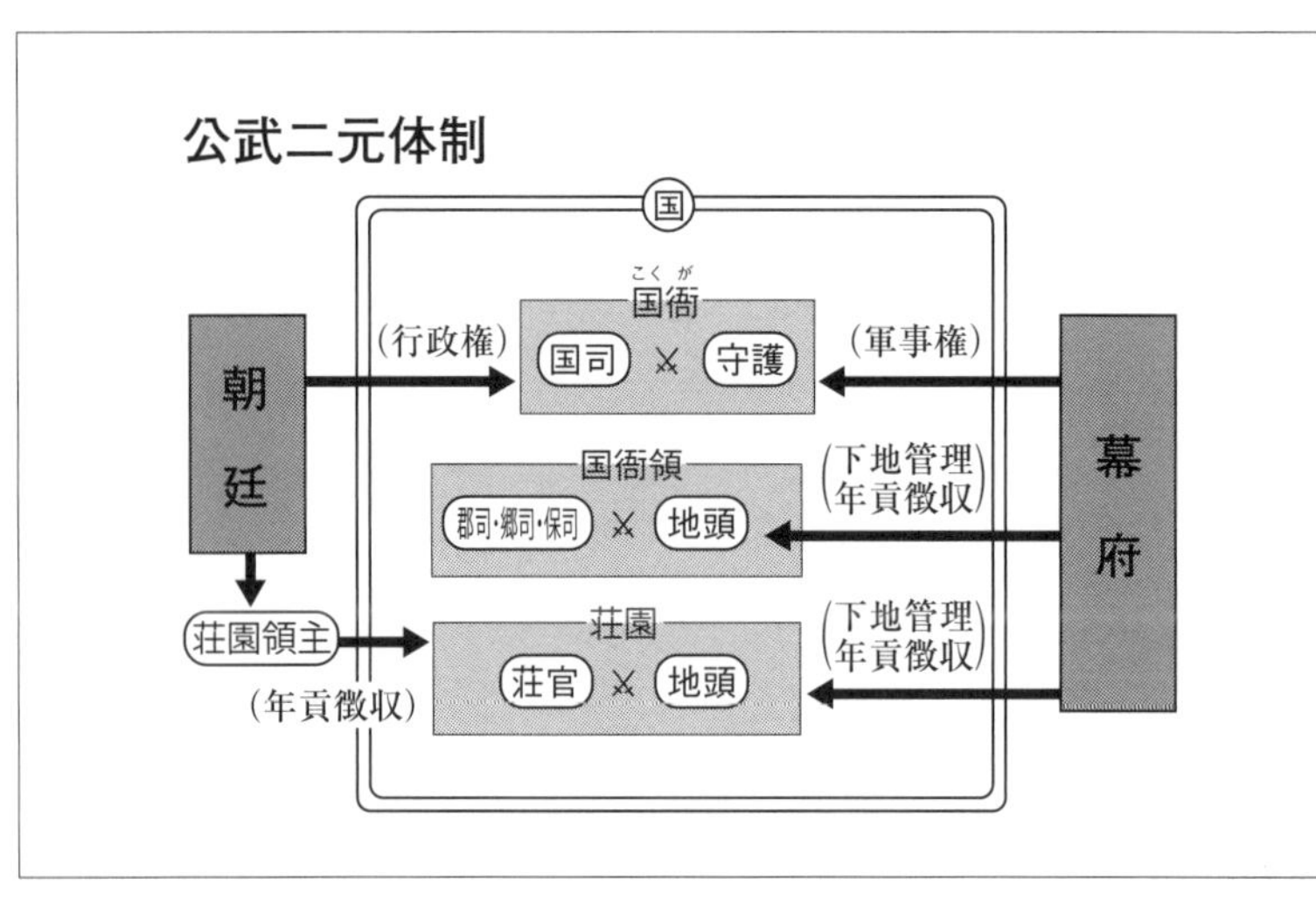

朝廷は国衙に国司を派遣しています。これは、県召除目と呼ばれる地方官の任命式があり、「お前、国司だよ」と任命されて、その国司は国衙にきていました。といっても、律令制はすっかり衰退していますから、国司といっても実際には目代が派遣されているケースの方が圧倒的に多いわけです。

では荘園はだれが管理したか。これは朝廷と非常に密接な関係のあった公家側の寺や貴族などが荘園領主となって、現地にいる土地を開発した人間(開発領主)に「お前、荘官として現地を守ってくれよ」と任命していました。

平安末期まではこういう支配でずっときたわけです。

上図を見てください。

一方、鎌倉幕府が開かれると、鎌倉から一つの国に一人の割合で有力御家人が守護として配置されます。そして国衙領と荘園には地頭が、その地域の治安維持や下地管理、あるいは年貢徴収のために配置されましたね。

そうすると、例えば荘園の内部なら、従来は荘官がその荘園を管理して、そこから上がる年貢や一定の収益を荘園領主に納めれば、それで事が済んでいたわけです。ところが、地頭が荘園の管理に入ってきて、下地を管理し年貢を徴収し荘園領主に納める。荘官と同じような仕事を地頭がするようになったので、現地の荘官と地頭は「これはおれの仕事だ」「いや、おれが任されたんだ」と互いにいい張って、対立関係が生じます。

同じように、公の領地（国衙領）にあっても、郡司や郷司（ごうじ）・保司が徴税を請け負っていたんですが、鎌倉幕府から武士が入ってきた。そうすると、郡司・郷司・保司と地頭の間はやはり対立関係になるんですね。国衙においても、国司勢力と守護勢力は対立関係にある。

したがって、一つの国の中で公家勢力と武家勢力が、どの場合においても対立するということになります。しかし、初めのうちは全国の七分の六という地域が何らかの形で、朝廷、つまり公家側の支配の中にあり、鎌倉幕府が独自に支配し得たのは、わずか七分の一にすぎませんでした。ですから、鎌倉時代がスタートしたころは六対一の比率で公家側が圧倒的な力をもっていました。鎌倉時代になっても、しばらくは依然として公家の力が強い状態でした。つまり、公と武の二つの源から派遣されたものが、一つの地域を支配し、しかも公家側優位の公武二元支配が進んでいったわけです。

しかし、承久の乱をきっかけに公家と武家の優位関係が逆転して、今度は武家側優位の公武二元支配に変わっていくんです。

❖……末法思想の広まりと鎌倉仏教

鎌倉時代に入ると、末法思想はますます広まって、貴族だけではなく、武士や庶民までが精神の救済を求めるようになりました。そこで起こってきたのが**鎌倉仏教**です。

鎌倉仏教には、六つの宗派があります。ただし、開かれた年代には約一〇〇年の開きがあります。新しい宗派が開かれた時期に注目しましょう。**法然**の**浄土宗**は一一七五年、**栄西**の**臨済宗**は一一九一年。この二つで一グループです。次に、**親鸞**の**浄土真宗**は一二二四年、**道元**の**曹洞宗**が一二二七年。この二つで一グループです。さらに、**日蓮**の**日蓮宗**が一二五三年、**一遍**の**時宗**が一二七四年。この二つで一グループです。

つまり、鎌倉時代には新しい仏教が同時に六つ開かれたのではなくて、二つずつ、三つの時期に分かれて開かれたということがわかりますね。法然・栄西のグループは源平争乱のころです。親鸞・道元のグループは承久の乱のころ。日蓮・一遍のグループは蒙古襲来のころです。

では、どういうときに宗派が起こっているか。それは、争いのときです。争いのときは人々の心も貧しくなる。病も発生する。そういう中で、それにすがるべき新しい教えが求められていたわけです。

各宗派について見てみましょう。

①浄土宗（法然）

開祖の法然は「ひたすら南無阿弥陀仏と念仏を唱えなさい。何回も唱えろ」といっています。この**専修念仏**（せんじゅ）が法然の浄土宗の特徴です。

②臨済宗（栄西）

栄西の臨済宗では「公案」ということばが出てきます。これは**禅問答**のことです。禅問答を中心として悟りの境地を深めていくというものです。ふつう両手で手を叩けば、パチッという音がする。ならば、片手で手を叩いたらどういう音がするか？

聞こえない、というのが、われわれの考えです。ところが、臨済僧たちは片手で叩くと、例えば「真理が空をきる声がする」とか、それなりに禅僧らしい答えを出すんですね。そうやって、悟りの境地を深めていく。ちなみに、栄西はお茶を宋から日本に持ってきたことでも有名です。

臨済宗ではその後、北条時頼が建長寺を建て、中国の南宋から来日した蘭溪道隆（らんけいどうりゅう）がその開山に与（あず）かりました。また、北条時宗は円覚寺を建て、中国の南宋から来日した無学祖元（むがくそげん）をその開山にあてたわけです。

③浄土真宗（親鸞）

一二二四年、親鸞は浄土真宗を開き、「まず阿弥陀如来によって救われると信じなさい」と説きました。信心ということばがキーワードです。そして、「助けたまえと祈る気持ち、しかし、まず心に阿弥陀を想う。そして口から自然と吐き出る南無阿弥陀仏の念仏も、すべて絶対他力。阿弥陀如来のはからいによる」と説いていました。

古代仏教では自分で寺をつくったり、あるいは仏像を刻んだり、写経したり、読経したり、そういう仏道修行ができる人が救われると説かれていました。これに対して、鎌倉時代は武士の時代です。武士は戦のときにはどんなに心やさしい人でも人を切り殺す。これが彼らの業です。そういう人びとが救われたいと願う。そして、そのような人こそ阿弥陀は救うという。これを**悪人正機説**といいます。

古代仏教の救済論理は善人正機、中世仏教の救済論理は悪人正機。このように、救済論理が大きく転換したのが鎌倉時代なんです。

ただ、新宗派は**法難**にもあいます。一二〇七年、あまりにも新しい奇抜な教えということで旧仏教側から圧力がかかったため、朝廷は法然の専修念仏を停止しました。その結果、法然は四国に流されます。

それを**承元の法難**（じょうげん）といい、それに連坐して、親鸞も越後（現在の新潟県）に流されました。というのは、法然と親鸞は師弟関係にあったからです。連坐、つまり法然の関係者も連帯責任という措置がとられたわけです。

親鸞の教えは、やがて異なる形で伝わっていきます。それを嘆いて、唯円（ゆいえん）は『**歎異抄**（たんにしょう）』という本を書きました。

④曹洞宗（道元）

一二二七年には、道元が曹洞宗を開きました。

道元はひたすら坐禅を組めといい、そのひたすら坐禅を組むことを**只管打座**（しかんたざ）といいます。そうすると、心の中の煩悩の蓋がボーンとはずれる。これを身心脱落（とつらく）といいます。

そして、結局は坐禅を組むことと悟りの境地は一緒のものだという境地に達します。これを**修証一如**（しゅしょういちにょ）といいます。修証の〝修〟は坐禅、〝証〟は悟りという意味です。悟りを得るために坐禅を組むのではない。坐禅を組むこと、それ自体がもう悟りなんだというのが道元の哲学なんです。

⑤日蓮宗（日蓮）

日蓮は日蓮宗を開き、**法華経至上主義**の立場を貫きました。釈迦の教えの中で法華経だけが、唯一絶対の教えだと信じて比叡山を下ります。そして鎌倉の街角に立ち、民衆にこの「南無妙法蓮華経」という題目を唱えろと説いた。これを**辻説法**と呼びます。

しかし、あまりにも自分の教義に自信をもったせいか、激しく他宗を排撃しました。その激しい他宗排撃の結果、幕府からにらまれて、はじめは伊豆、のち佐渡に流されることになったわけです。

四箇格言（しかかくげん）といって日蓮は、次のようないい方で他宗を攻撃していました。「念仏無間（むげん）・禅天魔・真言亡国・律国賊」、つまり「法然のような念仏宗を信じてると無間地獄に落ちるぞ」「禅宗は天の魔物だ」「真言宗は国を亡ぼす」「律宗は国賊だ」などといって他宗を排撃したんです。

⑥時宗（一遍）

一遍は時宗を開きました。そして、次のように書いた**念仏札**を配って歩きました。

「南無阿弥陀仏決定往生六十万人」

道行く人に札を配って歩き、もらった人は極楽浄土に行ける片道切符を手にしたというわけです。意味もわからない、字も読めないという人でも恐怖心だけは迫ってきます。そういう中で、極楽浄土に死後、生まれ変わりたいと願う人びとの気持ちを満たしたのが、一遍でした。一遍は人びとが阿弥陀仏を信じる、信じないを問わず、こうした札をもらった人はみんな極楽浄土に行けるといって歩きました。この念仏札を配ることを、**賦算**といいます。

そして、運良くこうした札をもらった人は、とにかく極楽浄土に行けることが保証、確定されたから、その喜びを踊りで表現したわけです。それが**踊念仏**に発展しました。この踊念仏は現在の盆踊りのルーツになっています。

さらに一遍は、九州から現在の岩手県北上市、当時は江刺と呼んでいましたが、その江刺までを広く行脚したので、**遊行上人**というニックネームをもっています。また、生活をするうえで、必要のない物をことごとく捨てたので、捨聖とも呼ばれました。

それぞれの宗派の中心寺院、総本山ですが、浄土宗は知恩院、臨済宗は建仁寺、浄土真宗は本願寺。本願寺は江戸時代初期に東本願寺・西本願寺に分かれ現在に至っています。そして曹洞宗は福井県にある永平寺、日蓮宗は身延山の久遠寺、一遍の時宗は神奈川県藤沢市にある清浄光寺です。

さて、旧仏教の側でも、こうした新宗派の動きに押されるようにして、独自の革新復興運動が興りました。

例えば華厳宗の高弁や法相宗の貞慶（じょうけい）は戒律の復興に重点を置き、真言律宗の叡尊（えいぞん）と弟子の忍性（にんしょう）らは貧民や病人といった弱者を救済しながら、土木事業などにも力を入れ、社会貢献を果たしました。

❖……写実的精神あふれる鎌倉文化

鎌倉文化は素朴で力強い文化であると同時に、**鎌倉リアリズム**といって、写実的精神に満ちていて、また、中国の宋・元の影響や、禅宗の影響が強い文化といった特色があります。そして、ようやく仏教が庶民の手の届く所に下りはじめてきました。そういう意味で、庶民仏教の様相を帯びはじめたことも大きな特徴です。

鎌倉時代の武士の住居は、館と呼ばれる簡素な造りでした。

寺院建築では、中国から**大仏様**（だいぶつよう）と**禅宗様**という新しい様式が導入されます。大仏様は南中国の様式で、禅宗様は北中国の様式です。大仏様がとり入れられたのは東大寺南大門、禅宗様でつくられたのが、鎌倉の円覚寺舎利殿（えんがくじしゃりでん）です。

中国から導入された大仏様・禅宗様に対して、日本古来の建築様式を**和様**といいます。代表的建築には石山寺多宝塔や蓮華王院本堂があります。蓮華王院というのは、京都の三十三間堂の正式名称ですね。

また大仏様と和様を融合させたもの、もしくは禅宗様と和様を融合させたものを**折衷様**といいます。今でも和洋折衷といいますよね。その折衷様には、河内の観心寺金堂があります。

彫刻の分野において、鎌倉時代に活躍した仏師は、平安時代には定朝の勢力に押されて振るわなかった**奈良仏師**たちでした。名前に慶という字がついているので、彼らを総称して**慶派仏師**ともいいます。例えば『東大寺南大門金剛力士像』を制作した運慶・快慶らが代表的です。

絵の世界では、この時代にもやはり絵巻物が流行しています。それとともに、人物の肖像画も描かれました。肖像画のことを似絵（にせえ）といい、同じ肖像画でも禅宗の高僧の肖像画を**頂相**（ちんぞう）といいます。これは礼拝用ですね。

肖像画としては、神護寺にある藤原隆信の『(伝) 源頼朝像』などがあります。(伝) と注記しているのは、あの絵は足利直義の肖像画ではないかという論争が続いているからです。

工芸では、刀鍛冶師として活躍した粟田口吉光（あわたぐちよしみつ）がいます。活躍場所は京都です。あるいは長船長光、読み方は〃オサフネナガミツ〃。活躍場所は備前です。

また、瀬戸焼もはじめられました。加藤景正（かげまさ）が尾張の瀬戸に開窯して瀬戸焼をはじめたといわれていますが、確証はありません。

❖……新しい気運の中で生まれた文芸

それでは、鎌倉時代の文学・史書にいきましょう。

まず和歌では『新古今和歌集』。これは後鳥羽上皇の命で、**藤原定家**らが撰集したものです。『金槐和歌集』は源実朝の歌集。そして、西行の歌集が『山家集（さんかしゅう）』です。西行は鳥羽上皇のもとで、もと北面の武士として活躍していました。

また、史書としては鎌倉幕府の歴史書『吾妻鏡』や、道理と末法思想にもとづく最初の歴史哲学書である慈円の『愚管抄』などがあります。軍記物では、『平家物語』が信濃前司行長によるものといわれ、琵琶法師による平曲で広まりました。

それから随筆では、鴨長明の『方丈記』と、吉田兼好の『徒然草』が双璧です。ちなみに、方丈記のイントロは「ゆく川の流れは絶えずして、しかももとの水にあらず」。徒然草のイントロは「つれづれなるままに日暮し硯にむかいて心にうつりゆくよしなし事をそこはかとなく書きつくれば……」でした。

教育では金沢文庫。北条実時が、武蔵国称名寺の境内に開いた私設図書館で、これは神奈川県にあります。

そして学問では、禅僧によって朱子学が伝えられましたね。さらに「有職故実」。これは儀式や行事を研究する学問のことです。代表的なものに順徳天皇『禁秘抄』があります。

神道では平安時代には本地垂迹説が主流でしたが、鎌倉時代になると、今度は逆に、神主仏従の反本地垂迹説（神本仏迹説）が興ります。神主仏従、つまり、中心が神で、寺に祀ってある仏像はその化身だという考え方です。これにもとづいて伊勢外宮の神官度会家行が伊勢神道を唱えました。

室町時代……南北朝を合体してはじまった室町幕府

後醍醐天皇による新政は、武士層からの不満が高まる中、わずか二年あまりで崩壊。その後、約六〇年間にわたって南北朝の動乱が続きます。南北両朝は、足利義満によって合体されますが、その後のさまざまな争乱の中で、幕府の権威はことごとく失墜していきます。
そして、一五世紀中ごろから下剋上の風潮が社会全体に広まり、応仁の乱を境に、世の中は戦国時代に突入。覇権をめぐる、諸侯の壮絶な戦いがはじまるのです。

❖……建武の新政は、なぜ三年足らずで滅んだ？

鎌倉幕府が滅びると、後醍醐（ごだいご）天皇が三度目の正直で政権を奪取し、**建武の新政**といわれる**天皇親政**をはじめます。しかしこれは、一三三三年から一三三六年という、わずか三年足らずの期間でした。後醍醐天皇が理想とした政治は延喜・天暦の治で、延喜の治を進めた天皇が醍醐天皇ですから、その醍醐天皇にあやかって、自分の名前を後醍醐といったわけです。

それでは後醍醐天皇による建武の新政に関して、その政治機構を見てみましょう。

天皇のもとにいろいろな役所がありました。記録所は、一般の政務を行った役所です。次に大事なのが雑訴決断所。鎌倉幕府の引付衆に相当する役所で、所領関係の訴訟を担当しました。このほかに、武者所や恩賞方という役所もありました。恩賞方という役所は、恩賞や褒美を出す専門の機関で、鎌倉幕府を倒した人に対する恩賞を担当したところです。京都の警備が主な務めだった武者所は、建武の新政を軍事面から支えた機関です。

地方支配については、

①東北地方を統括するために置かれたのが、陸奥（むつ）将軍府。
②関東を統括するために置かれたのが、鎌倉将軍府。
③九州を統括するために派遣されたのが、征西（せいせい）将軍。

そして、後醍醐天皇は、自分の息子である護良（もりよし）親王を征夷大将軍に任命したんです。陸奥将軍府は多賀城址に置かれたもので、それに任命されたのが後醍醐天皇の子義良（のりよし）親王です。鎌倉将軍府には、やはり自分の子の成良（なりよし）親王を任命しました。陸奥将軍府とか鎌倉将軍府なんていういい方からもわかるように、天皇親政を掲げていながら、実際には地方に小幕府のような機関が置かれていた。つまり天皇の意思とは矛盾する状況が生まれたということです。

さて征西将軍には、もう一人の自分の息子である懐良（かねよし）親王を任命し、九州を征圧します。さらに地方には国司と守護を併置しました。守護というのは武家です。国司は公家ですから、この建武の新政は、ことばを換えれば、公武折衷的な要素を多分に含む政権であったと理解することができるわけです。

この時代は従来の武家社会に脈々と続いてきた「不易（ふえき）の法」または「不変の法」という習慣がくつがえされました。

例えば二〇年以上ずっとその土地を支配してきた場合は、その土地所有権の変更はできない、という一種のきまりがありました。それが建武の新政に至っては、土地所有権の確認には必ず綸旨（りんじ）と呼ばれる文書による認定が必要だ、という厳しい条件をつけたんです。

ところがその政権は、わずか三年足らずで滅んでいきました。その崩壊理由としてはいろいろなことが考えられますが、まず一つめは、鎌倉幕府を倒した公家に対しては恩賞が厚くて、武家に薄かったという恩賞の不公平です。

二つめは、大内裏(だいだいり)が焼失していたため、天皇は里内裏(さとだいり)生活を送っていたんですが、この大内裏をつくる費用を諸国の地頭に負担させたということが『太平記』に見えます。そのため、後醍醐天皇に対して、諸国の地頭はあまりいい印象を抱かなくなったのです。

三つめとしては、この建武の新政が諸国に守護と国司を併置したという点からもわかるように、完全に公武が統一された政治ではないわけです。公家、武家それぞれに新しい政権に対する期待があったのに、公家からの期待、武家からの期待を天皇が調整し、統一しえなかった点に、為政者としての政治能力が問われるわけです。

結局、建武の新政の時代は、天皇が親政をしたといっても、かえって社会にさまざまな混乱を生じさせることになりました。その社会の混乱ぶりは『建武年間記』という記録に収められた「二条河原落書」という風刺文に表れています。

さて、建武政権の後、世は南朝・北朝と、天皇・皇統が完全に二つに分かれて争う**南北朝の動乱**という混沌とした時代に入ります。そこに入る前に、この時期に起こった政治上の出来事をまとめてみましょう。

まず一つは、一三三五年、北条高時(たかとき)の子、北条時行(ときゆき)が鎌倉幕府の再興を図って事件を起こしました。これを**中先代(なかせんだい)の乱**といいます。

二つめとして一三三六年、**建武式目**（けんむしきもく）という政治綱領が**足利尊氏**（たかうじ）らによって制定されました。建武式目は政治綱領であって法律ではありません。したがって、室町時代に適用された社会的な基本法典は御成敗式目である、という点に注意してください。また、建武式目制定以降、必要に応じて加えた新令を「建武以来追加」といいます。

三つめとして、一三三八年、足利尊氏が征夷大将軍になります。そのときの天皇は光明（こうみょう）天皇でした。

❖……南北朝の動乱と朝廷内部でも続く抗争

さて、このような経過の中で、朝廷は**南朝**と**北朝**の二つに分かれてしまいました。北朝とは**京都朝廷**を指します。「光厳上皇を含め、光明（こうみょう）天皇から後小松天皇まで」が京都朝廷、すなわち北朝です。それに対して、南朝とは**吉野朝廷**を指します。「後醍醐天皇から後亀山天皇まで」です。

さて、同じ北朝内部にあって、足利尊氏、そして尊氏の執事高師直（こうのもろなお）らは、それまでにない完全に新しい政権の樹立をねらっていました。一方、尊氏の弟足利直義（ただよし）とその養子足利直冬（ただふゆ）らは、鎌倉幕府的な保守的な体制をつくりあげようとしていたわけで、政治構想上のトラブルがここにはじまります。

この両勢力は、ついに衝突してしまいます。これが世にいう**観応の擾乱**（かんのうのじょうらん）と呼ばれる衝突事件で、一三五〇年から一三五二年にかけて起こりました。足利尊氏側と、足利直義側というように、リーダーが二人いるような体制を**二頭政治**といいます。この事件で尊氏側が勝利を収め、北朝内部の二頭政治がようやく終止したわけです。

他方の南朝側についていた北畠顕家（あきいえ）、楠木正行（くすのきまさつら）、新田義貞（にったよしさだ）といった有力な武将たちは次々と戦死してしまいます。南朝の形勢はつねに不利でした。

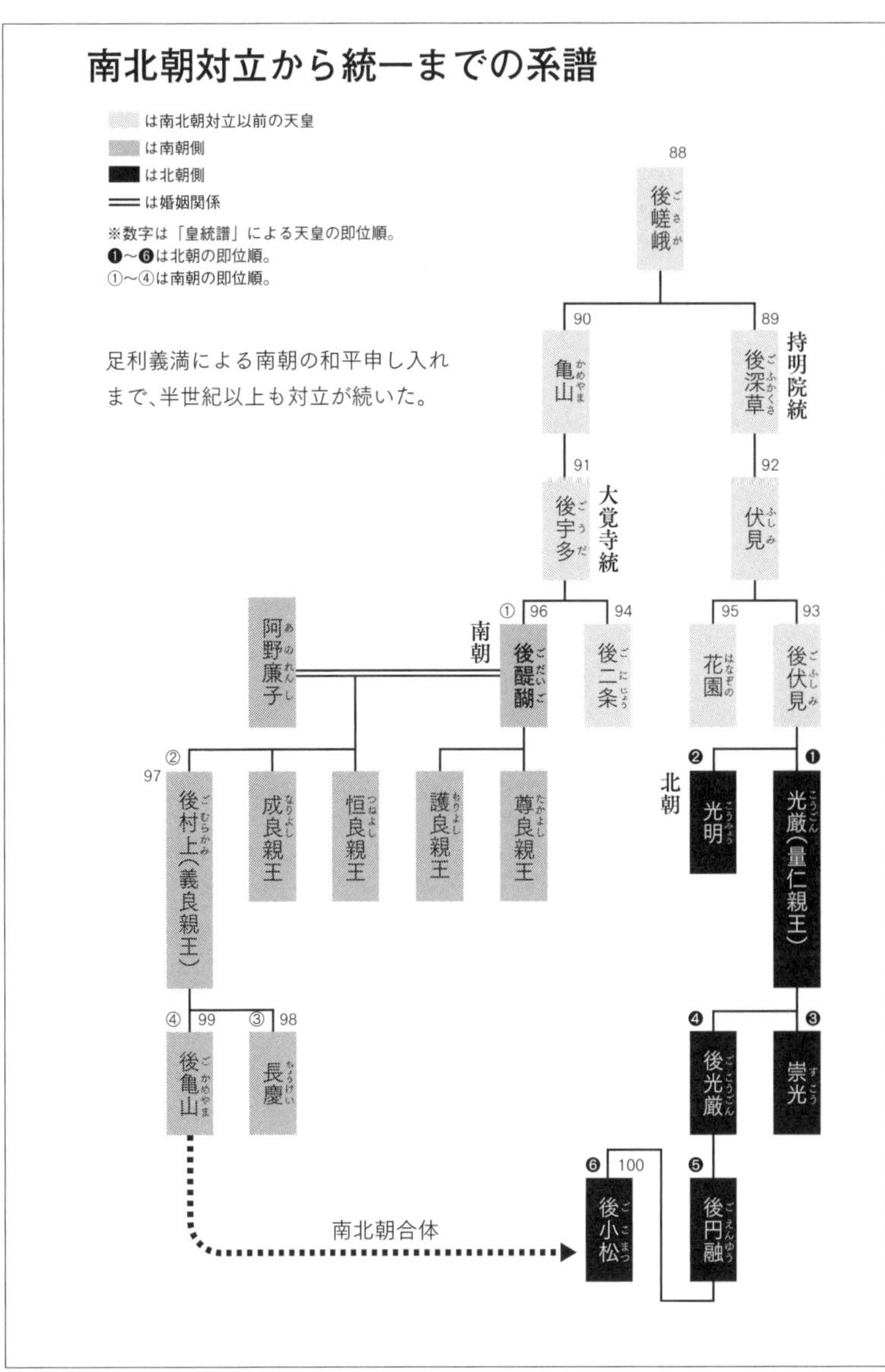
南北朝対立から統一までの系譜
は南北朝対立以前の天皇
は南朝側
は北朝側
は婚姻関係
※数字は「皇統譜」による天皇の即位順。
❶〜❻は北朝の即位順。
①〜④は南朝の即位順。
足利義満による南朝の和平申し入れまで、半世紀以上も対立が続いた。
88 後嵯峨
90 亀山
89 後深草
持明院統
91 後宇多
大覚寺統
92 伏見
① 96 後醍醐
南朝
94 後二条
95 花園
93 後伏見
阿野廉子
② 97 後村上(義良親王)
成良親王
恒良親王
護良親王
尊良親王
北朝
❷ 光明
❶ 光厳(量仁親王)
④ 99 後亀山
③ 98 長慶
❹ 後光厳
❸ 崇光
❻ 100 後小松
❺ 後円融
南北朝合体

どうして南北朝の対立が約六〇年も続いたのかという理由についてです。

当時は武家社会を支えていた惣領制が崩れはじめていて、所領の相続も嫡子による単独相続が一般的になっていました。そうした武家社会の変質を背景に、武士団同士の対立も激しくなっていったのです。その結果、南朝、北朝にそれぞれについた武士が、状況に応じてくみする相手をコロコロ変えているという状況が生まれました。つまり、南朝が不利だと思えば、それまで南朝についていた連中が北朝に回る、北朝が不利だと思ったときには、北朝側についていた武士が南朝側に味方するなど、いわばそれぞれの朝廷に味方する武士の勢力が流動的であったという理由があります。

南朝と北朝は、やがて一三九二年に合体します。そのあっせんをしたのは尊氏の孫で三代将軍となった**足利義満**でした。

この南北朝の動乱については記録があります。南朝の正統性を主張したものに北畠親房の『神皇正統記』があり、後村上天皇の政治の参考に供するために献上されました。一方、この動乱を北朝の側から描いたものが『梅松論』という記録です。足利氏側近の武将が書いたものだといわれています。

そしてもう一つ、この動乱を扱った記録に『**太平記**』というのがあります。南北朝の動乱を述べた軍記物です。作者は小島法師といわれますが、定かではありません。

ともかく、一三九二年に足利義満によってようやく南北朝の動乱に終止符が打たれました。**南北朝合体**が成立した場所は、京都の**大覚寺**です。

こうして足利義満は全国的な統一政権としての幕府を確立し、一三七八年に新しく京都の室町に壮麗な邸宅をつくって、そこで政治を行いました。いよいよ**室町幕府**の幕開けです。

❖……室町幕府の政治的な支配構造

まず最初に、室町幕府の職制から見ていきましょう。

将軍の下に、中央では将軍を補佐する管領（かんれい）というポストがあります。この管領に就けたのが、有力守護大名の細川（ほそかわ）、斯波（しば）、畠山（はたけやま）の三家で、それを**三管領**と呼んでいます。

その管領の下に、いろいろな役所があるわけですが、侍所や政所、問注所と、ほとんど鎌倉幕府の職制を踏襲していました。つまり、そのまま受け継いだ形だったわけです。

侍所の長官のことを、室町幕府では所司（しょし）と呼んでいます。この侍所の長官、所司の立場につけたのが京極、山名、赤松、一色の有力**守護大名**で、これを**四識**（しき）と総称します。その中で、一色氏だけが足利氏の一族です。一つの管領の地位に、三人の守護大名がいっぺんに就いたわけではなくて、交替制です。なぜ交替制を採ったのかというと、権力の分散を図るためです。

また、納銭方（のうせんかた）というポストもありました。室町幕府は貧乏幕府です。あちこちに課税していましたから、この納銭方は税関係を担当する、今でいえば税務署にあたります。

以上が中央の機構ですが、それでは地方の機構はどうだったでしょうか。

鎌倉には鎌倉府という役所が置かれました。鎌倉府はだいたい室町幕府の組織に準じた構造でした。この長官を**鎌倉公方**（くぼう）といい、足利基氏（もとうじ）が初代に就任しました。

さらに、この鎌倉公方には補佐役がいました。補佐した役職を、**関東管領**（かんとうかんれい）といいます。この関東管領の地位は、上杉氏が代々世襲で継いでいきました。こういう形で、東国の支配が進んだわけです。

鎌倉府は、関八州に伊豆・甲斐の二国を加えた一〇か国を統括し、のちに陸奥・出羽も支配に組み込まれました。

❖……室町幕府の財政と軍事力

室町幕府の経済基盤はたいへん脆弱（ぜいじゃく）でした。貧乏幕府だったので、課税が中心となります。

直轄領を**御料所**（ごりょうしょ）といいましたが、御料所は全国に散在していて、なかなか統一がとれない状況にありました。その御料所から上がってくる年貢と公事（くじ）・夫役（ぶやく）が財源の一つで、この御料所を管理していたのが奉公衆という幕府の直轄軍でした。それだけでは足りないので、商工業者に対しては土倉役（どそうやく）、酒屋役（さかややく）といったような課税をします。土倉役は土倉つまり質屋に課した税です。土倉は質屋ですから、質物の数に対して課税され、酒屋にもつくった酒の壺数に対して酒屋役を課しました。

室町幕府の軍事基盤としては、将軍直轄の軍隊がありました。これを**奉公衆**（または御馬廻（おうままわり））といいます。その数は、記録によれば二千騎とも書かれています。これが将軍直属の親衛隊でした。

この〝直轄軍＝奉公衆〟のほかに、実際にいろいろな乱などの鎮圧に活躍したのは、幕府の直轄下に属する四五か国中二一人の守護大名がそれぞれ京都に屋敷を構えて住みつき、これを二十一屋形（やかた）と呼んでいますが、そこで育てた子飼いの軍事力でした。

❖……武家、公家、僧界の最高位を極めた足利義満

足利義満は商工業者に課税する権限を得るなど、京都の市政権は手中におさめたんですが、それでも南北朝の合体に成功した後の義満には大きな政治課題が二つありました。それは、**将軍権威の高揚**と**全国統一**を進めることです。この二つを実現するために、彼は武家と公家の権力を同時に併せもつという手段を使います。

まず有力な守護大名を、次々と武力で討っていきました。室町幕府の中央政治は三管領四職を中心に

運営されていましたが、これはことばを換えれば、室町幕府は**有力守護との連合政権**であることを示しています。これが室町幕府の政治の特徴です。

守護大名の力があまりにも強くなってしまうと、将軍としての座を奪われることになりかねないということで、将軍としてみれば、ある程度有力守護大名を抑えながら、全国をまとめていかなければなりません。そのため強大な守護は討たざるを得ない。例えば一三九一年、当時一一か国、全国の六分の一の国を支配していた山名氏清（やまなうじきよ）（「六分一殿」と呼ばれていました）が討ち滅ぼされました。**明徳の乱**です。

また、朝廷に接近してその権限を吸収し、この二つの課題を同時に実現しようとします。そのため、自らは将軍という座を降りて子の義持に譲り、太政大臣になって朝廷内の実権を握ります。その後さらに、彼は太政大臣の地位を惜し気もなく蹴って、今度は出家して法皇に準ずる地位に就くわけです。

そのころ義満は、すでに朝廷から「准三后（じゅさんごう）」の宣下（せんげ）を受けています。「准三后」とは皇后・皇太后・太皇太后に準ずる待遇を受ける立場のことです。

将軍は武家の世界で最高の地位、太政大臣は公家の世界で最高の地位、法皇は僧侶の世界で最高の地位だから、足利義満という人物は二つの世界のそれぞれ最高の地位、頂点をすべて極めた男ということができます。

こうして、将軍義満は、将軍権威の確立と全国統一を進めていったわけです。

六代将軍足利義教の時代になると、**永享（えいきょう）の乱**が起こりました。一四三八年から一四三九年の永享の乱は鎌倉府と室町幕府の対立で、鎌倉公方の足利持氏が討たれた事件です。鎌倉府は後に起こった**享徳（きょうとく）の乱**を機に、堀越公方（ほりごえくぼう）と古河（こが）公方の二つに分裂してしまいます。

堀越公方と呼ばれたのは足利政知であり、古河公方と呼ばれたのは足利成氏です。鎌倉公方の分裂に伴い、それを支えていた関東管領の上杉氏もいくつかに分かれて、やがて扇谷上杉と山内上杉の二つにおさまります。こうして関東管領も分裂しました。

一四四一年、**嘉吉の変**が発生します。とうとう将軍が守護大名に謀殺されるという事件が起きてしまったわけですが、このとき討たれたのが、六代将軍の**義教**です。足利義教が播磨の守護赤松満祐に謀殺されたのです。赤松満祐は同年、山名持豊によって自殺に追い込まれます。

足利義教という人は、足利義満の子でありながら、青蓮院の僧侶だった時期があって、そのときの名を義円といいました。そして、石清水八幡宮の前で行われたくじびきで六代将軍の座におさまった人です。

この嘉吉の変、これが政界における**下剋上**のはしりでしょう。身分の下の者が上の者を打ち倒すという下剋上の気運がこの辺から本格化します。

❖……日明貿易と日朝貿易

室町時代には日本と中国の明との間で**勘合貿易**が行われました。

それ以前の中国との関係といえば、鎌倉時代末期の一三二五年、北条高時が元に派遣した建長寺船と、南北朝時代の一三四二年、足利尊氏が元に派遣した天竜寺船がありました。建長寺船は、建長寺の再建費用を得る目的で派遣され、天竜寺船は、天竜寺の創建費用を得る目的で派遣された船です。

日明貿易で使われた証明具は**勘合**です。

当時、東シナ海沿岸では**倭寇**による略奪がかなり目立ってきていて、中国や朝鮮から再三にわたって

勘合貿易

① 1401年…義満、肥富と祖阿を明に派遣

② 1404年…義満、勘合貿易を開始

③ 1411年…義持、勘合貿易を中止（国交中断）

④ 1432年…義教、勘合貿易を再開（国交回復）

倭寇禁圧要求を受けていました。

そこでまず、一四〇一年に足利義満は博多の商人肥富（こいつみ）と僧侶の祖阿（そあ）の二人を使者として中国の明に派遣して国交を開きます。これによって勘合貿易は一四〇四年から始まりましたが、この貿易は朝貢スタイルであったために、四代将軍の義持（よしもち）はこれを屈辱的外交と非難して、中止してしまいます。それが一四一一年です。

しかし、室町幕府の財源は非常に乏しかったため、どうしても貿易による利潤に目が向いてしまうわけです。そこで一四三二年に貿易を再開します。再開したときの将軍は足利義教（よしのり）です。

勘合貿易においては、査証は寧波（ニンポー）で、交易は北京で行われましたが、その際、運搬費や滞在費はすべて明が負担していました。

勘合貿易によって銅、刀剣、硫黄などが輸出され、銅銭、生糸、絹織物などを輸入しました。交易において、明からの船は日字勘合、日本からの船は本字勘合を携帯し、底簿と照合しました。

貿易の実権は、はじめは幕府が握っていたんですが、

応仁の乱の後は、博多商人と結んだ大内氏と堺商人と結んだ細川氏という有力な守護大名の手に渡ってしまいます。そして、一五二三年、この両者が貿易の実権をめぐって中国の寧波(ニンポー)港で衝突します。この**寧波の乱**の結果、勘合貿易の実権は、勝利を収めた大内氏が一五五一年まで独占していくことになります。

その一方で、**日朝貿易**がありました。それを仲介したのは対馬の宗(そう)氏です。

一四一九年、海賊集団である倭寇の本拠地とみなされた対馬が朝鮮軍によって襲われます。これを**応永の外寇**(おうえいのがいこう)といいます。その後、一四四三年に嘉吉(かきつ)条約を結んで、本格的に朝鮮と貿易をはじめます。日朝貿易においては図書や文引(ぶんいん)（渡航証明書）が証明具として使われました。

さて、日朝貿易の特徴は輸入品にあります。綿布（または木綿）、経典（大蔵経というお経）、朝鮮人参などが輸入されました。

朝鮮では貿易港として、富山浦、塩浦、乃而浦(ないじほ)という三つの港が開かれていました。**三浦**(さんぽ)といいます。首都漢城とこの三浦に設けられた取引施設のことを**倭館**(わかん)といい、朝鮮にいた居留日本人のことを**恒居倭**(こうきょわ)と呼びます。

そして一五一〇年、この三浦にいた居留日本人＝恒居倭が、朝鮮の圧力に対して暴動を起こしました。これを**三浦の乱**(さんぽのらん)といい、この三浦の乱以降、貿易は次第に衰退していきます。

❖……応仁の乱によって生じた価値観の転換

さて、いよいよ一四六七〜一四七七年の**応仁の乱**についてです。

乱は将軍継嗣問題に管領家の家督相続争いが結びついたうえに、将軍足利義政の「成敗不足」がから

	西軍	東軍
総大将	山名持豊（宗全）	細川勝元
足利氏	足利義尚	足利義視
畠山氏	畠山義就	畠山政長
斯波氏	斯波義廉	斯波義敏

㊟ 1468年には東軍に足利義政・義尚、西軍に義視が入り、形勢が変わった。

んで起こりました。東軍の大将は細川勝元、西軍の大将が山名持豊（宗全）で、守護大名の多くも東西に分かれて戦いました。戦場となった京都は焼け野原になってしまったんです。

乱の途中で、山名と細川が相次いで没しますが、乱というのは主導者を失うと、手のつけられない状況になってしまうんですね。そして足軽らによる略奪戦の観を強めながら、地方に伝播。あれだけ将軍と競い合いながら成長してきた守護大名も、多くは没落して、結局は墓穴を掘ることになりました。幕府の権威も失墜する中で、次の戦国時代が準備されたわけです。

こうして、幕府と勢力を競うように成長してきた守護大名の多くが没落し、守護代や土豪らが主君を倒す格好でのしあがって、次の**戦国大名**に成長していきます。このような「下、上に克つ」という風潮を**下剋上**といいます。

昔のような先例重視の価値観が失われ、実力重視の時代がはじまっていることを象徴する事件でもありました。この価値観の大転換を、山名宗全が「例より時へ」という言葉で公家に示唆したことが『塵塚物語』に書かれています。

❖……天下統一を目指した戦国大名の誕生

さて、**戦国時代**に入りましょう。

戦国大名のほとんどは、守護代や地方の土豪である国人などが、下剋上の気運に乗じて守護大名を倒して成長した者で、守護大名から戦国大名にストレートに成長したのは今川・島津・武田などごくわずかでした。

彼らは何とかして京都を押さえ、天下を統一しようとしています。そのために、富国強兵策・殖産興業策を重視します。例えば甲斐の武田氏は信玄堤を築いたり、甲州流と呼ばれる鉱山の採掘法を開発していますね。石見大森銀山では灰吹法という精錬法が導入され、銀の生産を高めました。

そして軍事関係。一門・国衆・譜代衆などと呼ばれる家臣団と、その下に下級武士がいます。それが寄親・寄子という擬制的な親子関係の形で結びついて、それを軍奉行が統轄するというシステムがとられました。

さらに**分国法**があります。分国法には例えば、今川氏の「今川仮名目録」、武田氏の「甲州法度之次第」などがありますが、分国法で規定されたもの、それはまず、家臣の城下集住。これは機動力を豊かにするためです。次に私信・私婚の禁止。これの注意点は、手紙を出すな、結婚するなといっているのではなく、あくまでも領主の許可制であるということです。勝手に自由に手紙を出したり結婚したりすれば、軍事的機密が漏れる恐れがあるからですね。さらに家臣団の分裂を防ぐために、**喧嘩両成敗**を規定しています。

この分国法に違反すると、縁坐・連坐といった連帯責任を負わされました。縁坐とは血縁関係者まで連帯責任が及ぶことで、連坐とは共犯者など関連者全体に連帯責任が及ぶ制度のことです。

❖……鉄砲とキリスト教が伝来

鉄砲が日本に伝わったのは一五四三年、一六世紀の中ごろです。ポルトガル人を乗せた中国船が大隅(おおすみ)国の種子島に漂着し、**鉄砲が伝来**しました。そのときの種子島の島主は種子島時堯(ときたか)で、鉄砲を二挺購入しました。

鉄砲というのは戦国大名にとってはたいへん魅力のあるものでしたから、以後、国内でも生産がはじまっていきます。日本でつくられた場所は限定されていて、近江国の国友、和泉国の堺、紀伊国の根来(ねごろ)と雑賀(さいか)といった地域です。これらが鉄砲の産地で鉄砲鍛冶が生産しましたが、火薬をつくる材料の一つである硝石(しょうせき)だけは輸入に頼っていました。

鉄砲の伝来、製造および使用によって、今までの戦の仕方および築城法が変わります。今までは**一騎討ち戦法**でしたが、それが**集団戦法**に変わりました。築城法もそれまでは山城でしたが、山城から平山(ひらやま)城(じろ)へ、そして機動力に富む平城(ひらじろ)へと変わっていきます。つまり、城は高いところから低いところ（＝平野部）におりてきます。

それから一五四九年、鹿児島にアランシスコ＝ザビエルがやってきて、キリスト教を伝えました。

❖……南北朝時代から発展した、地縁的な村とは？

視点を変えて、**惣**(そう)というテーマで農村のようすを整理してみましょう。

惣というのは、南北朝時代から畿内などの経済的な先進地域を中心に生まれた地縁的結合による村のことで、惣村ともいわれます。惣がいくつか集まったものを郷(ごう)または郷村と呼びます。

惣には村のリーダーがいます。これは地侍層ですが、その代表者のことを番頭や沙汰人(さたにん)、乙名(おとな)という呼び方をしました。この番頭、沙汰人、乙名といった指導層のもとで、自治的支配がはじまり、重要な取り決めは**寄合**(よりあい)という合議でなされました。寄合を開いた場所は宮座(みやざ)という氏子組織の建物や神社などです。

そこでどういうことを決めたのか。当時は農業社会ですから、主に用水の分配や入会地(いりあいち)の使用についての問題などを決めたわけです。

さて、この入会地というのはどんなところなのか。農業社会ですから肥料として刈敷(かりしき)や草木灰などを使っていますね。肥料にするための草や木、あるいは燃料としての薪などを採集するための共同利用地のことを入会地といいます。

そしてその合議で決められた内容が**惣掟**(そうおきて)に成文化されました。村内は自治的な結合で成り立っていますから、何か問題が起こった場合には、惣の内部で独自にそれを裁判する場合もありました。そういう裁判権を行使することを自検断(じけんだん)と呼びます。そういう権利も村はもっていたわけで、惣掟に違反した場合、違反者には罰金などが科されたようです。

このような惣の横の強いつながりは、やがて連帯意識を強めていきます。その強い連帯意識をよりどころとして、村全体で、何らかの要求運動を起こす場合もあったようです。こうした連帯意識の強化が結合力の強化をさらに促進させ、やがて一揆のエネルギーに転化されるわけです。

❖……各地で起こった土一揆は暴動ではない？

一揆というと、どうしても〝暴動〟というイメージが浮かびますが、もともと一揆というのは目標を貫徹させるために「揆を一にする」ということです。つまり、目標を実現させるための要求貫徹運動のことを一揆といいます。

一揆は村人が一致団結してこそ力を発揮するものです。その一揆団結の状態を一味同心といいます。ではどうやって一致団結状態つまり**一味同心**の状況をつくり上げるか。それは誓約文（起請文）を焼いて、その灰を神社の水に浮かべて皆で飲んで確かめ合ったんです。その儀式のことを一味神水（じんすい）といいます。

当時は**兵農未分離**、つまり兵と農がまだ分かれていない段階ですから、ちょうど一人の人間が右手に刀、左手に鍬を持っているという構図です。当時の武士は同時に農民でもあり、村に住んでいます。何か要求運動を起こす場合には、鍬を捨てて武器を手にした。だから、一揆といえば暴動化したイメージで伝わるわけです。

さて、惣の結合力の強化が一揆のエネルギーになったということで、ここから少し詳しく一揆の話に入っていきましょう。

当時の一揆は**土一揆**と呼ばれます。土民中心の一揆の略で「ドイッキ」というのが一般的な呼び方ですが、当時は「ツチイッキ」といっていたようです。

当時の一揆は権力者の交代時などに目立って多く発生しました。これは権力者の交代によって、それまでのさまざまな社会関係が一新される、という通念が社会全体に蔓延していたからです。だから政権交代が一つのヤマになる。新政権に自分たちの夢をつなぐ、そのために改元時や「代始め」に一揆がよく起こったんです。新しい政権に対する期待の念が込められているんですね。

そのとき、権力による弾圧を回避する手段として、誰が一揆の首謀者かを隠すために、中心から放射状に皆が署名する**傘連判状**を作成しました。

ここで、いくつか代表的な一揆について見ていきましょう。

まず、一四二八年に起こった**正長の徳政一揆**です。近江の馬借の蜂起をきっかけに、土民が、借金の帳消しを求めて土倉や酒屋、寺院などを襲撃しました。当時、実はお寺も祠堂銭を使って高利貸しをしていた。だから襲撃の対象になったんですね。

一四二九年には播磨国で同じような動きが起こります。**播磨の土一揆**です。これはむしろ国一揆的な性格が強く、播磨の守護赤松満祐によって鎮圧されました。

そして一四四一年の**嘉吉の徳政一揆**です。この年、嘉吉の変が起こっています。将軍義教が播磨の守護赤松満祐に謀殺されたので、人びとは新しい将軍に徳政を実現してほしいと願いを託します。彼らは「代始めの徳政」をスローガンにしてこの一揆を展開し、幕府はこれに押されて初めて徳政令を出しました。

ほかにも一四八五年、南山城盆地で、国人層（在地土豪）たちが農民の指導者となって起こした**山城の国一揆**があります。このとき彼らが要求した事項は三つほどありました。

一つめは両畠山軍のことです。応仁の乱のときに、対立した畠山政長と畠山義就ですが、あの乱が終わって一四八五年になっても、まだ山城国で両畠山の軍勢がくすぶっていました。そこで国人たちは、両畠山軍の国外退去を求めたのです。

二つめが、新しく設けられた関所——これは関銭を取るためですが——その新関の廃止。三つめが、本所領の復旧、つまり寺社本所支配下の荘園をもとの領主によって直接支配させることを求めたわけです。

こうした政治的要求を貫こうとし、この山城の国一揆は成功します。その結果、山城国は約八年間にわたって、南山城三十六人衆といわれる国人たちが自治的に支配することになりました。

❖……加賀国の自治を勝ち取った、加賀の一向一揆

一向というのは一向宗、浄土真宗のことですが、**加賀の一向一揆**がはじまったのは一四八七年です。一四八七年にはじまった一揆が、翌年一四八八年に加賀国の守護、富樫政親（とがしまさちか）を自刃に追い込みました。

さて加賀国というのは北陸ですが、北陸地方は当時浄土真宗、一向宗の門徒たちが非常に多かったところです。どうして多かったのか。この地域も播磨（はりま）や山城（やましろ）と同じように先進地域で、惣の結合が進んでいたために横の地縁的な結合力が強かったからなんです。

そこに**蓮如上人**（れんにょ）が越前の吉崎に道場を構えて、信者の組織である**講**——宗教上の横のつながり、組織のことですが——この講の組織を利用しながら、北陸一帯に浄土真宗のあの阿弥陀と念仏の教えを広めていきました。だから加賀国は、浄土真宗の門徒が非常に多いんですね。

加賀の一向一揆は坊主、門徒、農民たちが起こした一揆です。この一揆の結果、加賀国は、以後約一世紀にわたって「百姓の持ちたる国」として、自治的支配を遂げました。

❖……開放的な門前町、閉鎖的な寺内町

都市の類型として、ここでは**門前町**と**寺内町**との違いを押さえましょう。

門前町というのは文字どおり神社や寺の門前、山門前に開けた町です。どの寺、どの神社でもよく、宗派は関係ありません。

一方、寺内町の場合には宗派が限られ、一向宗、浄土真宗の寺院の境内に発達した集落についてだけ称されます。

それでは、景観の違いはどうでしょう。門前町というのは、そこへの参詣者や僧侶や神官たちが行ったり来たりしますから、往来が激しくなって、やがてその前には宿坊などができてきます。そういう意味で門前町は非常に開放的で、経済的にも潤っていました。

それに対して浄土真宗、一向宗のお寺の境内に発達した集落は、寺の境内だから寺内町というんですが、門前町に比べると閉鎖的といえます。浄土真宗は一向一揆を結ぶケースが多く、そうなると、どうしても権力と対立します。権力は一向一揆をつぶそうとし、それに一向一揆は立ち向かっていくからです。

そうすると当然、集落の周りに土塁や壕を巡らせたりするものですから、武装的な景観が強くなります。だから門前町と寺内町とを比較すると、経済的な面から見ても門前町のほうが流通性が大きくて開放的であり、寺内町のほうは閉鎖的だといえるわけです。

門前町の代表的な例をあげると、善光寺の門前町（長野）、興福寺の門前町（奈良）、伊勢神宮の門前町（宇治・山田）などがあります。

寺内町では、吉崎、石山本願寺、富田林、和泉貝塚などが代表的な例です。大坂も、もともとは石山本願寺の寺内町だったんです。

❖……自治政治を行ったのはどんな人？

ここで自治都市の類型をまとめておきましょう。

まず**堺**です。堺で自治政治を行った人びとは、会合衆（かい（え）ごうしゅう）と呼ばれた豪商たちです。納屋（なや）衆ともいいます。三六人の会合衆から一か月に三人ずつ代表者を立てて町政を運営しました。その代表者のことを月行事といいます。

それから京都。応仁の乱の後、京都でも復興気運が高まりました。その中心となったのが、**町衆**と呼ばれる商工業者でした。町組をつくり、町掟のもとで自治的な団結を強めた有力町人たちです。日蓮宗に帰依する人びとが多く、彼らによって祇園祭も復興しました。

九州の博多は、一二人の年行司が自治政治を敷きました。

❖……室町時代の通貨はどんなもの？

室町時代に使われたお金は明から輸入されたもので、**明銭**と呼ばれています。種類は、永楽通宝、洪武通宝、宣徳通宝で、もっとも人気が高かったのは永楽通宝です。

この明銭、特に永楽銭を使って、土地の大きさ、広さを表す方法がありました。貫高（かんだか）制といいます。その土地にかかる年貢の額でもって、その土地の大きさを表す方法です。その貫高制をとる際に、永楽銭に換算して土地の広さを表示した場合、それを永高（えいだか）といいます。

❖……市が賑わい、座も活発化

農業では、畿内などの先進地域の一部では三毛作を行うところも出てきました。三毛作の場合、裏作として栽培されたのは、麦やソバ。そして朝鮮から木綿が輸入され、戦国時代から三河地方で木綿の栽培もはじまりました。また、稲の品種改良が進んだ結果、「早稲（わせ）、中稲（なかて）、晩稲（おくて）」という新しい品種が生まれています。

商業では月六回開かれる**六斎市**もありました。鎌倉時代が三斎市、室町時代は六斎市ですから、流通が拡大しているのがわかりますね。

ただ、六斎市は室町時代後期、つまり戦国時代から一般化したものです。

室町時代の金融業者は土倉、酒屋、それから庶民金融として鎌倉時代から続く無尽、頼母子（たのもし）がありました。運送業者として馬借、車借があり、馬を使ったのが馬借、荷車を使った業者が車借と呼ばれました。

最後に「**座**」をまとめましょう。座というのは中世の商工業者の同業組合で、ルーツは平安末期です。座のリーダーのことを座頭といい、それに率いられた一般の組合員のことを座衆といいます。彼らには仕入れ、販売、営業の独占権が与えられ、関所で徴収される通行税の関銭も免除されました。

座のメンバーは貴族や有力寺社を本所と仰いで、利益の一部を座役として上納しました。ですから、いってしまえば座役の上納の代償として、この仕入れ、販売、営業の独占権などの特権が認められたわけです。

それからいろんなタイプの商人が活躍しました。呼び売りをして歩く振売（ふりうり）、背中に背負子（しょいこ）をつけて遠方まで行く行商人を連雀商人（れんじゃくしょうにん）といいます。女性も経済活動に参加していたようで、例えば大原女（おはらめ）や鮎などを売り歩いた桂女（かつらめ）などがいました。

❖……権限を拡大して守護領国制を築いた守護大名

室町時代の守護たちの成長過程を見てみましょう。

鎌倉時代、守護の仕事は大犯三箇条でしたが、南北朝期になると、これに加えて「刈田狼藉」（田地をめぐる紛争で他人の田畑の作物を一方的に刈り取る暴力行為）を取り締まる権限、および「使節遵行」（幕府の判決の強制執行権）という権限が与えられ、守護の権限が拡大します。

さらに**半済**（はんぜい）、**守護請**（しゅごうけ）のような方法で、守護たちは荘園侵略を進めていきます。半済というのは、その土地から上がる年貢の半分を兵粮料（軍費）として部下の武士に分け与える制度です。こうして守護は力をつけ、しまいにはその国全体を一円的に支配するようになり、**守護領国制**と呼ばれる支配体制をつくりあげました。

鎌倉時代が「地頭と土地争いの時代」というのであれば、室町時代はお金と守護が中心ですから、「守護と銭争いの時代」と対比させることができます。

❖……中世の琉球と蝦夷ヶ島

最後に、琉球と北海道について概略をまとめておきます。

当時、琉球は南山・中山・北山と三ブロックに分かれていました。そして按司（あじ）と呼ばれる領主が城（＝グスク）を構えてそれぞれの地域を支配していたわけです。やがて一四二九年に、中山王（ちゅうざんおう）の尚巴志（しょうはし）が三山を統一して**琉球王国**をつくりました。その王府は首里に置かれ、**南海貿易**で利をあげていったわけです。貿易の拠点は那覇です。

一方、北海道は当時は**蝦夷ヶ島**と呼ばれていました。畿内から十三湊にかけての日本海交易が大変盛んで、京都には北海道の魚介類がもたらされました。当時、安東氏の支配下にあった本州の人びとは和人と呼ばれて、道南に居住区を設定して移り住んでいたんです。その家を館（たて）といいます。渡島（おしま）半島の南部にはこうした館がたくさんあって、それを**道南十二館**と総称します。

さて、この和人はアイヌとの交易において何回も不正をはたらきました。そこで、ついにアイヌが蜂起します。首長の名前をとって、これを**コシャマインの戦い**といいます。一四五七年です。結局、上之国（かみのくに）の武将蠣崎（かきざき）氏の客将武田信広によってコシャマインは殺されてしまいました。蠣崎氏は後に松前氏に成長します。

❖……室町時代・南北朝文化の特色とは？

室町時代の文化は、**南北朝文化**、**北山文化**、**東山文化**、**天文文化**の四つに分けることができます。ただ天文文化というのは、戦国時代のそれぞれの領国で花開いた地方の文化で、東山文化に一緒にひっくるめて考えることもあるので、ここでは東山文化にひっくるめて扱っています。天文文化は室町末期の文化と考えてください。

南北朝時代の文化の特徴はまず**婆娑羅**（ばさら）の風潮が高揚したことです。これは、華美な、あるいは派手な、荒々しい、そういう意味を込めたことばです。

南北朝時代に出た婆娑羅をもっとも象徴する武士がいました。俗に「婆娑羅大名」というい方をするのですが、よく知られているのが佐々木道誉（どうよ）です。

建築では、南北朝の動乱の中で戦死していった多くの武将たちの冥福を祈るために、安国寺、利生塔（りしょうとう）

が建立されました。しかし戦乱期で財政難の時代です。したがって、安国寺は全部新しく建てられたのではなく、既存の寺院をそのまま安国寺としてスライドさせるケースもありました。

連歌のお話です。連歌というのは、上の句と下の句を続けて詠む歌ですね。二条良基(よしもと)は南北朝期に『菟玖波(つくば)集』を編纂しました。この『菟玖波集』という連歌集は勅撰に準じられたため、連歌は文芸上、和歌と同等の地位を得ました。二条良基は『応安新式』という連歌の規則集もつくっています。

軍記物では、南北朝の動乱を描写した『太平記』があります。これは江戸時代になると講釈師による「太平記読み」で広まりました。それから、『難太平記』。これは今川了俊(りょうしゅん)（または今川貞世(さだよ)）が今川家の歴史を書いたもので、『太平記』の誤りも正しています。『義経記(ぎけいき)』や『曽我物語』もあります。

さて、**茶道**です。お茶ははじめ薬用だったのですが、後に芸道として発展していきます。そのお茶が、南北朝時代になると人びとの集まりとして行われるようになった。これを茶寄合といいます。

集まってきてお茶を飲む。その茶寄合の席上で何が行われたかというと、お茶を飲んでそのお茶の味を飲み当てるギャンブルがはじまったのです。一口飲んで、そして「うん、これは宇治茶だ」とか、「これは栂尾茶(とがのお)」とか、いろいろいうんでしょうね。そういうお茶の味を飲み当てて競う賭け事のことを「闘茶」といいます。

❖……北山文化の特色とは？

次に**北山文化**です。この時代の政治の中心は足利義満ですね。特色は禅宗の影響が大きいことと、公家・武家・禅宗の三要素を集約的に表現していることです。

鎌倉仏教の中でも、室町時代に特に発展した仏教宗派が三つあります。臨済宗、浄土真宗、日蓮宗です。

①臨済宗

特に、臨済宗は全盛期を迎えます。ところで、なぜ臨済宗が権力と結びついたのか、これを理解しないといけませんね。まずは禅宗の精神が武士の求める精神に合致していたこと。それから当時の臨済僧が、政治・外交面にもある程度精通していたために、幕府関係者が臨済僧からさまざまなアドバイスを受けていたこと。こうした関係で支配層の中にも臨済宗に帰依する人々が多くなりました。したがって幕府も禅宗、とりわけ臨済宗を保護するようになったんです。

足利義満は宋の官寺の制にならって、**五山・十刹**（じっさつ）**の制**を定めました。これは臨済宗寺院の格付制度で、それに指定された寺院は、幕府の官寺となって保護を受けました。

京都五山は天龍（竜）寺、相国寺、建仁寺、東福寺、万寿寺です。一方、**鎌倉五山**のほうは、建長寺、円覚寺、寿福寺、浄智寺、浄妙寺です。さらに、京都五山の上に別格として南禅寺が位置づけられ、五山を管轄するために僧録司（そうろくし）という役職が置かれました。

それから、五山ほど力はないけれども、曹洞宗も含めて、より自由な布教活動が認められたお寺があります。林下（〝リンカ〟または〝リンゲ〟）といい、臨済宗では大徳寺と妙心寺、曹洞宗では、永平寺と総持寺（そうじじ）などがそうです。

②浄土真宗

浄土真宗も発展しました。活躍した僧侶では、蓮如を知っていれば十分です。

蓮如は越前、いまの福井県に吉崎道場を創建し、信者には「御文（おふみ）」という手紙を出して、教線を拡大しました。

③日蓮宗

室町時代には日親が出て、京都を中心にかなり戦闘的に布教活動を展開しました。日親（にっしん）は『立正治国論（りっしょうちこくろん）』という本を書いて、足利義教に献上しています。

北山文化の美術といえば、なんといっても有名なのが、足利義満が造営した**金閣**（鹿苑寺金閣）ですね。三階建てで、一階の阿弥陀堂が寝殿造、二階が観音殿（潮音閣）、三階の仏殿が禅宗様です。義満は、公家・武家・仏教の三つの世界の頂点を一身にして極めた武将なので、それを象徴しているようにも思えますね。

水墨画の世界では、『瓢鮎図』を描いた如拙（じょせつ）が有名です。

さらに狩野正信（まさのぶ）・元信（もとのぶ）が出ました。次の桃山文化へいくと「狩野○○」というのがたくさん出てくるんですが、その狩野派の祖が正信で、作品名は『周茂叔愛蓮図（しゅうもしゅくあいれんず）』、元信の代表的作品は『大徳寺大仙院花鳥図』です。

この時代、芸能が発達します。古代以来、田楽（でんがく）・猿楽（さるがく）が流行していましたが、猿楽はやがて**猿楽能**として完成されました。完成したのは、**観阿弥（かんあみ）・世阿弥（ぜあみ）**です。世阿弥は有名な著書、『風姿花伝』、別名『花伝書』を残しています。

当時、将軍のそばにいてさまざまなお世話をしていた側近の連中を同朋衆（どうぼうしゅう）といいますが、義満の同朋衆として活躍していたのが観阿弥・世阿弥で、大和猿楽四座つまり観世（かんぜ）・金春（こんぱる）・金剛（こんごう）・宝生（ほうしょう）の中の、観世座というグループから出てきた人たちです。大和猿楽四座は興福寺を本所として奈良を舞台に活躍しました。

また、能の合間に上演される風刺を含んだ劇、**狂言**も押さえておきましょう。

五山文学も栄えます。京都五山などで禅僧たちによって研究されたのは朱子学です。禅僧たちは、その自分たちの悟りの境地を漢詩文などに託していきました。こうして生まれたのが、五山文学と呼ばれるもので、出版物を五山版といいます。

❖……東山文化の特色とは？

東山文化です。この時代の政治の中心は足利義政です。この文化の特色は、**幽玄・枯淡**の趣が強いこと、公家・武家・禅宗精神の融合、明文化の影響が大きいことなどが挙げられます。

建築では**慈照寺銀閣**が代表的です。義政は政治を顧みず、いつも銀閣のことを頭に思って、義満の金閣を何回も下見に行ったりしているんですね。そういうことをしているから成敗不足になるわけで、これがやがて応仁の乱を引き起こしてしまいます。この銀閣、造りは二階建。一階の心空殿（観音殿）は書院造、二階の潮音閣が禅宗様です。この書院造は現代の和風建築の原型と考えられています。

それから絵の世界では、水墨画がこの時代になって**雪舟**によって大成されます。雪舟の代表作といえば『秋冬山水図』『山水長巻』『天橋立図』などがあります。雪舟は、応仁の乱を避けて明に渡り、帰国後、城下町山口に雲谷庵を構えて、そこを拠点に文化活動をすすめました。

庭では、禅宗の影響を受けて、水を使わないで水の流れを表現するような技法が生まれました。これを**枯山水**といいます。石などを一面に敷いて、朝早く僧侶が独特の竹の箒で石をかいて、水の輪などをつくったりする。そういう文様をつくって水の流れを表現する庭のことです。代表的なものとして、竜安寺石庭が有名です。

連歌の世界では、飯尾宗祇が現れて**正風連歌**を確立し、『水無瀬三吟百韻』や『新撰菟玖波集』などを編纂しました。

山崎宗鑑(そうかん)は、荒木田守武(もりたけ)らとともに俳諧連歌を確立しました。彼が編集した連歌集を『犬筑波集』といいます。

教育では、お寺での教育が盛んになって、庶民教育には往来物が使われます。往来物とは手紙のことです。『**庭訓往来**(ていきんおうらい)』が代表的で、庭訓とは家庭の訓戒という意味です。また、この時代の辞書といえば『節用集』。江戸時代まで使われていました。

上杉憲実(のりざね)が**足利学校**を下野国に再興したのもこの時代です。その後、宣教師たちは足利学校を「坂東の大学」と呼んで広め、明治時代の初期まで学校としての機能を果たしました。

和歌の世界では、このころ妙なことが起こりはじめたんですね。例えば『古今和歌集』の歌の中にある特定の語句の意味を内緒にして、特定の人にだけそのことばの意味をそっと伝えていくという妙な、あやしげな風潮がこの時代に生まれたんです。ある歌の意味が、今までこんなふうに伝えられていたけれど、ある人が、この歌のことばの本当の意味は、実はこういう意味だと、特定の個人に伝える。その個人がまた、特定の別な人に伝える。これを**古今伝授**(こきんでんじゅ)といいます。はじめたのは東常縁(とうのつねより)という人です。その結果、和歌の世界は閉鎖性を帯びるようになりました。

有職故実では、儀式の研究書として一条兼良(いちじょうかねよし)が『公事根源(くじこんげん)』を著しています。ちなみに、一条兼良には足利義尚(よしひさ)の諮問に答えた政治意見書『樵談治要(しょうだんちよう)』などもあります。

さて、応仁の乱で京都の町が焼け野原になったために、京都に住んでいた文化人や僧侶・学者、こういう人びとが地方に安住の地を求めて、下向します。

例えば、桂庵玄樹(けいあんげんじゅ)は、肥後の菊池氏や、薩摩の島津氏のもとに下って儒学を講義し、その門流は後に薩南学派と呼ばれました。

出版物では、道祐が開版したといわれる『正平版論語』があります。また、阿佐井野宗瑞が刊行した『医書大全』。これは医学書として出版された最初のものです。

文学・著作では、**御伽草子**と呼ばれる庶民に夢を与える短篇物語がブームになりました。『一寸法師』『酒呑童子』『文正草子』『物ぐさ太郎』『浦島太郎』などがあります。

また、神本仏迹説の立場から、鎌倉時代には度会家行によって伊勢神道が生まれましたが、室町時代には吉田兼倶が唯一神道を唱えました。

室町時代の芸能では、室町後期に『閑吟集』という小歌集が編纂されています。

それから、越前国の幸若太夫一派の舞がおこります。これが**幸若舞**。また、華美な飾りものをつけて踊る舞い、風流も盛んになりました。

茶道は闘茶の世界から、**侘び茶**という芸道に発展しました。奈良の村田珠光が侘び茶を始め、武野紹鷗に受け継がれ、やがて安土桃山時代に千利休によって大成されました。

華道の世界では池坊華道が有名です。池坊専慶にはじまり、専応に受け継がれ、専好によって確立されました。

その他、香道も発達し、香の匂いを嗅ぎ分ける聞香なども盛んになります。聞香のための集りを香寄合といいます。

安土桃山時代……近世的な新秩序の基礎がここに確立

戦国時代の混乱から一歩リードした織田信長は、全国統一に先鞭をつけ、古代・中世的な秩序の崩壊を通じて近世的新秩序の確立に努めます。そしてその後、豊臣秀吉がその政策を継承し、近世的知行制度や身分制度の基礎を確立させました。

しかし、文禄・慶長の役をきっかけに、秀吉政権は根底から動揺。秀吉の死後、五大老・五奉行間の勢力的・構造的矛盾が、一六〇〇年の関ヶ原の戦いに発展していくのです。

❖……織田信長という武将の魅力とは？

安土桃山時代は**織田信長**と**豊臣秀吉**の時代ですが、信長の時代は本能寺の変までで、その後は秀吉の時代です。

織田信長という男は、戦国大名の一人として〝天下統一レース〟に先鞭をつけ、またレースに一着でゴールインした男です。

居並ぶ戦国諸侯の中で天下を統一するためには、それなりの条件が必要でした。どうすれば当時天下が取れたのかという問題ですが、それには四つの条件があります。

①軍事力、②経済力、③地の利、④支配者としてのパーソナリティ、です。

まず、第一の条件の**軍事力**。何といっても、それぞれの戦国大名は軍事的に威勢を張り、強兵をバックに抱えていないと天下取りはできません。

第二は**経済力**です。強い軍勢をつくり上げるだけの経済力がないといけない。経済的な面では、どうしても先進地帯を支配している者が有利です。これは、米がとれるから。その米を食べて、戦国大名も家臣もエネルギーにするわけです。

よく食糧事情が歴史を変えたという話があります。源平の争乱でどうして平氏が敗れて、源氏が勝ったのか。これを食糧の面で考えると、当時の平氏はちょうどオードブルみたいなものしか食べていなかった。源氏は坂東武者といって東国をベースとしていますから、米が主食となっていました。そういう体力的な差、つまり食糧による差があったということがよく指摘されています。したがって、経済的には先進地帯を支配している大名のほうが有利だったことは確かなのです。

第三は**地の利**です。政治・経済の中心を押さえるためには、地理的に京都に近いこと、つまり京都に上ることが必要だったわけです。古代、中世にわたって、京都は日本を代表する大都市の一つですから、どうしても地理的にここを押さえる必要がありました。

九州の大名がはるばる京都に上るまでには、何人もの大名と戦を交えなければなりませんが、京都に近いところの大名は二、三人の大名と交戦するだけですみます。軍事的なエネルギーの浪費を抑えるという面からも、地理的に京都に近いというのが一つの条件になりました。

第四というのは、最終的には個人的な条件が必要だということ。それが、支配者としての**パーソナリティ**です。

京都に入って、おれが天下を取ったといっても、周りの大名が自分についてくるかどうか。だから、人間的にも新しいユニークな個性が必要となる。つまり、乱世に生きる男として画期的な人間性が求められるわけです。

この四つの条件をくまなく満たしたのが信長だったというわけです。

信長が天下統一レース第一位でしたが、その天下統一に際して使った文句は「**天下布武**」です。そういうハンコをつくっています。

われわれが戦国の動乱期のような時代の転換期の本を読むときに興味があるのは、そこに登場する人物の個人的条件としての人間性です。信長という男は、いったいどういう男でどういう政策をとっていったか。一言でまとめると「古代中世的諸秩序をみな否定していく。そして、いったんローラーをかけたうえで新しいものをつくり上げていく」。つまり、新体制を求めて、まず古い体制を解体するところから、彼の政策ははじまるわけです。

そして信長は安土の城下に摠見寺（そうけんじ）という寺をつくりました。この寺にお参りをすれば、商売をやっている人はますます儲かるし、一般の人びとも長生きできる。こういうご利益があるということを、この寺への参詣を通して人びとに確かめさせようとしたんです。

信長は、摠見寺に神仏を全国から集めてきます。一つの空間に神仏を集めて、信長は何をやったかというと、神仏に自分を拝ませたんです。そこが新しい、面白いところですね。いままでの政治のリーダーは何らかの格好で神仏にすがっていたわけでしょう。聖武天皇もしかり。鎮護国家といって、仏の力を頼りにしながら地上の解決に乗り出したわけです。ところが、信長は自分を拝ませた。いままでの価値観は全部否定されています。

ここが、新しいパーソナリティとして戦国時代に生き抜いた男の中でひときわ輝いていた一面なんです。

こういう考え方を持っていたから、信長は既成の権威つまり天皇にも将軍にもなろうとせず、形の上では右大臣というポストにとどまりました。どうしてならなかったのかというと、彼の強い自負の気持ちが他の権威に頼ることを許さなかったからなんです。

それでは信長の台頭する過程を整理してみましょう。

❖……天下統一を目指した信長の戦い

信長は一五六〇年に東海の雄、今川義元を**桶狭間の戦い**で破って、頭角を現していきます。桶狭間の戦いは信長台頭の突破口となった事件でした。

信長はさらに一五六七年には美濃の斎藤氏を滅ぼします。

そして、一五六八年、**足利義昭**を奉じていよいよ京都に入るわけです。京都に入るためには大義名分が必要ですから、足利義昭を利用します。義昭を奉じて入京し、将軍に立てました。ここに信長の権謀術数、策略が見え隠れしています。

こうして全国統一を実現させようという信長にとって、強敵がいました。一つは一向宗、浄土真宗の勢力で、もう一つは延暦寺でした。

当時浄土真宗は一向一揆を組むことが多かったので、権力者とはつねに対立する関係にありました。信長は一向宗の力、そして古代中世的な権威をもっていた**比叡山延暦寺**をいわば目の上のコブと考え、これらをつぶしていこうとします。

一五七〇年には**姉川の戦い**を起こして、北近江地方を支配していた浅井長政と越前の朝倉義景の連合軍と対陣し、勝利を収めます。

また、この一五七〇年は浄土真宗の石山本願寺との抗争に突入した年でもあります。

そして、一五七一年には浅井・朝倉軍を支援した比叡山延暦寺を焼き打ちにします。こうして信長にとって目の上のコブだった浄土真宗と仏教界の古代中世的権威、天台宗の延暦寺の二つを打ち破ることになったわけです。

このように、仏教に対しては徹底的な弾圧を加えた信長ですが、伝来した新しい教え、キリスト教に対しては、これを保護するという姿勢を見せています。

一五七三年には足利義昭を京都から追放して、室町幕府を倒しました。**室町幕府滅亡**です。

信長には権謀術数が見え隠れするといいましたが、一つの目的を実現するときに必要なものはことごとく手に入れ、それが邪魔だ、もう要らないと思った瞬間に容赦なく蹴飛ばすというのが、信長のやり方です。

京都に入るために足利義昭を奉じて、これを大義名分とする。ところが、次の段階で自分の構想を実現する際に義昭の存在がどうも邪魔になると思った瞬間、わずか五年後の一五七三年に義昭は京都を追われ、室町幕府はつぶれるわけです。

こういう仮借のなさが、戦国乱世を生きぬいたこの時代の政治家としての信長の一つの魅力に映ったことは間違いありません。

その後一五七五年には、**長篠の戦い**で信長は徳川家康とともに武田勝頼（かつより）と対陣し、武田の騎馬隊を破りました。長篠の戦いは、鉄砲の威力を十分に見せつけた事件として知られています。

そして、一五七六年には五層七重の天守閣をもつ**安土城**をつくり始めます。

ところが、一五八二年に信長は統一事業の志半ばにして、武将の明智光秀によって本能寺に倒れ、自刃してしまうんです。これを**本能寺の変**といいます。どうして明智光秀が信長を自刃に追いつめたのかというあたりは、学者によって、また一般の歴史家によって、あるいは作家によって説はたくさんあって、定説はありません。

❖……信長が行った国内政策とは？

さて信長はいったいどういうことをやったのか。信長の具体的な政策を見ていきましょう。

信長が行った土地政策は、**指出検地**（さしだし）と呼ばれます。戦ごとに征服した相手方の領地を自分の領地に編入させていくわけですが、いちいちそれをレポートして差し出させました。だから、指出検地というんです。

これは信長だけでなく、戦国大名も行っていました。指出検地は、その都度行ったので、部分的で、しかも全国一斉にではないわけですから、不統一なものであり、地域的に行われたものであるということができます。

中世的な交通秩序としては、関所を設けて関銭を徴収していましたが、信長は**関所を撤廃**して商品の自由な流通をめざしました。

中世的な商業の秩序には座がありました。座というのは商工業者の同業組合でしたが、その特権を否定するために、信長は**楽市・楽座**政策をとるわけです。楽市・楽座というのは商工業者の特権を奪い、新規の商人の自由な営業を認めるものでした。

なお、信長は重要都市を直轄化しました。例えば草津、大津、堺です。堺には矢銭（やせん）二万貫を課しました。矢銭とは軍資金のことで、堺の住民は抵抗しましたが、結局、信長に屈服し、従来の自治を奪われてしまいます。

貨幣については、まだ統一貨幣は生まれていませんが、室町時代から見られた、良質の銭だけを選ぶという行為を禁止する撰銭令を出しています。

外交政策は、一言でいって不十分です。国内統一に全力を注いでいますから、とても外交までは手が回りませんでした。せいぜい倭寇禁圧ぐらいですが、信長時代に派遣された**天正遣欧使節**（てんしょうけんおう）について簡単にまとめてみましょう。

時期は一五八二年から一五九〇年まで。これを勧めた宣教師がアレッサンドロ＝ヴァリニャーニで、四人の少年たちを派遣したのが、九州のキリシタン大名である大村純忠（すみただ）、大友義鎮（よししげ）（宗麟）、有馬晴信です。

彼らはゴア・リスボンを経てローマに到着。グレゴリオ十三世に謁見しました。しかし、少年らが帰ってきたときはすでに秀吉によってバテレン追放令が出された後だったので、この四人はあまりいい思いをしませんでした。

❖……秀吉の全国制覇の第一歩は山崎の戦い

秀吉の台頭過程からまとめてみましょう。

本能寺の変のとき、信長に仕えていた秀吉は備中高松城で毛利氏と対陣中でした。信長の異変を聞き、いったん毛利氏と講和して、秀吉は引き返します。そして、一五八二年、明智光秀を**山崎の戦い**で討ってとるわけです。この戦いが、秀吉が台頭する端緒となりました。

山崎の戦いの翌年、一五八三年には柴田勝家を近江の**賤ヶ岳**（しずたけ）**の戦い**で破ります。そして、一五八四年、**小牧・長久手の戦い**で徳川家康、織田信雄（のぶかつ）らと対陣しますが、間もなく和睦します。その後、一五八五年には四国の長宗我部氏を、さらには一五八七年、九州の島津氏を平定します。

そして、一五八七年、博多に帰陣した直後に、秀吉は突然**バテレン追放令**を出します。バテレン追放令はあくまでも宣教師の追放を命じたものであって、キリスト教禁止令ではありません。宣教師は二〇日以内に帰れ、といっているものです。

一五九〇年、小田原の北条氏政を平定し、さらに奥州の伊達氏を服属させます。ここに豊臣秀吉の全国統一が実現しました。

❖……豊臣政権の衰退を早めた事件とは？

次は**文禄・慶長の役**です。これは、一五九二年と一五九七年の派兵ですが、本陣は肥前の名護屋に置かれました。この戦は、明征服を目的にした秀吉が朝鮮にその先導役を命じたんですが、拒否されたことが引き金になりました。

一五九二年、加藤清正や小西行長（ゆきなが）を先鋒として、朝鮮に兵を進めましたが、李舜臣（りしゅんしん）・李如松（じょしょう）らの軍略にはばまれてしまいます。そのため、いったん講和がもたれます。これが文禄の役です。その後、講和内容を不服として、さらに二度目の出兵が行われます。これが慶長の役で、一五九七年です。しかし、文禄・慶長の役は、結果的に豊臣政権の衰退を早めることになりました。結局は失敗に終わります。

この朝鮮侵略において、秀吉自身は朝鮮に渡っていないことに注意してください。

❖……都市や鉱山を直轄化し、初の統一貨幣を鋳造

秀吉政権を支えた経済基盤を見てみましょう。

財源としては直轄地があって、そこから上がる収益がありました。この直轄地を**蔵入地**と呼んでいます。時代によって直轄地の呼び名は違います。室町幕府は御料所といい、秀吉の場合は蔵入地、江戸幕府は天領といいました。

その蔵入地、約二二〇万石から上がる収益、直轄化した諸鉱山から上がる収益、それから、直轄地にしている都市から上がる収益、こういったところに財政基盤が置かれていました。そして大都市の商人の力をうまく政治に利用したんです。

次に貨幣にいきます。豊臣秀吉の時代になって、いよいよ**統一貨幣が鋳造**されることになりました。有名なのが**天正大判**です。この天正大判は流通用ではなくて、贈り物に使われたお金でした。流通用にしては大きすぎるから、使いにくい。贈答用だったのです。

❖……太閤検地、刀狩りなどを実行

秀吉の政策といえば、まず一五八二年からの**太閤検地**があります。従来実施されてきた指出検地と違い、今度は検地奉行を派遣して六尺三寸の統一基準の竿で全国的に実施されました。六尺三寸四方を一歩、三〇歩を一畝、一〇畝を一段、一〇段を一町に改めた。つまり一段は三〇〇歩となったわけです。

そして土地には上・中・下・下々と四等級をつけ、上田からは一段あたり一石五斗の収穫が、中田からら段あたり一石三斗、下田からは段あたり一石一斗という具合に、段あたりの生産量を見積りました。この見積り収穫高のことを石盛（こくもり）といいます。

だから、例えばそのような上田が全部で五段あったとしたら、一石五斗×五段で全体の生産量が出てきますね。この場合だったら、計算すると七石五斗という全体量が出ます。この全体の収穫高を**石高**（こくだか）といいます。

そのほか、従来の荘園公領制下で見られたような土地に対する複雑な権利関係を一掃して、もちろんそこに見られた中間搾取も否定して、一つの土地に一人の作人、というきわめてシンプルな構造に改めました。この新しいシステムを**一地一作人の原則**と呼び、農民は検地帳に登録されることになって、耕作権を保証されるかわりに、土地にしばられることになったわけです。

年貢率は二公一民、つまり収穫の三分の二が税として徴収されたといわれていますが、実際は領主との力関係で決まっていました。これが歴史の内実なんですよ。

そして、秀吉は当時対立していた諸大名に、停戦を呼び掛けて平和の実現を図ろうとしました。この一五八七年に出された停戦命令を**惣無事令**（そうぶじれい）といいます。だからこそ、それに抵抗姿勢をみせた島津氏がおさえこまれてしまったわけです。

その後、一五八八年に**聚楽第**（じゅらくだい）に後陽成天皇を迎え、その前で諸大名に天皇と秀吉自身に対する忠誠を誓わせました。

そのほかに、秀吉の事業としては**刀狩り**があります。

全国統治のためには一揆の発生を抑える必要がありました。同時に、**兵農分離**を実現させるための政策が一五八八年の刀狩令です。それまでは兵農未分離の状態で、一人の人間が右手に鍬、左手に刀を持っていました。ここでそういう時代に終わりを告げることになります。

兵農分離とは、一人の人間に兵か農かどちらかを取れと、半ば強制的に二者択一を迫るわけです。要するに刀狩りは武器没収政策です。では刀狩りを行う際に、農民に何といったのか。「京都のあるお寺の大仏をつくる。その材料にするから武器類を出せ」といったのです。「ある寺」とは京都の方広寺という寺のことですが、方広寺の大仏そのものは木像でした。農民に対する本音と建て前の論理が極めてはっきり出ているところですね。

一五九一年、秀吉は**身分統制令**を出して、武士の転業などを禁止して**身分の固定化**を図り、兵農分離、商農分離の措置を法の上できちんと定めました。

この政策によって、江戸時代に見るような近世的な身分制度の基盤が確立します。これは非常に重要な意味をもっていて、それゆえ、豊臣秀吉の政治は江戸時代をつくるための準備ということになるわけです。つまり、近世知行制度の基礎が検地によって固まり、刀狩りと身分統制令によって、士農工商という近世的な身分秩序の基礎が固まったというわけです。

さらに一五九二年、関白秀次は朝鮮侵略のための兵力準備の意図もあって人掃令を出し、全国の戸口調査を命じています。

次に宗教の面を見てみましょう。

信長の政策と正反対なのがこの部分で、仏教に対しては彼は懐柔政策をとりました。そして、信長が保護したキリスト教に対しては弾圧とまではいかないまでも、禁圧の政策をとっています。

もう一度、検地の意義をまとめると、従来の複雑な重層的「職（しき）」と呼ばれる土地に対する権利体系を崩壊させ、荘園公領制を否定したこと。また、それまでの貫高（かんだか）制による所領の大きさの表し方から石高制に転換し、その土地からどれだけの収穫があるか、生産高による表示方法をとったこと。その意味で、太閤検地を**天正の石直し**ともいうわけです。

では、最後に**五奉行・五大老**について。

秀吉政権を支えたのは五奉行です。五奉行は浅野長政、石田三成（みつなり）、前田玄以（げんい）、長束正家（なつか）、増田長盛（ました）です。さらに五大老は徳川家康、前田利家、毛利輝元、宇喜多秀家、小早川隆景、そして小早川隆景の死後、上杉景勝が入ります。

最後に公定枡として京枡が制定されたことをつけ加えておきましょう。

❖……新興大名や町衆に担われた桃山文化とは？

安土桃山時代の文化に入ります。この時代の文化は単に**桃山文化**と呼びます。この文化は、新興大名や町衆が担い手となりました。

そして豪華絢爛たる文化で仏教色が少ない。仏教色が薄れたのは、信長の仏教弾圧があったからです。また、今まではなにかといえばあの世、つまり極楽浄土を思い描く来世主義でしたが、こんどは現世で、生きた身のままで利益を追いかけよう、幸せになろうとする現世主義世界観が芽生えてきたからです。価値観の大転換で、これを〝日本のルネサンス〟ということもあります。

さらに、娯楽の文化が盛んになり、「生活文化」としての性格が強くなります。

❖……大規模で華麗な城郭建築と茶室建築

建築では、それまでの寺院に代わって城郭が中心となります。城というのは、新興大名、戦国大名も含めて、大名の住宅兼職場です。安土城、大坂城、伏見城、姫路城などいろいろありますが、そのお城の中で一番高いところにある望楼、つまり展望が一番良い楼閣を**天守閣**といいます。最古の天守閣をもつ城は、犬山城です。

さて、一五八八年に後陽成天皇が行幸したのが**聚楽第**（じゅらくだい）。その遺構といわれるのが、西本願寺飛雲閣と大徳寺唐門です。

それから、茶室建築では千利休の設計になるといわれる二畳間の妙喜庵待庵（みょうきあんたいあん）があります。妙喜庵というお寺の境内に待庵という茶室がつくられました。

❖……障壁画が発達し、各地で焼き物がはじまる

それから、絵の世界です。桃山時代になると、絵画は家の中の調度品、例えば屏風や襖、天井といったようなところにも描かれるようになります。そのような絵をひっくるめて**障壁画**と呼びます。その代表的な手法である金碧の**濃絵**（だみえ）は、肉厚に描いた絵のこと。これは狩野永徳（えいとく）が発明したといわれています。

狩野永徳の作品には『唐獅子図屏風』と『洛中洛外図屏風』などがあります。

さて、朝鮮侵略の際、朝鮮から多くの陶工が連行されました。そして、各地に新たに工芸として焼物がはじまったわけですが、肥前鍋島氏のもとで**有田焼**がつくられました。この有田焼をはじめたのは、李参平（りさんぺい）という人です。有田焼は後に国内外に多く積み出され、伊万里港から出荷されたので、**伊万里焼**とも呼ばれます。

薩摩焼は島津氏、萩焼は毛利氏、高取焼は黒田氏のもとで、それぞれ製作されました。

❖……印刷技術の伝来で、さまざまな本が出版

出版・印刷の世界では、桃山時代に**活字印刷術が伝来**しました。ポイントは、活字印刷術が二つの

ルートで伝来したということです。まずはヨーロッパから伝わった、欧州ルート。これはヴァリニャーニが伝えたものです。それからもう一つが、朝鮮から伝わった朝鮮ルートです。

ヴァリニャーニが伝えた印刷術で完成した出版物といえば『天草版平家物語』や『天草版伊曽保物語』があります。後者は『イソップ物語』の当て字。「天草版」と頭についているけれども、これは出版地の名前をとってるわけです。

それから『どちりな＝きりしたん』。これは、キリスト教義と問答を集めたものです。『ぎゃ＝ど＝ぺかどる』という教訓書もあります。『日葡辞書（にっぽじしょ）』は日本語をローマ字で記して、ポルトガル語で解説した辞書です。長崎で版行されました。

朝鮮からのルートで伝わった印刷術で版行された本を古活字本といいます。特に江戸時代の初期、後陽成天皇の命令で版行された本なので、時の年号をとって、慶長版本というい方をするんです。

また教育関係では、キリスト教関係の教育機関として、学校がつくられました。**セミナリオ**と**コレジオ**です。

セミナリオは、日本人にキリスト教教育をした神学校です。コレジオというのは、宣教師を養成した学校ですが、残念ながら日本人の宣教師は一人も生まれませんでした。セミナリオが置かれた場所は安土と有馬、コレジオは豊後府内です。

❖……千利休、出雲阿国が登場し碁や将棋の名人も

すでに村田珠光から武野紹鷗（じょうおう）に受け継がれていた**侘び茶**は、**千利休（せんのりきゅう）**によって大成されました。そして、さまざまな人がお茶をするようになります。武士では古田織部や織田有楽斎（うらくさい）など。商人では今井宗久（そうきゅう）と

津田宗及たち。そして、豊臣秀吉が一五八七年、北野大茶湯、つまり北野の森で大きなお茶会を催し、貴賤に関係なく人びとをたくさん集めました。

芸能の世界では、**出雲阿国**が北野神社で念仏踊りを行い、これが後に**阿国歌舞伎**に発展していきました。出雲阿国は出雲大社の巫女といわれます。出雲阿国が最初から阿国歌舞伎を始めたのではなくて、はじめは念仏踊りだったようです。

それから碁・将棋の世界に名人が出ます。

碁の名人は**本因坊算砂**。本因坊なんていういい方からして碁の世界の人だとわかりますね。

将棋の世界では、**大橋宗桂**。大橋宗桂の〝桂〟という字は、もともとは〝慶〟という字を書きました。ところが、この人は桂馬の使い方が非常に上手だったということで、宗慶の〝ケイ〟を、あえて桂馬の〝桂〟という字に書き改めたのです。

将棋そのものは、すでに鎌倉時代には行われていました。当時宿直として泊まっていた武士たちが、時間つぶしに将棋をさしたであろうことをうかがわせる将棋の駒が、鎌倉幕府の跡からもうすでに出ているんです。

楽器では、琉球から蛇皮線が伝来しました。ところがそのころの日本には、弦楽器といえば琵琶ぐらいしかなかった。その琵琶のバチでベンベンやって、この蛇皮線を壊してしまったんですね。そこでこの蛇皮線を改良して、三味線をつくりました。そして、この三味線を伴奏として、**浄瑠璃節**が語られたわけです。

❖……現代の生活習慣の源流

今のわれわれの生活の源流は、室町後期から桃山時代にあると考えられています。衣食住の面でも、だんだん今の生活に近づいてきました。

まず衣の世界では、**小袖**。小袖といえば桃山、桃山といったら小袖です。

食生活では、一日三食の風が定着しました。

生活面では、二階建ての住居・瓦屋根がふえてきました。このように現在の生活に近づいてくるわけです。

江戸時代前期……江戸幕府の幕開けから家継まで

関ヶ原の戦いで大勝した徳川家康によって、一六〇三年、江戸幕府が開かれます。三代将軍・家光のころには、兵農分離・石高制・鎖国制を三本柱とする幕藩体制が確立。五代将軍・綱吉のころには農業をはじめ諸産業が発達し、交通・運輸の発達にともなって、流通網が全国的に整備されました。また江戸時代中期には、上方を中心とする町人文化が栄え、「憂き世」から「浮き世」へと時代精神も大きく転換しました。

❖……幕藩体制とはなんだったのか？

江戸時代という社会は、一言でいうと幕藩体制という言葉で表現できます。

幕藩体制の〝**幕**〟は中央の幕府という意味で、〝**藩**〟は地方の大名権力です。藩にはそれぞれ大名がいて藩政をとっていますから、幕府と藩は地方分権的でありながら、全体としては中央集権のスタイルをとって結びついているということです。藩は幕府の方針に違反しない限り、独自の**藩法**を制定することができました。

この幕藩体制を支えた三つの柱に、経済的な柱、社会的な柱、外交的な柱があります。一つめの経済的な柱は、**石高制**（こくだか）というものです。それは、土地の広さをそこからとれる米の量で表す方法で、秀吉の太閤検地によってつくられた新しいシステムです。

二つめは社会的な柱で、**兵農分離**。つまり、兵と農を分けたということです。秀吉以前は、一人の人間が右手に鍬、左手に刀を持っていた時代で、戦時には刀を優先し、戦のないときには農業をしていました。しかし、鍬と刀を分けて、きみは農になるか兵になるかと、秀吉はなかば強制的に二者択一を迫ったわけです。その結果、兵と農という身分がしっかりと分かれました。

兵農分離について、もう少し突っ込んでみましょう。兵は武士で都市、つまり城下町で生活しています。農は農民だから農村で生活し、農村で一生を過ごします。つまり、職業だけではなくて居住空間も限定されていたわけです。そして、農民は農村で米をつくるという生産経済を営んでいます。一方、武士は都市で農村からの米を買って生活するという消費経済を営んでいます。言葉を換えれば、農村では**米経済**、都市では**貨幣経済**の歯車が回っているということです。

封建社会であるはずなのに、二つの異なった経済構造を内包したまま江戸時代はスタートし、この構造的矛盾は徐々に露呈していきます。だからこそ**幕政改革**が必要になったのです。

三つめが外交上の柱で、これが**鎖国制**です。これについては、後でくわしく見てみましょう。

❖……家康・秀忠による江戸時代の幕開け

徳川家康は松平広忠の長男として生まれ、織田信秀や今川義元の人質として暮らしたこともあります。豊臣政権下、その家康が関東に入封（土地を与えられ、そこに赴くこと）したのは一五九〇年、二五〇万石の大名になりました。

家康は一六〇三年、後陽成天皇から**征夷大将軍**に任命されますが、その三年前、一六〇〇年に、**関ヶ**

原の戦い、いわゆる天下分け目の戦いがありました。この戦いで家康ら東軍は**石田三成**らの西軍（盟主は毛利輝元）と対峙するわけですが、小早川秀秋の徳川方への寝返りによって勝敗が決し、三成方は惨敗します。

勝った家康は征夷大将軍の地位を得た後、全国の支配者たる証として**国絵図**と**郷帳**の作成を命じました。郷帳とは石高を国単位にまとめた台帳のことです。

こうして征夷大将軍に任命されていながら、家康は二年後の一六〇五年には早々と将軍職を子（三男）の**秀忠**に譲って、自分は**大御所**として駿府（静岡）に引きこもります。そして体制全体を総括的に見ていこうとしたわけです。これを**駿府政権**と呼びます。

一六〇五年、将軍職を譲られた秀忠は江戸で体制全体を軍事的に統括していきます。こうした江戸初期の、大御所の家康と将軍の秀忠という、頭が二人いるような格好でスタートした体制を**二元政治**といいます。

一六一四年と一六一五年の二度にわたり、旧豊臣氏の勢力が**大坂冬の陣**、**大坂夏の陣**で敗れました。この二つの戦いをへて、秀吉の子**秀頼**とその母淀君は焼け落ちる大坂城と運命をともにし、旧来の豊臣方の勢力が完全に没落します。

さて、この大坂の陣の引き金になったのが、京都の方広寺（秀吉が創建、秀頼が再建した寺）という寺の鐘に刻まれた字句をめぐる問題です。この鐘には、「**国家安康、君臣豊楽**」という言葉が刻まれていました。家康はこの言葉に、「国家安康」と家康の字が家と康に分断されているのは首と胴を切り離そうという意味ではないかとクレームをつけたんですね。これを方広寺**鐘銘事件**といいます。

こうして起こった大坂冬・夏の陣で豊臣方の勢力は一掃され、ようやくここに平和な時代が訪れることになりました。これを元和偃武と呼びます。元和元年をもって大規模な武力の行使は偃んだということを示す言葉です。

やがて次の**家光**の時代に移ります。家光のころには、今までの家康、秀忠以来の諸制度や幕藩体制の職制などが固まっていきます。幕藩体制の制度的確立をみたのが、家光の時代でした。

❖……江戸時代初期、幕府と外国とのお付き合いは？

江戸時代の初期において、幕府は中国や朝鮮などと、どんな交渉をしていたのでしょうか。

①対中国外交

当時、中国はまだ**明**という国で、海禁政策をとっていました。一種の鎖国政策をとっていた中国と付き合うには、日本の船は堂々と中国の港に入っていくことはできないため、**出会貿易**という形を取っていました。これは日本の朱印船と明の船が領土外で取引することで、ルソン（現フィリピン諸島の中で最も面積の広い島）、コーチ（交趾、現ベトナム中南部）というような場所で行われていました。

②対朝鮮外交

朝鮮とは文禄・慶長の役という秀吉の二度にわたる朝鮮侵略の後ですから、緊張状態が続いていました。そのような中で家康は朝鮮との外交修復に努め、最初の朝鮮使節が一六〇七年にやってきます。この使節を**通信使**と呼びます。

そして一六〇九年、朝鮮との間に**己酉約条**（慶長条約）を結び、**対馬の宗氏**を仲介として朝鮮との通交を回復することになります。

③対英蘭外交

関ヶ原の戦いに参加した主な大名

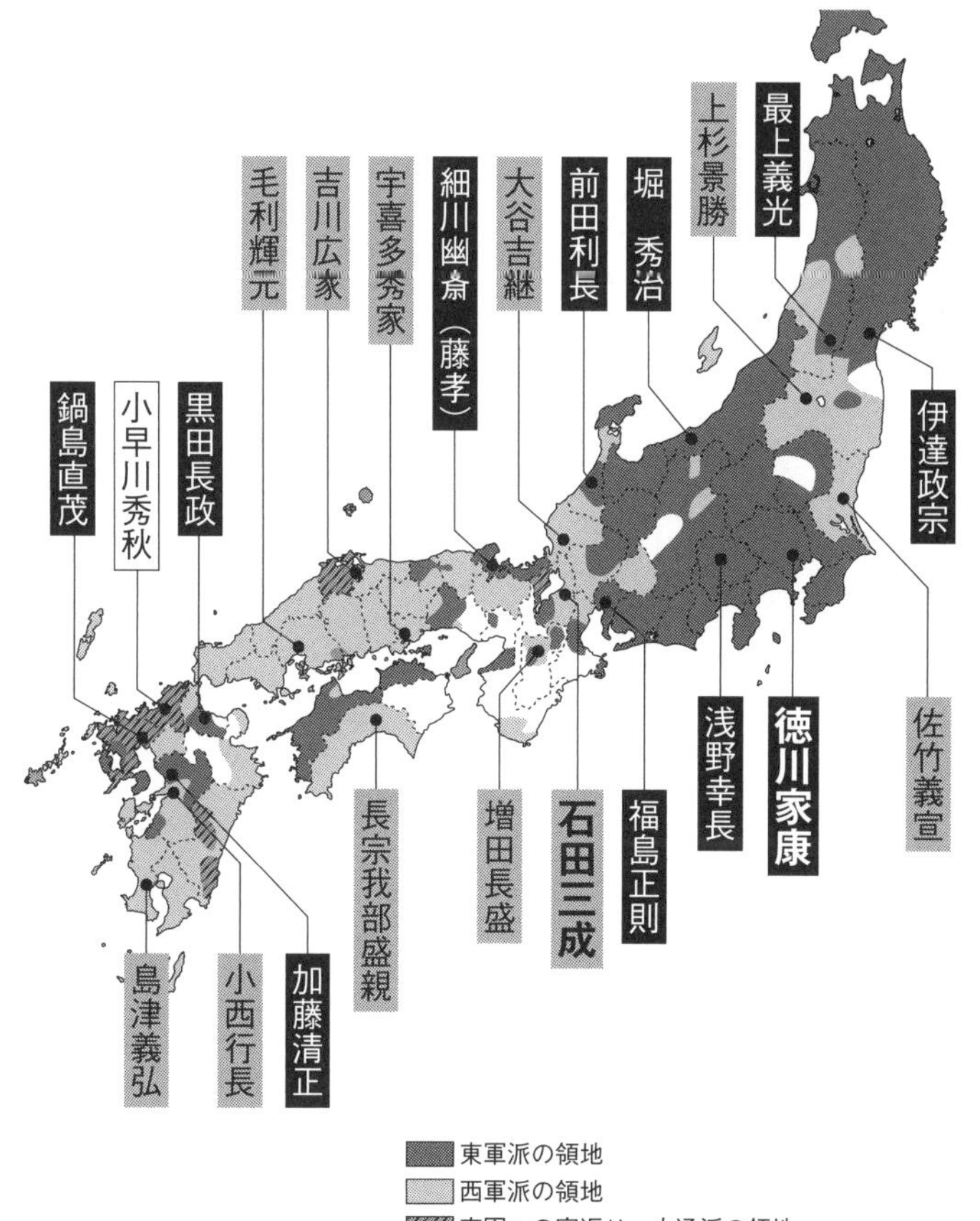

イギリス、オランダとの付き合いを見てみましょう。一六〇〇年に、リーフデ号というオランダのロッテルダムの東方貿易会社の探検船が豊後国の臼杵（うすき）湾に漂着します。この中に乗り組んでいたのは、水先案内人の**ウィリアム＝アダムズ**というイギリス人とオランダ人航海士の**ヤン＝ヨーステン**でした。この二人は幕府から保護されて、ウィリアム＝アダムズは三浦半島に領地をもらったため、日本名を**三浦按針**（あんじん）と名乗ります。一方のヤン＝ヨーステンは日本名を**耶揚子**（やようす）と名乗ります。二人は、ともに家康の下で外交顧問として活躍することになりました。

当時、イギリス人、オランダ人のことを**紅毛人**（こうもう）と呼んでいましたが、これに対して、それ以前、東洋貿易を主導していた国、ポルトガル、スペインの両国人のことを**南蛮人**（なんばん）と呼んで区別していました。

このように、家康の外交は善隣友好的な平和外交だったんです。

④対琉球外交

琉球に対しては一六〇九年、**島津家久**（しまづいえひさ）による武力征討が行われました。これは家康の許可を受けての話で、このとき、捕えられた琉球国王は**尚寧**（しょうねい）です。それ以後、与論島（よろんじま）以北が島津氏領となり、その後、幕府で将軍が交代するごとに琉球から祝いを述べに**慶賀使**（けいがし）が江戸に来るようになりました。

もう一つの使節がいます。**謝恩使**（しゃおんし）です。これは琉球王が代わったときにその旨を伝えに来た使節です。慶賀使・謝恩使あわせて一八回来口し、そのときは必ず島津氏も同行しました。しかし、その後も琉球は中国の属国という立場を守っていたために——これを**日清両属**といいます——明治初期になると、清との間で琉球帰属問題に発展することになりました。

⑤対ポルトガル外交

ポルトガルは東洋貿易を行ううえで、中国南部にある**マカオ**を拠点としていました。

当時ポルトガルは、白糸と呼ばれる中国産の生糸を日本に転売し、たいへんな利をあげていました。幕府は、なんとかしてその利益を自分に回そうと考え、輸入生糸の貿易統制として、一六〇四年に日本人側に有利な取引きを行うようにしたシステム、**糸割符制度**を設けました。

はじめは長崎・堺・京都の三か所商人（三都商人）がこの適用を受けたんですが、後に大坂と江戸が加わり、**五か所商人**といわれる五つの都市の商人がこの制度の適用を受けました。

ポルトガルは糸割符制で打撃を受けたほかに、もう一つ、軍事上の打撃を受けてしまいます。それが一六一〇年に起きた**マードレ＝デ＝デウス号事件**で、オランダや朱印船に奪われた貿易の利益を取り戻そうと、船が長崎湾内に進入した際、有馬晴信によって撃沈されたというものです。

⑥対スペイン外交

スペインが東洋貿易を行う際に拠点としたのは**マニラ**（現フィリピンの首都）です。

一六〇九年に、前ルソン総督ドン＝ロドリゴの船が上総（今の千葉県中部）に漂着しました。家康はそれに対して手厚い保護を与えます。

そして翌年、ロドリゴを送らせがてら京都の商人田中勝介をノビスパンに派遣したんですね。ノビスパンとは現在のメキシコで、当時はスペイン領でした。

田中は通商要求と鉱山技師の派遣を求めて渡航したんですが、翌一六一一年に、その交渉は失敗して帰国します。このとき同時にやってきた答礼使がビスカイノです。この人物は、日本の南太平洋上にあるといわれていた〝金銀島〟の調査と、その採掘がどうやらねらいだったということで、家康は彼を冷遇します。

その後一六一三年、伊達政宗の命で家臣の**支倉常長**がヨーロッパに派遣されることになりました。これが**慶長遣欧使節**で、そのとき同行したのが宣教師ルイス＝ソテロです。

❖……「朱印船」に積まれた品物は？

江戸初期には**朱印船貿易**が行われました。海外に渡航する船に対して与えられた許可証を朱印状といい、朱印状を携帯した船を朱印船と呼んだんです。この朱印船貿易は家康によって整備されました。当時日本から輸出されたものは**銀**で、輸入されていたのは**生糸**です。

近世初期の貿易では、例えば日本から朝鮮に銀が輸出され、朝鮮は銀を持って中国に行き、生糸を買います。そして、その生糸が日本に売られるわけです。近世初期の貿易というのはこういう形の貿易で、**シルクロード**と**シルバーロード**によって結ばれていたということになります。

では、朱印船貿易を行った商人たちにはどんなメンバーがいたのでしょう。京都で押さえておきたいのは、角倉了以。この人は国内河川の開発事業に功を奏した人でもあります。それから茶屋四郎次郎です。摂津の平野では末吉孫左衛門。長崎では末次平蔵、荒木宗太郎です。その他に大名では、松浦鎮信・有馬晴信・島津家久らがいました。

さて、朱印船貿易の時代に日本人の南進ブームが盛んになります。そのような中で東南アジアの各地には、日本人だけの町、つまり自治制を整えた**日本町**なども形成されるようになりました。シャム（現タイ国）の日本町のリーダーで、後にはリゴール太守となった**山田長政**が有名です。このような日本人町が八か所ありました。

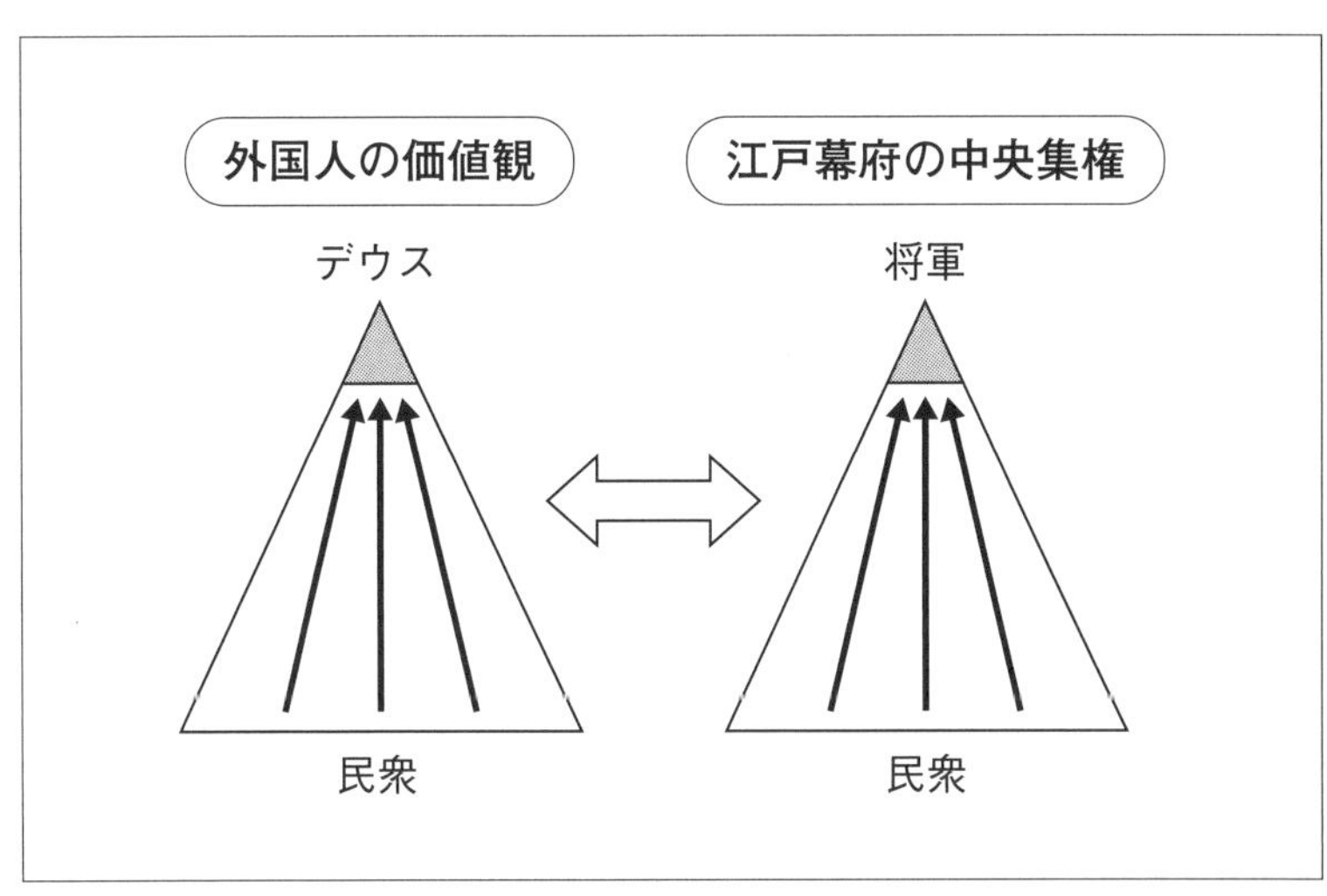

❖……幕府が鎖国に踏み切った切実な理由とは？

まず〝鎖国〟という言葉は鎖国形成の時代にはなく、江戸時代の後期に『暦象新書』という本を書いた志筑忠雄という人が、ドイツ人医師ケンペルの書いた『日本誌』という本を訳すときに**鎖国論**と名付けたのにはじまります。

なぜ鎖国をしたのか、一言でいうと**商教分離**のため。貿易と宗教を分離するためです。外国人が珍しいものをたくさん持ってやってくるとしましょう。幕府は品物はほしいが、外国人を日本社会に入れてしまうと、ちょっと都合が悪かった。というのも、江戸幕府の側から見ると頂点にいるのが将軍で、中央集権のためにはすべての矢印が将軍のほうに向いていなければなりません。

ところが、外国人の価値観は、つねにキリスト教の最高の地位にあるデウスにあるわけだから、体制が一つに収まらない。そこで江戸幕府は外国人を抑えはじめたんですね。とはいえ貿易はしたいから、宗教と貿易をはっきり分けよう、というのが鎖国の目的です。

これを同時に解決しようとしたのが秀忠や家光で、そのために幕府は一六一二年、まず直轄領（天領）に**キリスト教禁止令（禁教令）**を発布します。さらに翌年には、この禁教令を全国に及ぼします。一六一四年には改宗を拒否したキリシタン大名で、もと高槻城主の**高山右近**らをマニラ方面に追放します。そして一六一六年には、中国船以外のヨーロッパ船の来航地を**平戸**と**長崎**に限定しました。その後、一六二三年に、イギリスがオランダとの貿易争いに敗れて日本を去ります。そして翌一六二四年、スペイン船の来航を禁止しました。

鎖国令は全部で五回出されました。その中で大事なのは、一六三三年に出された**奉書船以外の海外渡航禁止**（第一次鎖国令）、一六三五年に出された**日本人の海外渡航と帰国の全面禁止**（第三次鎖国令）、そして一六三九年の**ポルトガル船の来航禁止**（第五次鎖国令）の三つです。奉書とは、老中が発行した特別の許可証で、海外渡航船は、朱印状と奉書の二つの許可証を持っていないと渡れなくなったわけです。そして一六四一年、平戸のオランダ商館を長崎の**出島**に移しました。

こうして鎖国は完成しました。では、当時の日本人は世界のようすをどのようにして知ったのでしょうか。

一つは『**オランダ風説書**』を見ることによって、世界情勢のアウトラインを知ることができました。『オランダ風説書』とは、長崎通詞、別名オランダ通詞とも呼ばれる通訳が、オランダ船がもたらす海外情報書を和訳し、長崎奉行の手をへて江戸幕府に伝えたものです。ところで、オランダ商館長のことを甲比丹といいます。一六三三年以降、オランダ人の江戸参府は一六七回行われました。

日本人が外国のようすを知るチャンスはもう一つありました。**漂流民**の存在です。日本近海は毎年決まって季節風が吹き荒れ、多くの漂流民を生み出しました。この漂流民で運の良い人は外国船に救助されて、かの地を踏みます。そしてしばらくのあいだ外国生活を送りました。その代表的な例として大黒屋光太夫がいます。この人は伊勢の千石船の船頭で、漂流民となってロシア船に救助され、ペテルブルグまで行って女帝エカテリーナ二世に謁見し、その許可を得て、一七九二年にラックスマンとともに根室に帰国しました。

❖……鎖国の影響は、どんなふうに現れたのか？

鎖国はどんな影響を及ぼしたかといえば、①幕藩権力が強化・安定した、②世界の進運から取り残された、③第二の国風文化が開花した、④島国根性が形成された、といえるでしょう。

③にある第二の国風文化とは、元禄・化政文化のことです。第一の国風文化は、遣唐使が廃止された以降に展開した藤原文化でした。

④の島国根性とは「隠す」という発想です。西欧的な「罪の文化」に対して日本人はつねに恥の感覚を判断の中心に捉えていますね。これを「恥の文化」といいます。

この鎖国の時代に、日本と付き合いのあった国は全部で四つ。一つのグループは正式な国交はないものの日本と商売をした国＝**通商国**です。オランダは一六四一年に長崎の出島に商館が移され、中国は一六八九年に長崎の**唐人屋敷**に居住空間が限定されました。

もう一つのグループが、正式な国交があって日本と商売抜きでコンタクトをもった国で、これを**通信国**といいます。朝鮮と琉球の二か国です。

ところで、鎖国という言葉はこれまでは「国を閉ざす」という意味に重点を置いて使われてきましたが、実際には「四つの窓口」を通して外の世界との交流が行われていたという視点が重要視されるようになったために、鎖国とは一種の海禁政策としてとらえるほうが正しいという認識に変わってきたようです。

その「四つの窓口」とはオランダと中国を相手とした長崎口、朝鮮を相手とした対馬口、琉球を相手とした薩摩口、アイヌとの交流を行った松前口をさしています。

❖……将軍をトップにした江戸幕府の職制

次に江戸幕府の政治組織を見てみましょう。そのリーダーは征夷大将軍で、一般に略して将軍と呼んでいます。この将軍の下に江戸幕府の職制がやがて完成します。

その一番上に位置するのが〝つねに置かれるわけではない職〟**大老**です。将軍に直属し、通常の幕府の政務を統括した常置の最高職が**老中**です。次に、将軍の側近となるのが**側用人**(そばようにん)です。

寺社奉行、**勘定奉行**、**町奉行**を**三奉行**といい、最高格にあったのが寺社奉行です。勘定奉行・町奉行は旗本から抜擢されましたが、寺社奉行は譜代大名（関ヶ原の戦い以前から徳川の家臣だった大名）から選ばれました。

つねに老中を補佐し、あわせて旗本・御家人などの監察も行ったのは**若年寄**です。その若年寄の下にあって一般に旗本・御家人を監察したのが**目付**です。

朝廷や西国大名を監察したのは**京都所司代**で、これに次いで大坂城の警備、大坂町奉行の統括などにあたったのは**大坂城代**ですね。

通常政務を統括した老中の下で、大名の監察を行った役職が**大目付**です。そして、町奉行。さらに、天領や財政などを担当した勘定奉行。その下で、幕領の中でも一〇万石以上の広範囲の民政を担当した

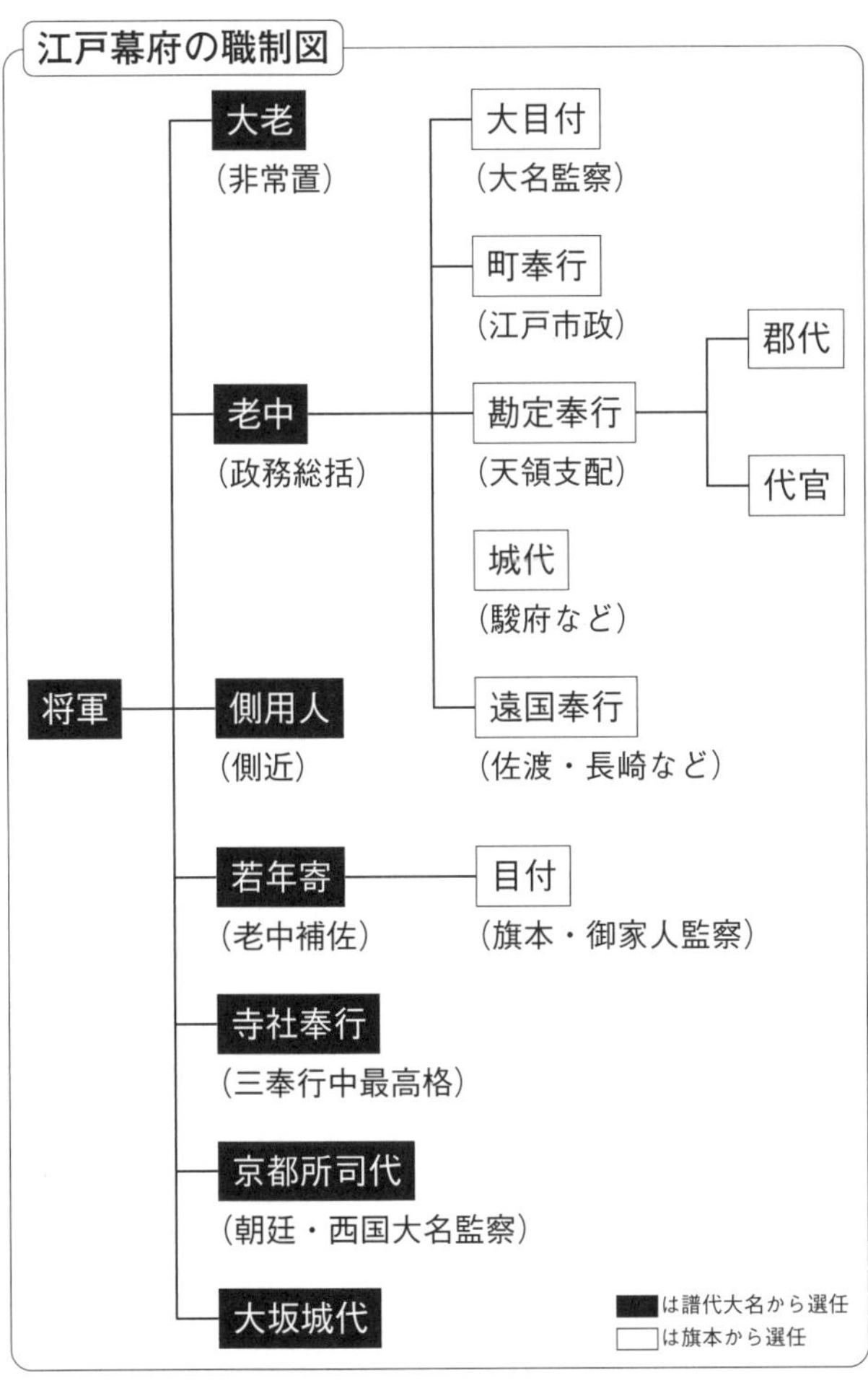
江戸幕府の職制図
将軍
大老
（非常置）
老中
（政務総括）
側用人
（側近）
若年寄
（老中補佐）
寺社奉行
（三奉行中最高格）
京都所司代
（朝廷・西国大名監察）
大坂城代
大目付
（大名監察）
町奉行
（江戸市政）
勘定奉行
（天領支配）
城代
（駿府など）
遠国奉行
（佐渡・長崎など）
目付
（旗本・御家人監察）
郡代
代官
は譜代大名から選任
は旗本から選任

のが**郡代**(ぐんだい)で、それ以外が**代官**です。

城代は将軍に代わって城を守り政務を執る職です。さらに、日光、佐渡などの遠隔地に置かれた奉行をひっくるめて**遠国奉行**(おんごく)といいます。

幕府の最高司法機関は**評定所**(ひょうじょうしょ)です。この評定所は老中、若年寄、寺社奉行、勘定奉行、江戸町奉行などによって構成されましたが、最低、老中一名と三奉行の出席があれば、いつでも開かれ、事が大きい場合は大目付や若年寄も加わりました。

江戸時代の職制で軍事関係を扱う職員のことを**番方**(ばんかた)といいます。また、いまでいうデスクワーク、一般の事務系の職員を**役方**(やくかた)といいます。

❖……幕府の体制が整ったのは家光の時代

江戸幕府の職制の第一の特徴は、将軍を頂点としたピラミッド状に構成されている点です。

第二の特徴として、大老、老中、側用人、寺社奉行という幕府の要職に就けたのは譜代大名だったということ。

そして第三の特徴として、権力の集中を防ぐために政務は**合議制**がとられ、しかも一ヶ月交代の**月番制**を採用していたという点です。

また、この体制はそのまま軍事行動、臨戦態勢に移行できるようになっていました。

このような職制は、家康が征夷大将軍に任命されてすぐにできたのではなく、最初は老中もなく、単に年寄と呼ぶなど、家康の三河時代、土豪時代の家政機関を必要に応じて拡大した「庄屋仕立て」といわれるほど簡素な組織でした。それがやがて三代家光の時代に制度的に整うんです。

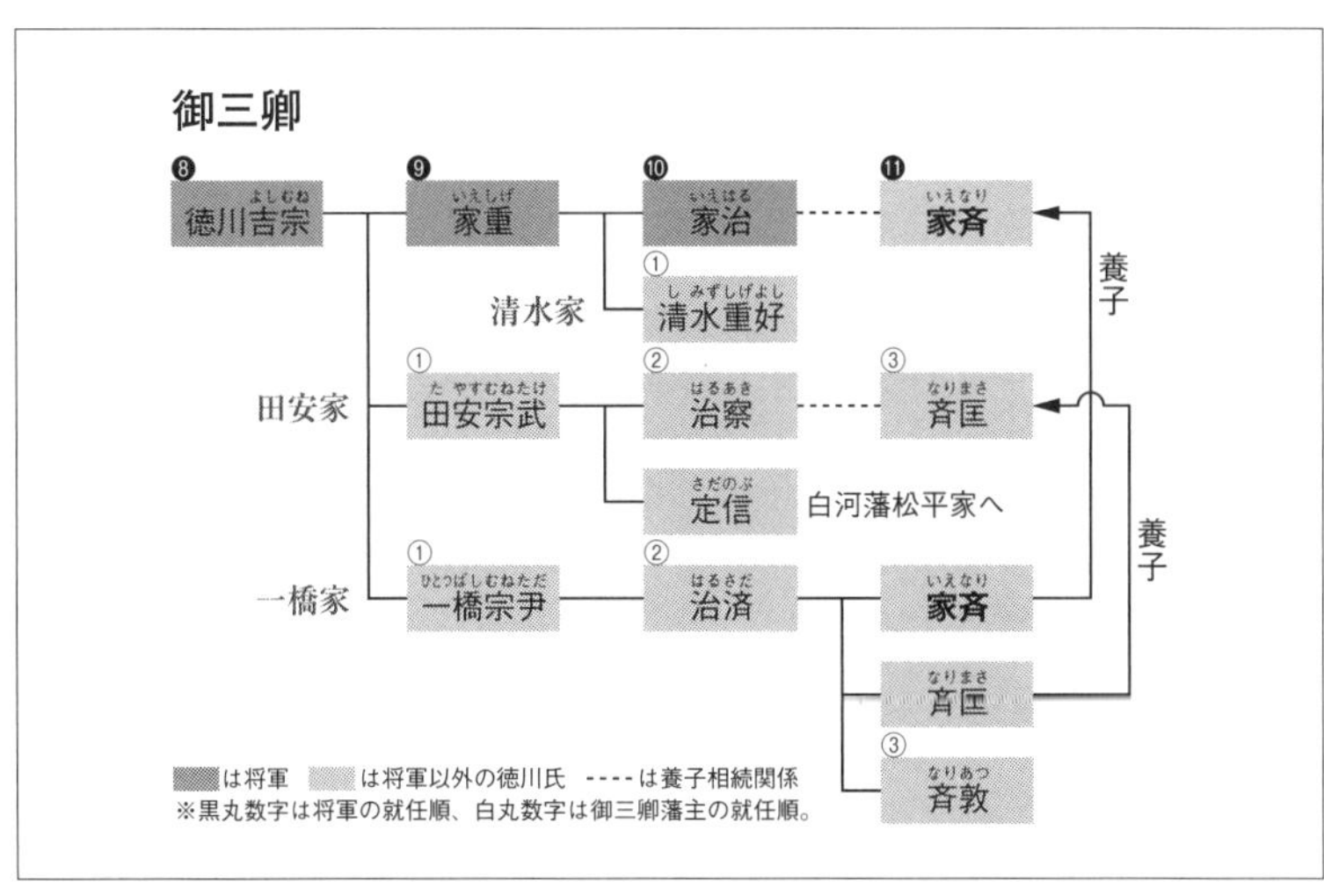

❖……親藩、譜代、外様、各大名の特徴とは？

藩のリーダー・大名にはいくつかの区分がありました。大きく分けて、一つは**親藩**と呼ばれた大名で、もう一つは**譜代**、そして**外様**です。

親藩とは徳川一門の大名で、譜代は家康が三河の土豪であった時代から帰順した者。つまり、関ヶ原の戦い以前から徳川氏につき従った者です。外様は、関ヶ原の戦い以後、徳川氏に帰順した大名です。外様はかなり中央から離れたところに配置されました。その間に譜代なども配置され、外様を牽制する仕組みで地方の支配が行われたわけです。

親藩の中でも大事なのが**御三家**です。御三家の藩祖は家康の子で、**紀伊**が徳川頼宣、**水戸**が頼房、**尾張**が義直です。

さて、藩といういい方は江戸時代にはあまり使われず、**国**といういい方がなされていました。各大名が藩を維持していくことが、将軍に対する奉公の一つだったというわけです。

江戸時代を通して大名の数は二六〇～二七〇。そして江戸末期において、親藩は約二〇家、譜代大名は約一五〇家で最大は彦根藩三五万石。外様大名は約一〇〇家で最大は加賀藩一〇二万石。それから将軍の跡継ぎがない場合の予備役として、**御三卿**が設定されました。それが、吉宗が建てた**一橋**と**田安**、家重のときに建てられた**清水**です。御三家と御三卿以外の徳川氏の一族を**御家門**といいます。

❖……朝廷や武家に対して諸法度を発令

さて、江戸幕府は幕府以外のあらゆる階層を**法度**や**触書**などを出して統制していきました。

幕府にとって朝廷は非常に邪魔な存在でした。ですから、朝廷の動きを抑えるために**京都所司代**をつくったんです。とはいえ、天皇から征夷大将軍に任命される形を取っている以上、朝廷の存在を完全に壊滅させることはできない。だから「敬して遠ざける」方針で朝廷と付き合ったんですね。

京都所司代を置いて、さらに一六一五年に**禁中並公家諸法度**を制定します。このような二本立てで、朝廷は監視・統制されたわけです。この禁中並公家諸法度を起草したのは、南禅寺の金地院に住した**崇伝**というお坊さんで、〝黒衣の宰相〟とも呼ばれました。

禁中並公家諸法度は全一七条から成っています。

武家の世界では、旗本と御家人を合わせて**直参**といいます。旗本と御家人の違いは何でしょう。知行地一万石以上が大名です。知行地とは「支配できる土地」ですから、知行地一万石未満の武士で、将軍に謁見できる者を旗本といい、将軍に御目見できない者、謁見できない者を御家人といいます。この直参を統制したのが諸士法度（綱吉以降は武家諸法度がこれに代わる）です。

❖……神社・寺院にも出された幕府からの法度

神社、神職、神官などを統制するための法度も出されました。**諸社禰宜神主法度**——発布は一六六五年——といいます。

寺院を統制するために出されたものは二つあります。一つは一六一五年に出された**諸宗諸本山法度**で、もう一つは、五〇年後の一六六五年に出された**諸宗寺院法度**です。寺院統制により、お寺はキリシタンを摘発、弾圧するための機関と化しました。

それまでの寺院は、教理を研究したり、仏教の真髄に迫るためのものだったわけですが、江戸時代の寺院は幕藩権力の一翼を担う機関に変質してしまいます。キリシタンを根絶するために**寺請制度**といって、一般の人びとすべてを、檀家としてお寺に所属させて、キリシタンでないことを証明させたんです。お寺は民衆の管理を請け負うことになったので、これを寺請制度といいます。そして、檀家になったことを証明する台帳として**宗旨人別帳**（**宗門改帳**）をつくらせました。寺請制度のもとでは、旅行などの際には寺請証文の携帯が義務づけられました。宗旨人別帳は一種の戸籍の役割も果たすようになります。

このようなことから、江戸時代の仏教は**世俗仏教**と呼ばれます。お寺のやることは死者の追善供養だけとなって、こうして仏教界は堕落し、世俗化していきます。それと同時にお寺には**本山・末寺の制**が確立し、宗派ごとにピラミッド関係が生まれ、厳しい上下関係のもとで序列化も進みました。

❖……農民統制を強化した幕府の思惑は？

近世の村落は百姓が中心となっています。農村の百姓は、幕藩経済の根本を支えたので、彼らに対する統制が一番厳しく、いろんな法令で統制しました。最初に出たのが一六四三年の**田畑永代売買禁令**です。この年には本田畑（豊臣秀吉による太閤検地以来、もともとあった本来の田畑）に五穀以外の作物を栽培するなという**田畑勝手作の禁**が出され、さらに一六七三年と一七一三年には、田畑の分割を制限する**分地制限令**が出されます。

この二つの分地制限令の違いですが、一六七三年令は、名主は二〇石、一般百姓は一〇石以上持っていないと分割はできないというものでした。一七一三年令は、分割した面積、分割して残った面積がともに一〇石以上でないと分割できないというものです。

幕府がこういうものを相次いで出して農村の百姓を統制しようとしたのは、本百姓体制を維持し、年貢徴収を確実にしようとしたためです。

❖……大名を取り締った武家諸法度の影響力

幕府は、大名に対して**武家諸法度**と**一国一城令**を出しました。

一国一城令では、**城割**といって居城以外の城の破壊を命じました。

また、大名には知行高に応じて軍役が課されていますから、大名は一定数の軍馬を備え、いつでも出陣できる態勢をとっています。その大名統制の基本法が武家諸法度です。最初は家康が秀忠の名前で発布し、将軍交代ごとに改訂発布するのを原則としましたが、八代吉宗からは綱吉時代の法度を踏襲することになりました。

武家諸法度第一号は一六一五年に出され、ときの元号を使って**武家諸法度元和令**といいます。元和令は、大坂の陣の直後、家康が伏見城で——秀吉が死んだ城ですね——諸大名を集め、南禅寺金地院の崇伝に朗読させました。これは武家・大名のあるべき姿を網羅したもので、例えば道徳上の訓戒、儀礼上の注意といったものを規定しています。

武家諸法度は、時代が経過すると内容が変わってきます。第三代将軍家光の時代の一六三五年、武家諸法度寛永令と呼ばれる第二号が出ます。起草したのは**林羅山**です。

これには、五〇〇石積み以上の大型船建造の禁止、参勤交代の制度化などが盛り込まれました。

もし、武家諸法度などに違反したら、どうなるか。違反者には**転封**、**減封**、**改易**などの処置がとられました。転封は領地替え、減封は領地削減、改易とは取りつぶしです。大名にとって最大の悲劇は改易で、この処置がとられると、大名たる身分から家臣からすべてないものになってしまうからです。このような、違反者に対して厳罰主義でのぞむ政治を**武断主義**といいます。

改易などで主家を失った家臣たちを**牢人**といいます。改易が多くなると牢人の数が増えて、中には幕府をひっくり返そうと考える者も出てきます。**由井正雪の乱**（慶安の変）がその例で、これは一六五一年、江戸幕府の転覆計画が発覚した事件です。その翌年には、**戸次（別木）庄左衛門の乱**（承応の変）があります。この人は老中の暗殺を企てました。

武断主義では体制が全体的に安定しないと悟った幕府は、これらの乱を機に、法制を整備したり教育を盛んにすることによって体制全体を治めようという**文治主義**の方向に転換しはじめました。

❖……農民・町人に課せられた連帯責任

江戸時代の農村は、本百姓を中心に運営されていました。

村には**村方三役**がいます。この長を江戸では**名主**、西国では**庄屋**、東北では**肝煎**と呼びました。名主を補佐したのが**組頭**、そして名主・組頭を監察したのが**百姓代**です。この村方三役のもとに農村の支配がはじまるわけです。

そして、年貢を負担する**本百姓**（ほんびゃくしょう）、田畑をもたない**水呑百姓**（みずのみびゃくしょう）、そして本百姓の下に名子（なご）、被官（ひかん）という隷属農民が存在する場合もありました。

この中で村民たちには**五人組**という一種の連帯責任を負わされました。これは年貢の滞納やキリシタンの摘発のための措置です。

忙しいとき互いに助け合う**結**（ゆい）という組織もありました。自然発生的な相互扶助の組織です。また、年貢はバラバラに納めるのではなくて、村全体でまとめて納めました。これを**村請制**（むらうけせい）といいます。

村民の負担としては、**本途物成**（ほんとものなり）（本年貢）があり、一般の雑税である小物成（こものなり）、それから高掛物（たかがかりもの）、国役（くにやく）、助郷役（すけごうやく）などがありました。

小物成というのは山野河海などに課せられる雑税です。国役、高掛物ですが、これらはいずれも**臨時税**です。村高に応じて課せられる付加税が高掛物で、天領と御三卿が支配する農村に課せられた高掛物の一種に**高掛三役**（六尺給米、蔵前入用、伝馬宿入用）と総称されるものがあります。

助郷役とは人馬提供の負担です。例えば、東海道の場合だと宿駅ごとに一〇〇人一〇〇疋などと決まっていて、参勤交代などで足りない場合は街道沿いの特定の村から不足分の人馬を徴発しました。この負担を助郷役といい、人馬を提供する特定の村を助郷といいます。

次は町人の生活を見てみましょう。町人とは、士農工商の工商にあたる人たちのことで、工は職人で物をつくる人、商は商人です。都市では町人が中心となりますが、地主あるいは家持（いえもち）の人もいれば、屋敷地を借りている地借（じがり）、家を借りている店借（たながり）といった人もいます。地借や店借は町政に参加する資格はありませんでした。

町人の世界にも**五人組**の制度がありました。また、町人が納めた宅地税を地子銭といいます。ほかにも、運上（各種営業税で小物成の一種）あるいは冥加（商工業者の営業免許税）などの税がありましたが、彼らの負担は農民と比べればはるかに軽いものでした。

❖……江戸時代最初の文化、寛永期文化とは？

江戸文化は、江戸時代前期の**寛永期文化**、中期の**元禄文化**、後期の**宝暦・天明期の文化**と**化政文化**、**幕末期の文化**と、五期に分けられます。ここでは、宝暦・天明期の文化と幕末の文化も化政文化にひっくるめてお話ししていきます。

まずは、前期の文化である寛永期文化を見てみましょう。寛永期文化は、幕藩体制に迎合するような新しい気質が培われていった時代の文化です。桃山文化を継承し、元禄文化への橋渡しの役割を果たしたのが、寛永期文化なんですね。

神社建築様式として、**権現造**が生まれます。徳川家康が祀られている**日光東照宮**がその代表です。家康を権現様というのも、ここに起因しています。家康は、はじめ久能山に葬られましたが、やがて天台宗の天海というお坊さんによって日光山に改葬されました。

数寄屋造という様式も生まれました。これは、従来の茶室建築に書院造の様式を融合させたもので、後水尾天皇の山荘**修学院離宮**や智仁親王の別邸**桂離宮**などが有名です。

絵の世界では土佐派・住吉派・狩野派の三派揃い踏みとなります。

土佐派では、**土佐光起**が朝廷の**絵所預**、つまり朝廷専属の絵師になりました。住吉派では、**住吉如**

慶・具慶が出ました。狩野派では、幕府の御用絵師の**狩野探幽**が有名で、代表作に『大徳寺方丈襖絵』があります。

他に、『夕顔棚納涼図屏風』を描いた**久隅守景**。**俵屋宗達**は『**風神雷神図屏風**』などを描きました。

工芸の世界では、**本阿弥光悦**という人が登場します。家康から洛北に鷹ヶ峰という場所を与えられ、芸術村を造成しました。嵯峨本という、たいへん豪華な本も刊行しました。蒔絵では『舟橋蒔絵硯箱』を残し、茶碗では『不二山』などが代表的です。

また陶工の酒井田柿右衛門は、有田焼に独特の赤い色付けをして、柿右衛門と名乗ります。赤絵の祖で、代表作は『色絵花鳥文深鉢』です。

室町時代の**御伽草子**、江戸時代初期の**仮名草子**、江戸時代中期の**浮世草子**を三つまとめて三草子といいます。

仮名草子というのは、仮名で書かれた本、といった程度の意味で文芸的な価値はさほど高くはありません。**鈴木正三**の作品が『二人比丘尼』。『可笑記』を書いたのが**如儡子**。**浅井了意**は『東海道名所記』という本を書きました。

室町時代後期に生まれた俳諧連歌から**俳諧**が独立し、江戸初期には**松永貞徳**を祖とする**貞門派**と呼ばれる俳諧の一派が生まれました。やがて**西山宗因**にはじまる**談林派**が生まれ、その談林派から**松尾芭蕉**が出てきます。

学問では、**藤原惺窩**・**林羅山**が登場します。藤原惺窩は、もと相国寺の僧侶で、日本朱子学の祖です。日本朱子学は、別名京学とも呼ばれています。

林羅山は建仁寺で学んだだけで、建仁寺の僧侶ではありません。家康から家綱まで、四代の侍講を務めました。侍講とは、わかりやすくいえば先生という意味です。また、上野忍ヶ岡に弘文館という名前の塾を開きました。

❖……鎖国政策を早めた島原の乱

家光の時代、一六三七年、九州で島原の乱が起こりました。この乱は、これまでの天草領主寺沢広高(ひろたか)、島原領主松倉重政(しげまさ)の圧政に耐えかねた農民たちが**益田四郎時貞**(ときさだ)、通称・天草四郎時貞を中心に、ときの領主寺沢堅高(かたたか)、松倉勝家に対して蜂起した事件です。

鎮圧に派遣された板倉重昌(しげまさ)は戦死してしまい、実際にこの乱を鎮圧したのは、老中**松平信綱**(のぶつな)でした。彼は、幕府が抱える政治・経済の難題、由井正雪の乱や明暦の大火の処理などに大変優れた政治力を発揮して解決にあたった人です。伊豆守を称していたので、彼は別名、〝知恵伊豆〟と呼ばれました。

島原の乱の際、天草四郎は原城(はらのじょう)址に立てこもり、松平信綱はオランダ船に頼んで海上から砲撃させてようやく乱を鎮圧しました。

そして、この事件が、幕府の鎖国政策を早める結果につながったのです。

❖……戦国以来の悪弊を禁じた家綱の政策

家綱の時代の前半を支えたのは、家光の異母弟にあたる会津藩主の**保科正之**(ほしなまさゆき)で、後半を支えた大老は、下馬(げば)将軍の異名をもつ酒井忠清(ただきよ)です。

一六五七年、家綱の時代に起こった大火に**明暦の大火**、別名振袖(ふりそで)火事があります。その火元となったのは本妙寺で、この火事で一〇万人もの死者が出たため、その死者を供養するために**回向院**(えこういん)がつくられました。その後、火事の延焼を防ぐために、各所に広小路とか火除地という一定の空間が設けられました。

また、当時の江戸の町にはいわゆる侠客、つまり暴力グループがたくさんいました。旗本奴、町奴と呼ばれる連中が、江戸のあちこちでこぜりあいを起こしていたんです。旗本奴の親分は水野十郎左衛門、町奴の親分が幡随院長兵衛です。

家綱の時代で注目すべき事柄は、戦国時代以来の困った風習が二つほど解決されたことです。それを**寛文の二大美事**といいます。

一つは、**殉死の禁止**。もう一つは**人質制（証人制）の廃止**です。殉死とは主人の死後、後を追って家来が自殺すること。殉死を禁止したということは、それまでは主人「個人」に仕えていた家来のありかたを改め、主人の「家」に奉公する態勢に変えたということです。人質制とは大名の妻子を江戸に住まわせたり、証人（家臣の子弟を人質とすること）を証人屋敷に居住させたりすることです。

家綱の政策ではもう一つ、社会問題となった牢人の増加をくい止めようと考え出された**末期養子の禁の緩和**があります。大名が死に臨んであわてて養子を迎え、家の存続を図るなんてことは大名としてあるべき態度ではないとされ、それまでは禁止されていたんですね。しかし、大名の突然の死によって牢人が発生すれば、それはまた新たな社会問題となります。そこで一七歳以上五〇歳未満という年齢制限の基準は設けましたが、末期養子の禁がいくぶん緩和されました。

❖……綱吉が「生類憐れみの令」を発布した理由は？

徳川綱吉の治世は**天和・貞享の治**と呼ばれます。前半を支えたのは大老の**堀田正俊**ですが、一六八四

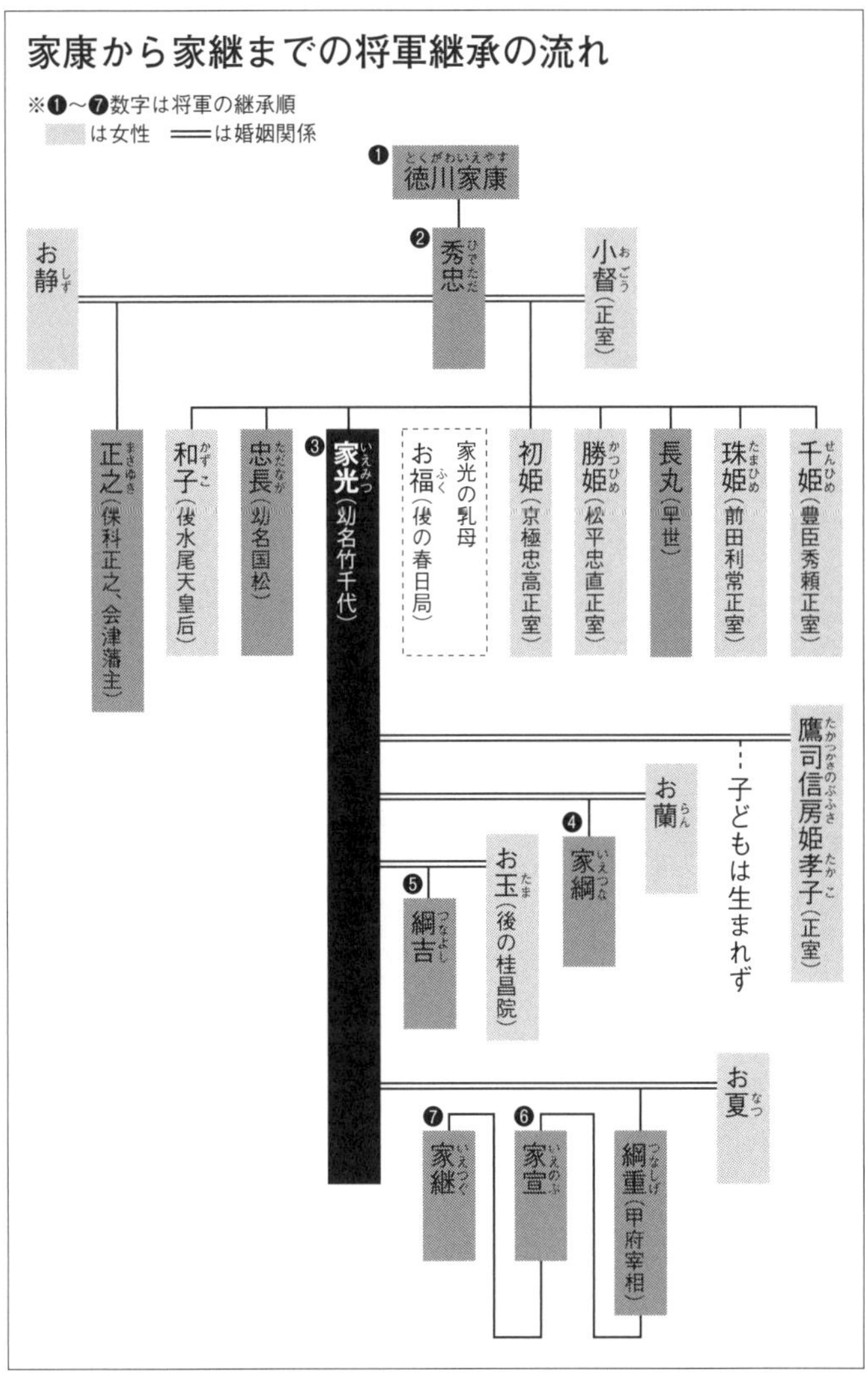
家康から家継までの将軍継承の流れ
※❶～❼数字は将軍の継承順
は女性　══は婚姻関係
❶徳川家康
❷秀忠
お静
小督（正室）
正之（保科正之、会津藩主）
和子（後水尾天皇后）
忠長（幼名国松）
❸家光（幼名竹千代）
家光の乳母
お福（後の春日局）
初姫（京極忠高正室）
勝姫（松平忠直正室）
長丸（早世）
珠姫（前田利常正室）
千姫（豊臣秀頼正室）
鷹司信房姫孝子（正室）
子どもは生まれず
お蘭
❹家綱
お玉（後の桂昌院）
❺綱吉
お夏
❼家継
❻家宣
綱重（甲府宰相）

年、江戸殿中で若年寄稲葉正休に殺されてしまいます。その後を支えたのが側用人の**柳沢吉保**です。これにより側用人勢力が強まります。

一七〇二年に、赤穂藩主浅野長矩の遺臣が高家の吉良義央を討った**赤穂事件**が起こりました。これも、綱吉の時代です。

綱吉は一六八五年にはじめて**生類憐みの令**という極端な動物愛護令を出しました。一六八五年は、生類憐みの令が最初に出された年で、本格的に犬を対象にして厳しくなったのは一六八七年以降に出された憐みの令です。生類憐みの令というのは一回だけではなくて、何回も出されたんですね。

なぜこんな法令を出したのかというと、綱吉の母桂昌院が、信頼する僧侶から「跡継ぎに恵まれないのは前世で動物を虐待したためだ」といわれたことが原因になったといわれています。

戌年生まれだったこともあり、綱吉は〝犬公方〟とあだ名されました。

❖……悪法はつくったが学問に秀でた綱吉の業績

綱吉は大変学問を好んで、湯島に孔子を祀る施設を設けました。これを単に聖堂といい、湯島にあるから湯島聖堂と呼びます。江戸時代のはじめに林羅山が上野忍ヶ岡に設けていた弘文館という名前の林家の私塾をこの湯島に移転し、その後、名前を変えて**聖堂学問所**と呼ぶようになったんですね。別名**昌平黌**ともいいます。

綱吉は**林信篤**を最初の**大学頭**に任命し、以後代々幕府の文教政策を林家に任せました。この人は林鳳岡ともいわれます。

また、綱吉は仏教にたいへん傾倒していました。彼は特に寺をつくることに力を入れ、**護国寺**を建立します。寺院を開くことを開山といいますが、護国寺の開山にあたったのは、真言宗の亮賢（りょうけん）です。護国寺は、仏に篤い信仰を寄せている綱吉の母親桂昌院の求めによって創建されたものです。

さらに、綱吉は新たに**天文方**（てんもんかた）を設置しました。これに任命されたのが**安井算哲**（さんてつ）です。別名**渋川春海**（しゅんかい）ともいい、彼は暦をつくりました。旧来日本で使われてきたのは、唐で用いられ渤海使（ぼっかいし）が伝えた宣明暦（せんみょうれき）という暦でしたが、それに誤差が生じたために、元の授時暦（じゅじれき）をもとに**貞享暦**（じょうきょうれき）を作成したんです。貞享暦は日本人の手による最初の暦です。

天文方と同時に、和歌を研究する**歌学方**（かがくかた）というポストも設けました。歌学方に就任したのが**北村季吟**（きぎん）で、この人の代表的な著作は『**源氏物語湖月抄**（こげつしょう）』です。

ちなみに、この時代には、今まで中断していた多くの朝廷関係の儀式が復活しました。一六八七年に復活した儀式は大嘗祭（だいじょうさい）で、二二〇年ぶりの復活です。一六九四年には**葵祭**が、一九二年ぶりに復活しました。

この時代、財政が非常に逼迫していました。そして、何とか赤字財政を立て直そうという動きの中で、質の悪い悪貨が鋳造されてしまいます。これを**元禄金銀**と総称します。綱吉に貨幣改鋳を建議したのは、勘定吟味役の**荻原重秀**（おぎわらしげひで）です。

今までよりも貨幣の質を悪くすれば、その分余分に小判がつくれる。その差益金のことを**出目**（でめ）といい、出目によって幕府の財源を補おうとしたんですが、悪貨が流通したものですからインフレーションを引き起こしてしまいました。

❖……大きな改革を断行した家宣・家継と新井白石

六代家宣・七代家継時代の治世を一般に**正徳の治**といいます。これを推進したのは、朱子学者の**新井白石**です。彼は、まず生類憐みの令を廃止します。それから、朝幕間の融和を図るために閑院宮家を創設しました。さらに、朝鮮から来日する通信使の待遇を簡素化しました。これは将軍の権威を高めると同時に経費節減にもなりました。そして、質の悪い元禄金銀を改めて、慶長金銀と同質の**正徳金銀**を鋳造しました。

また、一七一五年、**海舶互市新例**を定めます。これは別名、長崎新令・正徳新令ともいい、中国とオランダに対する貿易制限を定めたものです。中国の清に対しては、船は年間三〇隻、取引額は銀六〇〇〇貫。オランダに対しては、船は年間二隻、取引額は銀三〇〇〇貫にしようというものです。

また、新井白石は朝鮮国書に日本国大君または日本国大君殿下と記されていた表記を、**日本国王**に改めました。しかし、吉宗からは再び「日本国大君」という表記に戻ります。

新井白石の記した歴史書は『**読史余論**』。自叙伝といえば、『**折たく柴の記**』です。『**西洋紀聞**』と『**采覧異言**』は、屋久島に潜入したイタリア人宣教師ヨハン＝シドッチへの尋問をもとに、西洋の事情をまとめたものです。

そのほか古代史研究法をまとめた『古史通』、それぞれの藩・大名の年譜・系図をまとめた『藩翰譜』もあります。

大活躍の新井白石ですが、もちろん政敵もいました。朝鮮政策で、対立関係にあった儒学者が雨森芳洲です。

❖……江戸時代につくられた貨幣とは?

江戸時代の貨幣制度は**三貨体制**と呼ばれます。三貨とは、金貨、銀貨、銭貨(ぜにか)です。これが江戸時代に流通した基本貨幣で、そのほか各藩では、藩財政補塡の一環として藩独自に流通し得る**藩札**(はんさつ)という紙幣を発行していました。ちなみに、藩札がもっとも早く出されたのは福井藩です。あちこちの藩で藩札が流通し、明治初期の廃藩置県の前には、ほとんどの藩で藩札が発行されていました。その種類は一七〇〇種類といわれます。

金貨には二タイプあり、一つは大判、もう一つが小判です。大判といえば慶長大判がありますね。大判は**大判座**、小判は**金座**で鋳造し、小判の鋳造を管轄したのは後藤庄三郎です。金貨は一枚一枚数えて使ったので、計数貨幣といいます。この金座でつくられた金貨の単位は、四進法で両(りょう)、分(ぶ)、朱(しゅ)。金一両は四分で、朱だと一六朱です。

しかし金貨の一つである大判は流通したわけではなく、主に贈答用でした。金貨は江戸を中心に流通したため、江戸は**金遣い**(づか)**経済圏**にあったといえます。金座が設置されたのは江戸と京都でした。

銀貨をつくった施設は**銀座**と呼ばれます。銀座が最初に設置されたのは、駿府と伏見でした。ここでつくられたものは、丁銀(ちょうぎん)、豆板銀(まめいたぎん)です。銀貨ははかりで量って使ったので、秤量(ひょうりょう)貨幣と呼びます。しかし、銀貨は使い勝手が悪かったため、後に**定位銀貨**がつくられるようになりました。

定位銀貨とは、何枚かで金一両と換算して使う銀貨のことで、江戸後期の田沼時代のころにつくられた明和(めいわ)五匁(もんめ)銀と南鐐(なんりょう)二朱判(南鐐二朱銀)があります。銀貨は主に上方で流通しました。つまり、上方は**銀遣い**(づか)**経済圏**だったわけです。朱印船貿易家としても活躍した摂津平野の豪商・末吉孫左衛門は、銀座の創設にも尽力しました。

銭貨について整理しましょう。銭貨をつくったのは**銭座**（ぜにざ）です。銭座が最初に設置されたのは、江戸の芝と近江の坂本でした。ここでつくられた代表的な銭貨は寛永通宝で、一六三六年に初鋳されました。銭貨は銅が中心ですが、鉄や真鍮などでもつくられ、全国的に流通しました。この銭貨の全国的な流通によって、中世から使われていた輸入銭が駆逐されていったんです。

江戸の町は上方の町人が江戸に支店を出す形で開けていきますが、上方の銀遣いの連中が江戸の金遣い経済圏に入ってくると混乱を生じます。そこで生まれたのが**両替商**です。両替商には二タイプあって、本両替（ほんりょうがえ）と銭両替（ぜにりょうがえ）に分けることができます。本両替は主に金貨と銀貨の交換を専門にし、銭両替は金貨・銀貨と銭貨の両替を行いました。この本両替の中で特に有力な者が、やがて十人両替として両替商全体を支配するようになり、大名貸といって大名にまで融資するようになったんです。

❖……天下の台所・大坂は、上方経済の中心地

農村から集めた年貢は、藩から蔵屋敷に運び込まれます。蔵屋敷に入った米は問屋（といや）に引き取られます。問屋からさらに小売に出て、大坂周辺の人びとは小売店から米を買って食べます。買って食べるというのは消費経済です。

蔵屋敷を通る物資を**蔵物**（くらもの）といいますが、一番わかりやすい蔵物といえば米です。蔵屋敷で、蔵物の出し入れをする荷物係の町人を蔵元（くらもと）といい、蔵屋敷でお金を扱う係のことを掛屋（かけや）といいます。そして、米が売れれば、問屋から蔵元にお金が入るという仕組みです。

しかし、すべての物資が蔵屋敷を通るとはかぎりません。野菜など、農村から直接問屋に入るものもありました。これを**納屋物**（なやもの）といいます。納屋物も、農村からただで問屋が受けるわけではなく、問屋が

買うわけですから、お金が逆流します。

さて、上方は銀本位のため、銀貨が中心として流れています。一方、江戸の社会はどうでしょう。浅草には幕府の米蔵があります。蔵屋敷もあります。蔵屋敷に入った蔵物が問屋に流れ、問屋から米屋、いわゆる小売店に流れ、江戸の庶民の口に入ります。つまり、江戸でもやはりお金が逆流していたわけです。

また、上方と同様に農村から問屋へストレートに入ってくる納屋物もあり、それを問屋は買うわけですから、やはり農村にお金が入りました。

このように、米経済の農村に貨幣経済が浸透していきます。つまり、生産経済と消費経済の二つの矛盾する経済圏が、日本の中で、都市と農村に両立していたわけです。封建社会は土地が中心、しかも米が中心でありながら、一方ではお金が経済の歯車としてこのように回っている。お金と土地・米という二つの矛盾する経済構造が、同時に包み込まれた格好でスタートしたのが江戸時代です。

江戸幕府がなぜ倒れていったのか。その構造的な原因の一つは、矛盾する異質の二つの経済圏を内包していたからだということにもなるんです。

❖……幕府直参の給料はお米だった

さて、江戸には幕府があり、将軍直属の武士、直参と呼ばれた旗本、御家人たちがいます。

御家人は**蔵米取**(くらまいどり)といって、蔵から引き出した米を給料としてもらっていました。旗本は、はじめは**知行取**(ちぎょうどり)といって知行地をもらっていましたが、やがて蔵米取が一般化します。つまり、幕府は浅草の蔵から米を引き出して、職員つまり直参の武士たちに、給料として米を与えたわけです。このように、米で給料をもらうシステムを**俸禄制**といいます。

ところが、彼らは江戸で消費生活を営み、貨幣でものを買う生活をしていますから、米をもらっても欲しいものは買えない。そこで、両替商的な役目をする**札差**（ふださし）という商人に米をもっていってお金に換えてもらったんです。

札差とは、蔵の前に店を並べて、蔵に入る米とお金の出し入れの両方をやっていた人びとで、蔵宿ともいいます。

❖……江戸時代の物資の流通ルートは海路

物資の運送はどのように行われたのでしょうか。〝ものは水の上を行き、人間は陸の上を行く〟というのが、この時代の流通の原則です。一度に安く大量の物資を運べるため、船を使いました。大坂と江戸の間には**南海路**が発達し、この間を**菱垣廻船**（ひがきかいせん）、**樽廻船**（たる）と呼ばれる船が往復したんです。菱垣廻船は、菱形の垣根を船体に施して荷物の落下を防止したので、そう呼ばれました。

当時、大坂には荷積問屋として二十四組問屋、江戸には荷受問屋として十組問屋が結成されていて、その十組問屋中の**酒店組**（しゅだな）という酒専門の問屋が独立して、酒樽を運ぶ樽廻船をはじめました。菱垣廻船は**千石船**、樽廻船は二〇〇〜四〇〇石程度の船です。両者は競争し、小型で早い樽廻船が菱垣廻船を圧倒したため、樽廻船は〝小早（こはや）〟とも呼ばれました。

次に、海路についてもふれておきます。日本海沿岸の港を出て、津軽海峡経由、太平洋廻りの江戸行きのコースを**東廻り航路**（東廻り海運）と呼びます。同じ場所から、今度は日本海を通って関門海峡、瀬戸内経由の大坂行きのコースを**西廻り航路**（西廻り海運）と呼びます。この航路は松前までのびていきます。ちなみに、西廻り航路をもっとも早く開いたのは加賀藩（金沢藩）でした。

この東廻り航路、西廻り航路を整備したのは**河村瑞賢**（ずいけん）で、西廻り航路に就航した船は**北前船**（きたまえぶね）と呼ばれました。

地域的な船舶航路も徐々に整備されました。例えば、瀬戸内海沿岸と江戸を結ぶ**内海船**（うつみぶね）のように、それぞれの地域と江戸・大坂を独自に結ぶ航路が発達したんです。北前船の船主は日本海沿岸の村に、そして内海船の船主は知多半島沿岸の村に住んで、独自に利をあげました。

❖……農業がめざましい発展を遂げた四つの理由

農業は日本の基幹産業の一つです。江戸時代に農業は著しく発達しました。

農業が発達した一番の理由に、幕府による**勧農政策**があげられます。農業を盛んにするためには、まずその農業のベースとなる土地が必要だということで、耕地面積の増加をめざして、幕府は**新田開発**を積極的に展開します。

江戸時代の初期に約一六〇万町歩ほどだった耕地面積が、新田開発の結果、享保年間の一八世紀初期には約三〇〇万町歩に膨れ上がったようです。勧農政策の結果、享保年間に盛んに行われた町人の出資による新田を、**町人請負新田**（うけおい）といいます。江戸初期には**代官見立新田**（みたて）が多かったんですが、享保年間には町人請負新田が増加しました。町人請負新田の代表的なものとして、摂津の川口新田（一万五〇〇〇石）や越後の紫雲寺潟（しうんじがた）新田（一万七〇〇〇石）、河内の鴻池新田（二二〇町歩）などがあります。

技術的な側面として、農具も改良されました。これが、農業発達の二つめの要因です。もっとも注目すべきは、耕作具の**備中鍬**（びっちゅうぐわ）と脱穀用の**千歯扱**（せんばこき）です。千歯扱が開発される前に使われていた農具は扱箸（こきばし）で、千歯扱は別名〝後家倒し〟とも呼ばれていました。これのおかげで後家さんの、いわばパート労働が奪われてしまったからなんですね。そのほか千石簁という穀粒の選別用具や、唐箕というもみ殻やゴミを吹き飛ばす農具がありました。

また、揚水具として江戸時代に盛んに用いられた水車は、踏車というものです。

農業発達の要因の三つめは、肥料が改良されたことです。この時代に使われた肥料を金肥といいます。これは、お金を出して買う肥料のことですね。この事実は農村の米経済、土地経済の世界に貨幣経済が浸透したことを裏付けるものでした。金肥の主なものには油粕や干鰯などがあります。

四つめの要因は、**商品作物**の栽培が盛んになったことです。商品作物とは、ざっくばらんにいえば換金作物、つまりお金を儲けるためにつくる作物のことです。具体的には、**四木**といわれる漆、茶、楮、桑。そして**三草**といわれる麻、紅花、藍です。紅花の産地は出羽、藍は阿波で、両方とも染料の原料、そして楮は和紙の原料となりました。

❖……上方漁法の全国化など漁業や製塩業も発達

江戸時代には、肥料として干鰯が使われていました。干鰯というのは鰯を加工して肥料にしたもので、この鰯は九十九里の鰯漁によって得られました。九十九里での漁法は**地引網**で、西日本はむしろ**定置網漁**が盛んでした。これが、この時代の水産業の特徴の一つめです。二つめは上方漁法の全国化、三つめが捕鯨業が盛んになったことです。この捕鯨に用いられた船を勢子船といいます。

そして、もちろん漁村にも網元・網子という封建的な上下関係がありました。

製塩法にも変化が現れます。

中世では**揚浜法**（あげはま）と呼ばれるやり方でした。海水を汲んできて塩田にまき、自然乾燥させて煮詰めて塩を取る方法です。それが江戸時代になると、遠浅の浜などを利用して塩田が開かれ、潮の干満の差を利用して海水を塩田に引き込んで製塩するという**入浜法**と呼ばれる新しい製法が取り入れられ、大量に塩が生産されました。

また、塩田の所有者を浜主、そこで働く人々を浜子といい、やはり、封建的な上下関係があったことがわかります。

❖……あの〝豪商・越後屋〟が行った新商法とは？

江戸時代の商業を語る場合、欠かすことのできないのが**株仲間**という特権的な商人の同業組合です。中世では**座**と呼ばれました。

株仲間は、江戸時代初期には禁止されていましたが、吉宗の時代には公認され、田沼意次の時代になると積極的に奨励されます。しかしその後、水野忠邦の天保の改革で解散させられるなど、幕府の姿勢はさまざまに変化しました。

積極的に奨励した背景には**運上**（うんじょう）、**冥加**（みょうが）という言葉が見え隠れします。商人たちは幕府に運上、冥加金を納めることによって、その営業を保護してもらっていたわけです。

運上には一定の税率がありました。冥加は、謝礼金として幕府に納められるものですから、税率がないというのが辞書的解釈ですが、実際は運上、冥加は混用されたというのが真実の姿です。

では、江戸時代の豪商について重要人物と仕事をあげてみましょう。

まず、**紀伊国屋文左衛門**（ぶんざえもん）（材木商）は、上野寛永寺の根本中堂修築で活躍しました。**奈良屋茂左衛門**（もざえもん）

（材木商）は、日光東照宮の改築に力を振るいました。

さて、**三井高利の越後屋**（呉服商・両替商）の商売方法は、**〝現金掛値なし〟**です。現金で払ってもらえれば、商品の値段に掛け値（上乗せ金）はつけないという、つけ払いが多かった当時としては、斬新な商法でした。また、創業者・高利の孫、三井高房は『町人考見録』という書物を著しています。この書物は江戸初期から中期の京都の豪商たちの盛衰を記しながら、町人の心得を説いたものです。

この時代、魚市では雑喉場、青物市では天満、米市では堂島が上方三大市といわれた市場です。江戸にも、日本橋の魚市、神田の青物市などがありました。

❖……五街道は、行き来自由な公道ではなかった!?

江戸時代の交通・運輸の中心だったのは、まず**五街道**です。**東海道・中山道・日光道中・奥州道中・甲州道中**の五つの官道で、道中奉行によって管轄されていました。江戸の日本橋を起点とした官道ですが、五街道は一般の庶民ももちろん通れたんですが、あくまでも役人が使う官道、つまり、御用通行が最優先された道です。一般の商人などは脇街道を利用しました。

五街道の中では中山道がもっとも宿場の数が多く、板橋から守山まで六七宿ありました。東海道は江戸から京都までに五三宿、途中分岐した大津から大坂の間に四宿ありました。

街道沿いには宿泊施設が整備され、**宿場町**が形成されていました。大名が泊まる宿を本陣、一般の旅行者が泊まる宿は旅籠といいます。旅籠は食事付きです。自炊だけの宿は木賃宿といいます。宿場町には、**問屋場**という人馬逓送の業務を営む施設もありました。また、手紙や小荷物を送り届ける**飛脚**もありました。

この飛脚ですが、幕府専用の飛脚を継飛脚、藩専用の飛脚を俗に大名飛脚といいます。一般の町人が利用する飛脚は町飛脚です。定六、三度飛脚ともいわれ、江戸では定飛脚と呼ばれました。

各街道の宿駅には、公用旅行者のために一定の人馬も配置されていました。東海道には一〇〇人一〇〇疋、中山道は五〇人と五〇疋、日光・甲州・奥州道中はともに二五人と二五疋が配属されていたんです。

東海道と中山道は草津で合流し、日光道中と奥州道中は宇都宮で分岐しました。

河川も重要な交通手段です。江戸時代に川を開いた人物といえば**角倉了以**と**河村瑞賢**が有名ですね。角倉は高瀬川・富士川・天竜川、河村は安治川を開きました。

角倉が開いた高瀬川を上下した船は高瀬船、また、淀川に運航された船は過書船と呼ばれました。

川は、増水などのときには川留といって通行止めとなります。さらに江戸時代、大河川には軍事上の理由から橋は架けないのが普通でした。そのため川を渡るときには船や川越人足に頼らざるを得なかったわけです。富士川・天竜川を渡るには渡船、大井川・安倍川を渡るには川越人足を利用しました。

❖……江戸時代に自然発生した生産形態とは？

江戸の初期、一七世紀には農村で必要な物を農民が自給自足的に、副業的につくっていましたから、**農村家内工業**と呼ばれました。

一八世紀になると、都市の町人が農村に出向き、原料、道具、賃金を前貸しして、農民に頼んで物をつくってもらう**問屋制家内工業**が行われるようになります。

そして一九世紀には、都市の町人が自分の屋敷近くに小さい工場をつくり、農村から農民を労働力として引き集めて物を生産させるようになります。これを**工場制手工業**（マニュファクチュア）と呼びます。その際、作業は〝**分業と協業**〟で行われました。

❖……上方を中心に発展した元禄文化

元禄文化とは、綱吉を中心とするその前後の時代の文化をいいます。

それは、上方を中心とする町人中心の文化です。そして、これまでの来世主義世界観が消え去り、現世肯定的世界観が基調になります。〝**憂き世**〟から〝**浮き世**〟へと、生きているこの世界を謳歌しようとする考え方です。合理的精神も発揮されていきます。

建築では、東大寺大仏殿が再建されました。東大寺は、最初は平重衡（しげひら）の兵火（一一八〇年）、その次は三好三人衆の兵火（一五六七年）で焼けています。東大寺は再建を重ねて今日に至っているんです。

彫刻の世界では、**円空**という僧侶が全国を行脚しながら、各地に鉈彫（なたぼり）とよばれる非常に気合いの入った彫刻を残しています。『護法神像』『両面宿儺像（りょうめんすくなぞう）』が有名です。

工芸では、**野々村仁清**（にんせい）がでました。京焼の祖で、代表作は『色絵藤花文茶壺』『色絵吉野山図茶壺』です。**宮崎友禅**は**友禅染**を興しました。これは、加賀にも伝播して、今でも金沢でこの友禅染の工芸が行われています。

絵の世界では**尾形光琳**の『紅白梅図屏風』と『燕子花図屏風（かきつばたずびょうぶ）』。蒔絵では『八橋蒔絵硯箱』も残しました。**菱川師宣**（ひしかわもろのぶ）は浮世絵の祖で、有名な『見返り美人図』を描いています。

さて、芸能です。歌舞伎の流れを押さえましょう。歌舞伎は、妙な格好をして練り歩くさまをいう「傾く（かぶく）」から**歌舞伎**になりました。阿国歌舞伎の祖は**出雲阿国**です。そこから女歌舞伎→若衆歌舞伎→

野郎歌舞伎↓元禄歌舞伎と発展します。

俳優では、上方では和事の**坂田藤十郎**が恋愛を中心とする出し物で、江戸では大立ち回りをする**市川団十郎**が荒事で名を上げました。また女形で〝**千両役者**〟として頑張ったのが、**芳沢あやめ**です。

浄瑠璃では、**竹本義太夫**が『曽根崎心中』を上演しました。

俳諧では**松尾芭蕉**が登場しました。その俳風を**蕉風**といいます。作品は『奥の細道』『笈の小文』『猿蓑』『野ざらし紀行』などです。

脚本家では**近松門左衛門**が『国性爺合戦』『曽根崎心中』『心中天網島』『冥途の飛脚』などの代表作を発表しました。

浮世草子の代表的な作家として**井原西鶴**が登場しました。その作品には、好色物なら『好色一代男』と『好色五人女』。町人物では『日本永代蔵』と『世間胸算用』。武家物では『武家義理物語』と『武道伝来記』があります。

学問の分野では、最初の解剖図録『蔵志』は**山脇東洋**が書いたものです。

数学では、吉田光由が『塵劫記』を執筆しました。また、**和算**の大成者、**関孝和**の著作としては『発微算法』『括要算法』があります。

歴史学では、水戸藩が『大日本史』を編纂しました。その編纂をはじめたのは、**徳川光圀**で、江戸と水戸藩にその編集をするための編集所、**彰考館**を設けました。この本が完成したのは、なんと日露戦争の後、一九〇六年のことです。

江戸時代後期……吉宗の享保の改革から大政奉還まで

江戸開府から一〇〇年が過ぎ、いよいよ幕政改革が必要となってきました。都市の貨幣経済と農村の自給自足的米経済の相矛盾する両輪が回る中で、農民の階層分化が進み、一方では飢饉や天変地異を背景に、各地で打ち壊しや百姓一揆が頻発するようになります。そして、相次ぐ外国からの開国要求に呼応するように、さまざまな思想が生まれ、ついに江戸幕府は幕を閉じることになるのです。

❖……吉宗の行った享保の改革の成果は？

八代将軍徳川吉宗は、一七一六年から享保の改革に着手しました。享保の改革は家康時代を理想とした改革で、〝倹約〟という考え方が中心になっています。そして、ここから武断主義にもどります。なお、幕政三大改革のうちでもっとも厳しく行われたのは水野忠邦が行った天保の改革で、もっとも成果を収めたのが享保の改革です。ここからは、吉宗が行った九つの改革内容を見てみましょう。

①足高制

幕政の改革が問題ですから、旗本の中から有能な人材を幕閣に登用したいという発想は当然のことです。しかし実際に要職に登用するとなると、新たな給料という費用がかかります。そのために財政が膨張しないように、在職中にかぎって不足分の役高、つまり差額の禄高を足高（たしだか）として支給する制度が**足高**

制です。加増分は世襲されません。これを建議したのは室鳩巣（むろきゅうそう）で、彼は明の教育勅諭注釈書『六諭衍義（りくゆえんぎ）』の大意（たいい）をわかりやすく書いた『六諭衍義大意』を著しました。

②上米制

大名を対象にしてとられたのが、米を上納せよという**上米制**（あげまいせい）のシステムです。大名というのは高一万石以上ですから、高一万石につき〝八木（はちぼく）〟一〇〇石の割合で幕府に納めなさいというものでした。八木というのは、つまり米のことで、大名にも財政援助を依頼せざるを得ない状況にあったわけです。

大名は経済力が削減されますから、不満を抱きます。そこで参勤交代における江戸在府期間を半減するという代償つきの政策となりました。それまでは、一年おきに江戸在府と在国を繰り返さなければいけませんでしたが、江戸在府期間が半減されることで、江戸に半年、国元に一年半いて良いことになり、在府中の生活費が軽減されました。これが上米制です。

上米制は一七二二年から一七三〇年まで八年間実施され、年間一八万七〇〇〇石という実績をあげて打ち切られます。もちろん、参勤交代の期間ももとにもどりました。

③定免法

年々の作柄、豊凶に応じて税を取るそれまでの徴税法を**検見法**（けみ）といいます。享保の改革では天領を対象に検見法から**定免法**（じょうめん）に改められました。定免法の「免」とは年貢率という意味です。豊凶にかかわらず、年貢率を一定にして徴税する方法に変えたんです。

天領の年貢率は、この時代まで四公六民でした。一〇分の四はお上（かみ）に税として出し、一〇分の六は手元に残るという意味です。ところが今度は徴税が強化されて四公六民から五公五民、つまり半分お上に持っていかれることになりました。

ただ、諸藩では年貢率はまちまちで、三公七民から七公三民ぐらいまでの幅がありました。だから、後に明治政府は地租改正を行って、それを統一させたわけです。

④新田開発

享保年間には、町人出資による町人請負（うけおい）新田の開発が盛んに行われました。代表的なものが、越後の紫雲寺潟（しうんじがた）新田、摂津の川口新田です。新田開発の結果、耕地面積が江戸初期と比べて約二倍に増加しました。

⑤相対済し令

裁判事務が非常に煩雑になっていたために、金銭貸借に関するトラブルは幕府ではなく、当事者間で解決しなさいという命令を一七一九年に出しました。これを**相対済し令**（あいたいすましれい）といいます。

⑥目安箱

吉宗は一般庶民の意見を聞くために、評定所の前に**目安箱**（めやすばこ）という投書箱を用意します。それを将軍吉宗が自ら開けて読み、ここに寄せられた意見をもとにして、小石川養生所や町火消の整備が図られました。

⑦公事方御定書

裁判の基準などを定めるために、過去の判例を整理して**公事方御定書**（くじかたおさだめがき）という法典が編纂されました。一七四二年のことです。これは、刑法典といってもいいかもしれません。上下、二巻から成っていて、下巻を特に『御定書百箇条』と呼びます。この編纂に従事した一人に町奉行の**大岡忠相**（ただすけ）がいます。

⑧実学奨励

大岡忠相は江戸の都市復興計画にも中心的な役割を果たした人物でした。

実学とは、実際の生活に役立つ学問のことで、ここに登場するのが、青木昆陽と野呂元丈です。青木昆陽は甘藷（さつまいも）の栽培を勧めて、『蕃薯考』という栽培研究書を著しています。野呂元丈は江戸中期の医者・**本草学**（薬物学）者ですが、青木昆陽らとともに、幕府からオランダ語の修得命令〝蘭語修得命令〟が下った人です。

この実学奨励と連動する形で、吉宗は漢訳洋書輸入の禁制を緩和しています。

⑨質流し禁令

田畑が質入れされるのを防ぐために、一七二二年に**質流し禁令**を出します。その結果、質に入れた土地の奪回を図り、農民たちが動いた場所がありました。代表的なものに、越後の高田騒動——越後騒動、頸城騒動——や出羽の長瀞騒動があります。このような騒動が起こったために、質流し禁令は翌年には撤回されてしまいました。

こうした吉宗の政策に対して、**荻生徂徠**は『政談』という政治意見書を提出しています。そのほか、田中丘隅は『民間省要』という意見書を書きました。

また吉宗は、米価調節に苦心したので〝米将軍〟とも呼ばれました。

❖……中国大陸への輸出も行った田沼時代

一八世紀後期、老中の**田沼意次**と**田沼意知**が幕政を主導していた時代に移ります。

九代家重、一〇代家治に仕えた田沼意次は、流通過程に投下された商業資本を積極的に取り入れた政策をとりました。その中の一つとして、印旛沼、手賀沼の干拓計画があります。また、田沼の政策といえば、俵物の輸出というのがあります。干しあわび、ふかひれ、いりこという中国向け食糧用海産物の輸出です。

幕府は財政再建のため、新しく鉄座・銅座・真鍮座などの座を設けて、専売制度を強化します。そして、商人から運上、冥加を徴収しました。

さて、社会問題としては、冷害に浅間山の噴火が重なって、天明の大飢饉（一七八二～一七八七年）が起こりました。杉田玄白の『後見草』には津軽藩など、東北地方の生々しい惨状が記されています。また、**工藤平助**が北方情勢を『赤蝦夷風説考』にまとめ、田沼意次に献上しています。この書がきっかけで、田沼は最上徳内らを千島方面の探検に派遣しました。

田沼時代と前後して、尊王論者が弾圧されるという事件が二度起こっています。尊王論とは天皇・朝廷を尊ぶという考えですが、封建社会、幕府の時代には、危険思想と見なされ、弾圧されました。

一つは、一七五八年の**宝暦事件**です。この事件は、徳大寺家に仕えていた竹内式部が、公家に尊王論を説いたことで処罰された事件です。もう一つは、一七六七年に起きた**明和事件**で、弾圧されたのは山県大弐でした。山県には『柳子新論』という尊王論の本があります。

その他、田沼時代には南鐐二朱銀という定位銀貨も鋳造されました。これは八枚で金一両と交換できた銀貨です。

田沼の政策は賄賂で私腹を肥やすなどの風潮を生み、世評は徐々にきびしくなっていきました。そして、田沼意次の子の田沼意知が佐野政言によって殺されてしまいます。人々は佐野政言を、「世直し大明神」ともてはやしたようです。

❖……松平定信が行った寛政の改革とは？

一七八七年から着手された**寛政の改革**は、農村復興に重点を置いた改革でした。前の田沼時代を重商主義ととらえるならば、松平定信の政策は**重農主義**といえます。彼の政策を八つにまとめてみましょう。

①旧里帰農令

まず、**旧里帰農令**で都市に流入した人びとに資金を与えて農村に帰し、農村人口の確保を図ろうとしました。

②囲米制／三倉設置

さらに備荒対策として、**社倉**・**義倉**・**常平倉**の三倉の設置を制度化します。社倉は一般農民がそれぞれの経済力に応じて穀物を出し、義倉とは富裕者が穀物を寄付する倉庫です。そして常平倉は米の値段を常に平均的にしておくための倉です。これが**囲米制**で、不作や災害などの危急に備え、藩に対しては一万石につき五〇石の割合で実施させました。とはいっても米は腐るため、実際は籾を貯蔵したんですね。

③人足寄場

江戸石川島に、**人足寄場**という授産施設をつくりました。収容の対象となったのは、農村から江戸に流れ出て住む家すらなく、橋の下などで雨露をしのいでいた**無宿**と呼ばれる人びとや軽罪者などで、彼らに一定の職能技術を身につけさせ、正業に就かせる機能を担っていたのが人足寄場です。

④七分金積立の制

七分金積立の制とは、町入用の節約分の七〇パーセントを町会所に積み立てる制度で、備荒対策の一つです。それを貧民への助成・貸付、災害救助などにあてようとしたわけです。明治政府に引き継がれましたが、後に廃止となりました。

⑤寛政異学の禁

松平定信は学問統制策として、一七九〇年、**寛政異学の禁**という政策をとります。当時、幕府の御用学問である朱子学のほかに、陽明学、古学、折衷学などいろいろな学問が流行していて、それでは困るということで、朱子学の再興を期してとられた政策でした。

この政策が発令されたときの大学頭は林信敬で、実際にこの政策を推進した大学頭は、林述斎です。

幕府は朱子学以外の学問を**異学**として、聖堂学問所で教えることを禁止しました。その異学の代表的なものといえば陽明学と古学で、そのほかに折衷学、考証学があります。この政策を推進した学者は、柴野栗山、尾藤二洲、そして岡田寒泉で、**寛政の三博士**といいます。岡田寒泉が死んだ後は、古賀精里が継ぎ、新たな寛政の三博士と呼ばれました。

ところで、それまでの聖堂学問所は、一七九七年に**昌平坂学問所**と改称され、朱子学のみを教授する官学校としてのスタートを切ることになります。

⑥蔵宿棄捐令

この時代、旗本・御家人は経済的にたいへん苦しみ、借金を返せない状況になっていました。幕府は、この旗本・御家人の窮乏を救うために**蔵宿**に対して**棄捐令**を出します。蔵宿とは江戸の札差、棄捐とは借金帳消しのことで、札差に、旗本・御家人の借金を帳消しにしてやれと命令したんです。

その内容ですが、六年以前の借金はそのまま帳消しにして返す必要はない、ただし五年以内の借金は低利で年賦償還させなさい、というものでした。

⑦思想・出版統制

この時代、綱紀粛正・出版統制として弾圧された作家をまとめておきましょう。

まず、風俗を乱すとされた**洒落本**（遊里を舞台にした小説）や好色本のジャンルから、洒落本の作家、山東京伝。代表作は『仕懸文庫』です。また、表紙の色が黄色い絵入りの娯楽本のことを**黄表紙**といいますが、このジャンルの恋川春町も弾圧された一人で、代表作は『金々先生栄花夢』です。

そして、出版元の蔦屋重三郎らも寛政の改革で処罰されました。

林子平は『海国兵談』という海防論の書物を著しましたが、人心をまどわすものだとして処罰され、その版木も没収されてしまいました。この人には『三国通覧図説』という図解本もあります。三国とは琉球・朝鮮・蝦夷地のことです。

⑧尊号一件

それから**尊号一件**というできごとがありました。当時の光格天皇が自分の父親、典仁親王に太上天皇の号を贈ろうとしたところ、幕府が反対して武家伝奏（朝廷の職名。武家との連絡にあたる役）らを処分したんです。典仁親王は皇位にもついていないのだから、そのような措置は認められない、という理由でした。これによって、新井白石が閑院宮家を立てて融和を図ってきた朝幕関係が再び冷えはじめていきます。

❖……もっとも制限の厳しかった天保の改革

一一代家斉の時代を**大御所時代**と呼んでいます。一八〇五年には関東取締出役が置かれ、治安対策にも力が入れられましたが、この時代には**世直し一揆**も起こりました。一八三六年の三河の加茂一揆や甲斐の郡内一揆に加え、翌年には大坂町奉行元与力で陽明学者の大塩平八郎が貧民救済を叫んで乱を起こしました。**大塩の乱**です。さらに、これに呼応して越後では国学者の生田万も蜂起しています。これらの事件は、次なる幕政改革の必要性を促す契機になった事件で、こうして天保の改革が準備されることになったわけです。

北方探検もさらに進みます。**近藤重蔵**が択捉島（えとろふとう）に「大日本恵登呂府」の標柱を立て、**間宮林蔵**も樺太（からふと）が離島であることを発見しました。

水野忠邦は享保・寛政の改革を理想に一八四一年から**天保の改革**に着手しました。この改革を軍事面では高島秋帆（しゅうはん）、教育面では佐藤一斎が支えます。

重要な項目としてまず、物価対策に力を入れ、**株仲間解散令**を出しました。

二つめは、寛政の改革以来の旧里帰農令が不徹底だったので、それを受ける形で新たに**人返しの法**を出して貧民の帰郷を強制しました。

三つめとして、天保の改革でも**棄捐令**が出されました。この棄捐令も、借金帳消しを意図するものですが、借金の返済のために幕府が公金を貸与し、半分はそれによって結果的に帳消し、残り半分は低利で年賦償還しなさいという法令でした。

四つめには、やはり社会の綱紀粛正を目的として**出版統制**が行われました。処罰の対象は、**合巻**（ごうかん）というジャンルです。これは黄表紙の一巻、二巻と巻を合わせる合本ものの大衆読物で、代表的な作家は柳（りゅう）亭種彦（ていたねひこ）、その作品が『偐紫田舎源氏（にせむらさきいなかげんじ）』です。また、**人情本**で有名な為永春水（ためながしゅんすい）の『春色梅児誉美（しゅんしょくうめごよみ）』も弾圧の対象とされました。

水野忠邦は、一八四三年に**上知令**（あげちれい）を出しました。これは江戸と大坂周辺の五〇万石の土地を幕府の直轄領にしようというものでしたが、大名らの猛反対を受けて水野忠邦は失脚してしまいます。

❖……天保時代に諸藩が行った藩政改革とは？

天保の幕政改革と並んで、諸藩においても藩政改革が推進されました。薩摩藩の藩政改革の中心人物は**調所広郷**（ずしょひろさと）です。琉球密貿易と砂糖の専売によって藩財政の建て直しを図ったんですね。

薩摩藩の藩財政の建て直し方は一般に、〝五〇〇万両二五〇年賦償還〟といわれます。五〇〇万両の借金を毎年二万両ずつ二五〇年かけて返還するというものですが、これは一八七一年の廃藩置県で事実上踏み倒され、結局帳消しとなりました。

長州藩の毛利氏のもとで藩政改革の中心になったのは**村田清風**（せいふう）です。紙や蠟（ろう）の専売を行ったほか、越荷方（こしかた）という藩外から集まってくる物資を扱う倉庫業兼金融業を行う役所を最大限利用して利益を得ました。

長州藩の藩財政の建て直し方は〝借財三七か年皆済仕法〟と呼ばれます。こうして薩摩・長州ともに藩財政の建て直しは成功します。だからこそ明治維新は、こうした経済的にある程度余裕をもった薩長を中心に実現したわけです。

土佐藩の藩政改革の中心人物は吉田東洋です。中・下士層で開明派の中心勢力を〝おこぜ組〟といいましたが、門閥勢力によって弾圧されて挫折します。

肥前藩つまり佐賀藩鍋島氏のもとで改革の中心になったのは江藤新平でした。一八五〇年、最初に洋式大砲鋳造のための反射炉を設けたのも肥前藩です。この藩は有田焼（伊万里焼）の専売などを通して藩財政の建て直しを行いました。

❖……鎖国を崩壊に導いた諸外国との関わり

ちょうど松平定信のころから、外国船の日本への接近がうるさくなり、鎖国は崩壊へと向かいます。

一番早く日本に開国を求めてきたのはロシアです。一七九二年、ロシアの使節**ラックスマン**がエカテリーナ二世の命で根室に来航して通商を求めました。このとき、さきの漂流民**大黒屋光太夫**が護送されて帰国しています。さてその大黒屋光太夫の記録として、桂川甫周が編纂した『北槎聞略』が残されています。このとき、幕府は鎖国の方針によってこれを拒否します。一八〇四年には、さきにラックスマンが松前奉行からもらっていた長崎回航許可証（信牌）を持って**レザノフ**が長崎にやってきますが、これも鎖国は〝祖法〟であるとして追い返します。

異国船が相次いで接近したので、幕府は一八〇六年、異国船の求めに応じて薪や水などを与え、速やかにかつ穏便に退去させようという、鎖国の体制を少し改める法令を出しました。これが**文化撫恤令**です。

❖……頻発する外国との衝突事件と幕府の対応

一八〇八年、イギリス軍艦フェートン号がオランダ船を追って長崎に進入し、狼藉に及んだ**フェートン号事件**が発生します。これは当時、英蘭両国が敵対したナポレオン戦争の余波を受けたものです。これを苦にした長崎奉行松平康英が引責自害しました。

一八一一年には、国後島に上陸したロシアの軍人**ゴローウニン**が捕えられる事件が発生します。この抑留中に彼が書いた手記が『日本幽囚記』です。その報復として、日本側の高田屋嘉兵衛という廻船業者がロシア側に拿捕されました。ゴローウニンと**高田屋嘉兵衛**は交換される形で一件落着になります。

一八二五年、幕府はついに**無二念打払令**（異国船打払令）を出します。これは、外国船と見たら二念無く（躊躇しないで）打ち払えというものです。この法令が発布される直接の契機となったのは、一八二四年のイギリス人の常陸大津浜上陸事件と薩摩宝島上陸事件でした。

その三年後には、ドイツ人医師シーボルトが帰国の際に国禁の日本地図を持ち出そうとしたことが発覚して、**シーボルト事件**に発展します。シーボルトは国外追放処分となり、地図を与えた幕府天文方の高橋景保も投獄され獄死しました。以後、蘭学に対する統制が一層きびしくなっていきます。

一八三七年には、アメリカのオリファント社の商船モリソン号が、相模の浦賀、薩摩の山川の沖で撃退される**モリソン号事件**が起こります。この幕府のやり方に対して、蘭学研究グループ尚歯会の高野長英、渡辺崋山らは外国との和親の必要を説く批判文を書きます。

高野長英がまとめたものが『戊戌夢物語』で、**渡辺崋山**も『慎機論』を著して幕政を批判しましたが、一八三九年、二人とも逮捕、投獄されてしまいます。これを**蛮社の獄**といいます。

一八四〇年に清で**アヘン戦争**が起こります。水野忠邦はイギリス艦隊が開国を迫って日本に押し寄せるとの情報を聞いて、一八四二年、**天保の薪水給与令**を出すことにしました。内容は、無二念打払令を止め、異国船に穏便な措置をとる文化撫恤令に戻せというものです。

さらに一八四四年、幕府はオランダ国王ウィレム二世の開国勧告を受けることになりました。十二代将軍徳川家慶の時で、来日した使節はコープスです。また、その翌々年には、アメリカの軍人**ビッドル**が開国を求めて浦賀に来航しましたが、幕府に拒絶され、平穏に退去します。

こうして鎖国は、やがて一八五四年の**日米和親条約**の締結によって崩れます。

❖……ペリーが浦賀にもたらした「幕末のはじまり」

一八五三年、軍艦サスケハナ号で、**ペリー**が浦賀にやってきました。同年には、ロシアの**プチャーチ**

ンが長崎に来航します。

そして、翌一八五四年ペリーが再来し、ついに日本はアメリカと**日米和親条約**を結びました。これを神奈川条約とも呼びます。双方の代表は、ペリーと老中の阿部正弘（あべまさひろ）です。そして、**下田・箱館**の二港を開くことになります。また、難破船乗組員などを救助することも取り決めました。もっとも重要なことは、アメリカに一方的な**最恵国待遇**を与えたことです。最恵国待遇の意味は、日本はアメリカと条約を結びましたが、日本がその後別の国と条約を結んだ場合、その条約がアメリカとの条約より有利な場合、その有利な点をアメリカにも認めるということです。

一八五四年には、**日露和親条約**も結ばれました。日本側の全権は川路聖謨（かわじとしあきら）、ロシア側はプチャーチンです。この条約で、**長崎**の開港が約束されます。アメリカに対して長崎は開港していませんでしたが、最恵国待遇を与えていましたから、実際にはアメリカにも長崎を開港場として認めることになりました。

このときは、日露間の国境も問題となりました。**択捉島**（えとろふ）と**得撫島**（うるっぷ）の間を日本とロシアの国境にし、択捉島以南は日本領、得撫島以北はロシア領としました。そして、**サハリン（樺太）**は日露両国人雑居の地となったわけです。

幕末、こうして日本はアメリカ、イギリス、ロシア、オランダと和親条約を結びました。

幕府は外国と和親条約を結ぶ一方で、阿部正弘が安政の改革をすすめ、一八五五年に長崎に幕府の海軍の母体となる海軍伝習所を、翌年には江戸の築地に講武所（こうぶしょ）という陸軍の母体となる組織をつくります。大慌てで対外防備を固めようとしたんですね。

一八五六年には、さらに初代アメリカ総領事として**ハリス**が来日します。通訳を務めたのはヒュースケンでした。

一八五八年、アメリカと**日米修好通商条約**が結ばれます。これは条約と関税率などを決めた貿易章程から成り立っていました。日米の代表者は、**井伊直弼**（なおすけ）とハリスです。この条約に井伊直弼は無勅許調印、つまり朝廷の許しなしで調印したため、これを違勅調印ともいいます。

結局、この条約で日本は五港を開いて貿易することになりました。長崎、箱館、新潟、兵庫（実際には神戸）、神奈川です。下田は神奈川開港六ヶ月後に閉鎖となりました。

関税は、輸入税は五パーセントから三五パーセントまであり、平均二〇パーセント。輸出税は五パーセントと決められました。このように、**関税自主権がない**ため関税率を自主的に決められず、外国との協定が必要とされる協定関税制度をとったために、後々まで禍根を残します。

外国人が日本の法律の拘束を受けない**治外法権を承認**したことも問題でした。そのため、後の明治時代、外交担当者が躍起になってこの二つの問題を解決しようと努めるわけです。

こうして、貿易を前提とした条約が、アメリカ、オランダ、イギリス、フランス、ロシアと結ばれます。**安政の五か国条約**です。

一八五九年から、この条約に基づいて貿易がさっそくはじまります。開港した五港のうち中心となったのは神奈川から変更になった横浜で、相手国で首位に立ったのはイギリスでした。条約締結に熱心だったアメリカが貿易相手国として首位に立てなかったのは、南北戦争のためです。

❖……貿易で日本から大量の金が流失！

輸出品は生糸、茶、蚕卵紙（さんらんし）などが中心で、輸入品では毛織物と綿織物が全体の七四パーセントぐらいを占めていました。

はじめのうちは、海外の物資が一挙に流れ込んで輸入超過でしたが、またたく間に輸出超過に転じ、物資が間に合わない状況になります。そして物価は騰貴し、一般庶民や下級武士などの消費生活者を直撃しました。すると、彼らは幕府に不信、不満を募らせ、不穏な空気が市中に漂いはじめます。

当時、日本では金対銀が一対五でした。ところが外国では金対銀が一対一五だったものですから、外国人は大量の銀貨を持ってきて、日本で金を買うわけです。その結果、一〇万両以上の金貨が海外に流出したといわれます。そのため、幕府は貨幣改鋳（かいちゅう）に踏み切りました。江戸時代最後の貨幣改鋳で万延小判が鋳造されたんです。

しかし品位が劣る小判だったため、物価が上昇し、インフレーションを引き起こしてしまいました。都市での消費生活はますます苦しくなり、幕府に対する不信・不満も高まっていきます。こうした状況の中で、外国人を排斥すべしという攘夷運動も起こるようになりました。

さらに農村にいて生産者と直接的な結び付きを強めながら力をつけてきた**在郷商人**と呼ばれる商人が、問屋を通さずに品物を横浜に直送するようになりました。これによって、江戸の既存の問屋群が大変な打撃を受けることになったんです。

そのために一八六〇年、幕府は五つの品物にかぎって、これだけは江戸の問屋を経由させろという、**五品江戸廻送令**という経済統制令を出します。五品とは、雑穀、水油、蠟（ろう）、呉服、生糸ですが、この中に米は入っていないことに注意してください。

一八六〇年、日米修好通商条約の批准書（条約に対して確認・同意を示す文書）を交換するために、外国奉行の新見正興（しんみまさおき）がポーハタン号でワシントンに渡ります。**咸臨丸**（かんりんまる）はこのときの護衛船で、**勝海舟**（勝安房守安芳（あわのかみやすよし））が艦長です。

一八六六年には、改税約書という関税率改定の条約が結ばれて、輸出入品とも一律五パーセントの税率となりました。改税約書を作成したのはイギリス人の駐日公使パークスです。

❖……将軍世継ぎ問題で、幕内の派閥争いが激化

一八五五年から一八五六年にかけて、幕府内部では一四代将軍を誰にするかという**将軍継嗣**（けいし）**問題**が起こっていました。一三代は徳川家定ですが、病弱で子どもができないので、死なないうちに継嗣を決めておかねばなりませんでした。

越前藩主松平慶永（よしなが）、水戸の徳川斉昭（なりあき）、薩摩の島津斉彬（なりあきら）などは、老中首座の阿部正弘と結び、一四代将軍に**一橋慶喜**（よしのぶ）を推します。この一派を**一橋派**と呼びます。

それに対して彦根藩主井伊直弼（なおすけ）ら譜代大名の連中は、一四代将軍に紀伊藩の**徳川慶福**（よしとみ）を就けようとするわけです。この勢力は、**南紀派**と呼ばれました。

一八五七年に、老中阿部正弘が死去し、堀田正睦（まさよし）が老中首座になりますが、堀田はこの事態を決断しえず、朝廷から条約調印の勅許も得られず失脚してしまいます。

やがて井伊直弼が大老に就任するに及んで、一四代将軍継嗣を強引に慶福と決定します。その後家定はすぐに死に、徳川慶福は名を**家茂**（いえもち）と改めて一四代将軍に就くことになりました。慶福と慶喜は、一足早く慶福が将軍になり、最後に慶喜が一五代将軍となるわけです。

このように幕末の政局は将軍継嗣をめぐる問題と、違勅調印により貿易をはじめたことによる幕府への各層の不満、という二つの問題をかかえていたんです。

一八五八年、一橋派は、井伊直弼の専制的なやり方に大きな不満の意を表します。そこで井伊直弼は

一八五八年から翌年にかけて、**安政の大獄**と呼ばれる一橋派の弾圧に乗り出しました。

安政の大獄で処罰された人たちとは、吉田松陰、橋本左内、頼三樹三郎、そして梅田雲浜、三条実万、近衛忠熙らです。

それに憤怒した水戸を中心とする尊攘派の志士によって一八六〇年、井伊直弼は登城中に桜田門外で暗殺されてしまいました。これを**桜田門外の変**といいます。

幕府は、井伊直弼が暗殺されたことに大変なショックを覚え、この幕末の難局を乗り切るために、朝廷と手を取り合って解決していこうとするわけです。

❖……公武合体論 VS 尊攘論、勝者はどっち？

井伊直弼が暗殺された後、幕府政治を主導したのは安藤信正と久世広周という老中で、安藤・久世政権といいます。彼らは、幕末の難局を朝廷と共存して乗り切ろうと、**公武合体**の考え方で政治を行いました。

朝廷と幕府が一体になる早道が、政略結婚です。こうして孝明天皇の妹、和宮を一四代将軍家茂の夫人に迎えた和宮降嫁が実現したわけです。

中央の江戸幕府で公武合体が唱えられましたが、地方でも公武合体構想を唱える者が現れます。長州藩でも公武合体論が唱えられました。長州藩の公武合体論を、特に**航海遠略策**と呼んでいます。この構想を唱えたのは長井雅楽で、開国をしてどんどん貿易をすべきだという考えですが、このような長州藩の考え方は、まもなく衰退してしまいます。

その理由は、まず、幕府の考えと同じだという批判が出たこと。さらに、中央でこの公武合体を唱えていた安藤信正が、一八六二年に**坂下門外の変**で失脚したこと。そして、新しい公武合体を唱える薩摩の**島津久光**（ひさみつ）が登場したことです。

長州藩の公武合体構想は、ここで挫折に終わります。そこで長州藩は藩論を**尊王攘夷**という考え方に変えていきます。尊王攘夷とは朝廷を尊んで、外国人、外国船を打ち払えという考えで、ここから本格的に、長州藩は尊王攘夷の中心となるわけです。

一八六二年、島津久光が京都に上ったとき、彼は新しい公武合体構想を抱いていました。ところが同じ薩摩の人間の中に、尊王攘夷を唱える連中がいたんです。その連中が久光の命を受けた薩摩藩士によって寺田屋で討たれてしまいます。これが**寺田屋騒動**、あるいは寺田屋事件といわれる薩摩藩の内部抗争です。久光は、やがて江戸に向かいますが、そのときに久光を従えて勅使として派遣され、幕政改革・将軍上洛の勅命を幕府に伝えたのは公家の大原重徳（しげとみ）でした。そして一八六二年、島津久光は**文久の改革**と呼ばれる幕政の改革を行います。勅命により実施されたこの改革で、新しく**政事総裁職**（松平慶永・前越前藩主）、**将軍後見職**（一橋慶喜）、**京都守護職**（松平容保（かたもり）・会津藩主）という補強機関を設けたわけです。

幕政改革を終えて、島津の一行は帰途につきます。そして横浜近くの生麦村にさしかかったとき、その行列をイギリス人らが乗馬したまま横切り、島津の家臣がそのイギリス人を切りつける事件が発生しました。これが**生麦事件**で、重傷を負ったイギリス人のリチャードソンはまもなく死んでしまいます。この事件によってイギリスと薩摩の間の緊張は非常に高まり、ついに翌一八六三年、**薩英戦争**がはじまりました。

ところがこの後、両者は和解します。薩摩は攘夷が無謀であることをさとり、イギリスは幕府から離れて薩摩に接近し、薩英間は次第に親密になるわけです。

一八六三年には、尊王攘夷を唱えている長州藩が具体的に動き出します。五月一〇日を期して、長州藩は下関沖を通る外国船に砲撃を加えるという行動に出て、攘夷を決行するんですね。

同年、文久三年は尊王攘夷運動の全盛期で、大和の天誅組（てんちゅうぐみ）の変（首謀者は吉村寅太郎）や、平野国臣（くにおみ）らによる但馬の生野の変が起こっています。

しかし公武合体派の薩摩藩も負けてはいません。尊攘派を京都から追放しようと、一八六三年八月一八日、三条実美（さねとみ）ら尊攘派に傾いていた急進派の公卿を朝廷から追放します。これが**八月一八日の政変**と呼ばれるクーデタです。そして三条実美・沢宣嘉（のぶよし）らが、雨の日に長州に向かいます。これを七卿落ちといいます。

ちなみに、土佐も薩摩と同じく公武合体論です。それを、特に**公議政体論**と呼びます。基盤となったのが坂本竜馬の船中八策で、これは朝廷を中心とする大名会議に権力をもたせようという国家構想でした。竜馬は、海援隊という海運貿易会社をつくっています。

その後一八六四年には、水戸の尊攘派天狗党が筑波山で挙兵します。しかしこれも、またたく間に壊滅してしまいます。そのほかに、京都の尊攘派の連中が池田屋で新選組に襲撃されるという**池田屋事件**を起こしました。その新選組の隊長が近藤勇（いさみ）です。

その後、長州藩が一八六三年に外国船を砲撃した報復として、イギリス、アメリカ、フランス、オランダの四国と長州藩との間に武力衝突が起こります。これを**四国艦隊下関砲撃事件**といい、これによって長州藩も、攘夷が不可能なことをさとりはじめます。

しかし、八月一八日の政変で失った勢力の挽回をねらって、一八六四年、長州藩は再び京都に上って

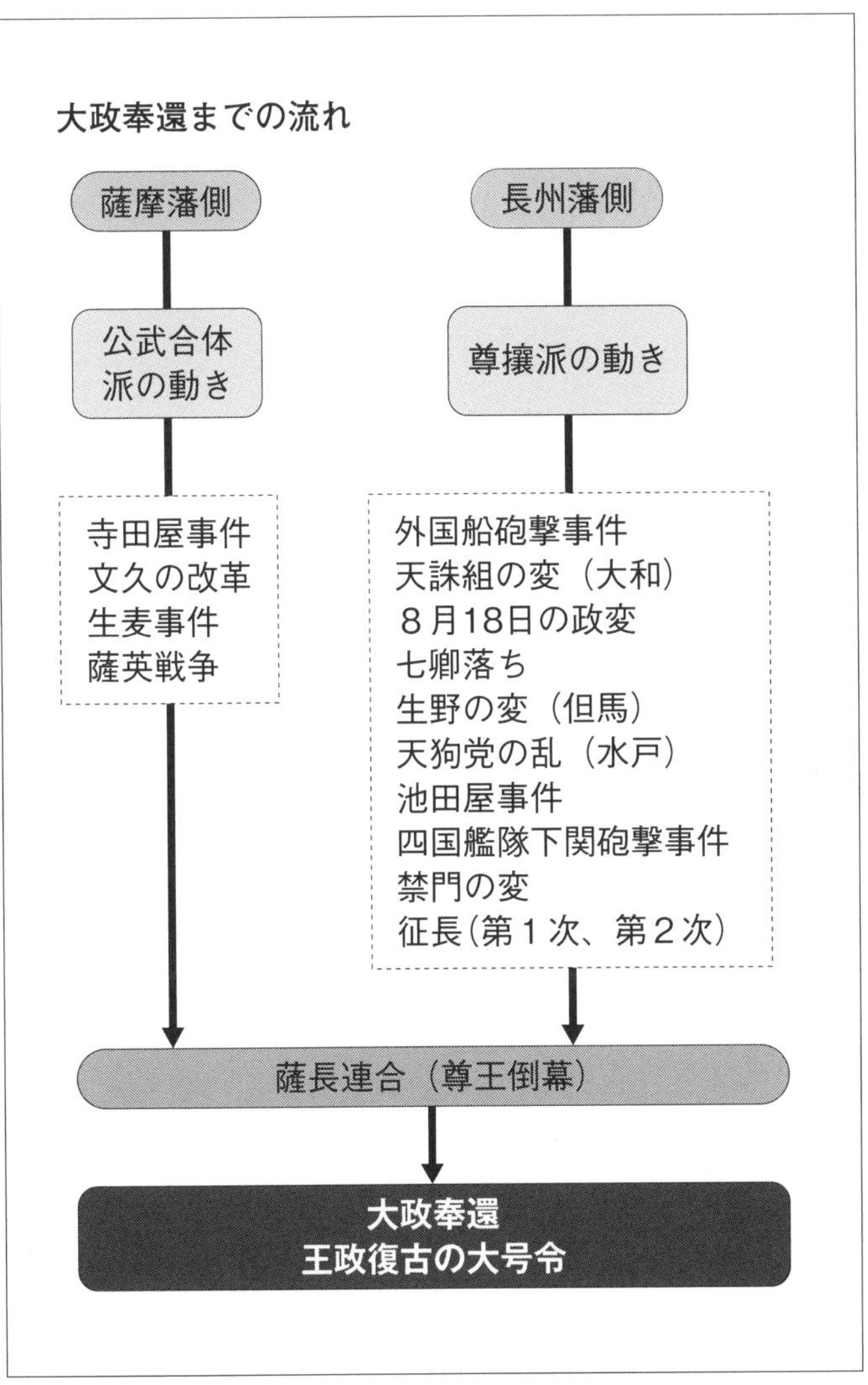
大政奉還までの流れ
薩摩藩側
長州藩側
公武合体派の動き
尊攘派の動き
寺田屋事件
文久の改革
生麦事件
薩英戦争
外国船砲撃事件
天誅組の変（大和）
８月18日の政変
七卿落ち
生野の変（但馬）
天狗党の乱（水戸）
池田屋事件
四国艦隊下関砲撃事件
禁門の変
征長（第１次、第２次）
薩長連合（尊王倒幕）
大政奉還
王政復古の大号令

きます。ところが御所を守備していた薩摩・会津・桑名藩と戦って、またも敗北してしまいました。これを**蛤御門の変**（禁門の変）と呼びます。

このような状況の中で、幕府側から長州藩に手入れが入ります。これは二回あり、この年**第一次長州征討**（征長）が行われました。この時長州藩は幕府に対して恭順の意を示しました。一八六四年は、尊王攘夷思想と運動の崩壊期といえます。

❖……時代を動かした二つの思想と大政奉還

一八六六年には、藩論が違う薩摩と長州が盟約を結びます。薩摩は公武合体論、長州は尊王攘夷論。両藩が手を組んだ理由は、財政難と武器の調達でした。薩摩は財政難、長州は尊攘運動がズタズタに引き裂かれているから、武器が欲しい。薩英間は親密化したから、薩摩がイギリスから武器を買って長州に売れば、長州は武器が入るし、薩摩には金が入る。これを構想し、斡旋したのが土佐藩の**坂本竜馬**（海援隊）、**中岡慎太郎**（陸援隊）らでした。

薩摩藩と長州藩が合同した後に生まれた考え方が、いわゆる尊王倒幕論です。

一八六六年、相変わらず不穏な動きをやめない長州藩に幕府は再び出兵します。**第二次征長**です。今度は幕府軍が不利な情勢となり、将軍家茂の急死もあり、征討は中止となりました。

一八六七年、土佐藩の後藤象二郎から土佐の前藩主山内容堂（豊信）を通して、家茂の死後一五代将軍となった徳川慶喜のもとに、**大政奉還**したほうが良いという建議が出されます。それを受け入れた慶喜は、一〇月一四日に朝廷に大政奉還を上表します。同日、薩長両藩には討幕の密勅がくだっていましたが、大政奉還が翌日に受理されたので、討幕の密勅は不発に終わります。

そして一二月九日、薩長を中心とする倒幕派から**王政復古の大号令**が宣言されました。

今までの幕府、征夷大将軍、また摂政・関白などを廃止し、新しい政治体制の基盤として、**三職**と呼ばれるポストを新設することを、ここで宣言します。三職というのは、総裁、議定（ぎじょう）、参与です。総裁には有栖川宮熾仁親王（ありすがわのみやたるひとしんのう）が就任します。同日の夜に京都御所で開かれた小御所会議で、慶喜の辞官納地（官位辞退と領地返上）などが決定されたわけです。

この幕末のようすを外国はどう見たのでしょう。イギリスは薩英戦争の後、薩摩と親密化し、長州にも武器を送っていますから、薩摩、長州藩につきました。それに対してフランスは幕府側を支援しました。イギリスで薩長側を支援した代表的人物は、駐日公使パークスです。フランスはロッシュです。

❖……江戸中心に開花した化政文化

化政文化は江戸時代後期の文化と位置づけられます。

江戸中期以降、幕府および諸藩では赤字財政が続き、幕政改革が繰り返されました。いずれも抜本的解決に至らず、一九世紀中ごろにペリーが来航し、条約締結を機に開国に転じます。そして将軍継嗣問題がからむ中、幕府は崩壊の危機をむかえることになりました。この危機を示す当時の言葉が**内憂外患**です。

この時代の文化の特徴は、元禄文化が上方で花開いたのに対し、化政文化は**江戸中心**に開花したという点です。また、文化の地方化も著しく、地方の農村でも文化が花開いています。これを在村文化といい、地方文化人の業績・活動などの研究も最近注目されています。

また、庶民的傾向が強くなる一方、考証的・科学的精神が芽生えましたが、一方では世紀末的傾向も強まって、享楽的・頽廃的な負のイメージも醸し出しています。

❖……歌麿、写楽、広重が登場した浮世絵界

多色刷りの版画を開発したのは**鈴木春信**で、その多色刷りの版画は**錦絵**と呼ばれます。春信の代表作は『弾琴美人』です。

版画は、彫る前に絵師が下絵を描き、その絵を彫師が彫り、彫り上がった板を摺師のところに持っていきます。だから錦絵は絵師と彫師と摺師の息の合った総合芸術といえるわけです。この多色刷版画の発明で、一八世紀末から一九世紀にかけて、浮世絵は黄金時代を迎えます。

美人画をよく描いたのは**喜多川歌麿**で、代表作は『婦女人相十品』。役者絵や相撲絵を得意としたのが**東洲斎写楽**で、代表作に『市川鰕蔵』『中山富三郎』などがあります。その歌麿と写楽の共通している特徴は、顔をアップで描いた大首絵という点です。

風景画では、**歌川広重**の『東海道五十三次』と**葛飾北斎**の『富嶽三十六景』が代表的です。

ところで広重の『東海道五十三次』は、実は広重の作品ではなく、盗作していたという新聞記事がありました。広重の前に、同じような構図の絵を銅版画の司馬江漢が描いていたというんですね。今では、『東海道五十三次』は、もともと司馬江漢が描いていたという意見が強くなっているようですが、真相はよくわかりません。

写生画をよくしたのが、**円山応挙**です。代表作に『雪松図屏風』や『保津川図屏風』などがあります。応挙の弟子が松村月溪です。呉春とも呼ばれ、四条派を開きました。

銅版画では、先ほどの司馬江漢です。凸レンズを通して見る眼鏡絵の代表作に『不忍池図』がありま

す。

西洋画で有名なのは亜欧堂田善で、代表作は『浅間山図屏風』です。

文人画とは、僧侶、学者、俳人といった絵描きでない人が描いた絵をいいます。その代表として、『鷹見泉石像』と『一掃百態』を描いた渡辺崋山がいます。『一掃百態』は、寺子屋の様子が描かれている絵として知られています。

文人画家ではもう二人、**池大雅**と**与謝蕪村**がいます。この二人の合作に『十便十宜図』があります。

❖……曲亭馬琴をはじめ多くの作家が活躍

小説では、元禄時代の浮世草子に代わって、多様な戯作文学が流行しました。

洒落本では山東京伝の『仕懸文庫』、**黄表紙**では恋川春町の『金々先生栄花夢』があります。この二人は、綱紀粛正のために寛政の改革で弾圧され、山東京伝は手鎖五〇日の刑となりました。

また、上巻・中巻・下巻など、巻を合わせて合本したものを**合巻**といいます。柳亭種彦が有名で、代表作に『偐紫田舎源氏』があります。

人情本とは、恋愛物をテーマとした本です。このジャンルでは為永春水の『春色梅児誉美』が代表的です。合巻と人情本は天保の改革で弾圧されました。

読本は文字どおり、文章を読むのが中心となる本です。初期読本では、**上田秋成**の『雨月物語』。後期になると、**曲亭馬琴**が『南総里見八犬伝』を著しました。これは勧善懲悪文学として知られています。そのほかに馬琴は、源為朝伝説をテーマとした『椿説弓張月』を書きました。

滑稽本では、十返舎一九の『東海道中膝栗毛』、弥次喜多道中の話ですね。式亭三馬といえば代表作は『浮世風呂』『浮世床』。

俳諧では、与謝蕪村の『蕪村七部集』。この人は絵も描いています。蕪村の写生画の師は、沈南蘋という清の人です。小林一茶の『おらが春』や、横井也有の『鶉衣』も有名です。

狂歌では、大田南畝。この人は他に、蜀山人、四方赤良、寝惚先生などとも呼ばれました。代表作に『万載狂歌集』などがあります。

川柳では、柄井川柳が『誹風柳多留』を編纂しています。

和歌では、香川景樹が歌集の『桂園一枝』を出しました。

浄瑠璃作者では**竹田出雲**が有名で、作品には『仮名手本忠臣蔵』と『菅原伝授手習鑑』があります。歌舞伎の脚本では、**鶴屋南北**の『東海道四谷怪談』や河竹黙阿弥の『三人吉三廓初買』があります。江戸三座と呼ばれた歌舞伎の中村座・市村座・森田座は、連日超満員でした。

❖……宝くじが大流行し、さまざまな宗教が創始される

農民たちが、唯一の旅の機会と称して善光寺参りや金毘羅参り、伊勢神宮に参詣する**御蔭参り**など、あちこちの寺社めぐりなど、旅に出かける機会がありました。御蔭参りは特に六〇年周期でブームになりました。

そのほか、信仰にもとづいた人びとの集まりもありました。富士山を信仰する人びとの集まりを富士講といい、庚申講という信仰組織もありました。これは、人の体の中にいる三匹の虫が、庚申の夜に寝ている人の口から出ていって天帝に日頃の悪行を告げ口すると天帝はその人を早死させてしまう、という中国の道教の教えにもとづいているものなんです。だから、その夜は寝ないで食べて飲んで語り合お

うと、人びとが集まったわけです。そのほか、観音講や念仏講などもありました。西国三三カ所・坂東三三カ所・秩父三四カ所巡礼も盛んになります。もちろん、四国八八カ所巡礼もありました。

寺院は当時、**富突**（とみつき）という、今でいえば宝くじのような興行をして利益を上げて経営費に充てました。江戸で人気を集めた富突の会場が谷中天王寺、湯島天神、目黒不動で三富と称されました。

宗教では、江戸時代後期に国学者の平田篤胤（あつたね）が復古神道を提唱しました。幕末期になると、黒住宗忠（くろずみむねただ）が備前国で黒住教をはじめます。中山みきは大和国で天理教を創始しました。これは奈良県天理市に本部があります。また、川手文治郎は備中国で金光教（こんこう）を創始しました。

それから幕末に東海地方に発生したのが、民衆運動「**ええじゃないか**」の乱舞です。これは、一八六七年一二月九日、王政復古の大号令とともに鳴りやんでしまいます。

❖……江戸時代に開かれた教育施設

幕府関係の学校を見てみると、綱吉の時代に林家の私塾が湯島に移転されて聖堂学問所と名乗ります。その聖堂学問所がしばらく続いて、一七九〇年からの寛政異学の禁政策の最後として、一七九七年に聖堂学問所は**昌平坂学問所**と名前を改めました。そうして正式に官学となっていくわけです。

その一方、西洋の書物を翻訳するための翻訳局が一八一一年に置かれました。**蛮書和解御用**（ばんしょわげごよう）といいます。蛮書の〝蛮〟とは南蛮人の〝蛮〟だからヨーロッパの書物、それを〝和解〟、つまり日本語に翻訳する、そのための機関という意味です。

それが一時、洋学所と名前を変え、一八五六年に**蕃書調所**（ばんしょしらべしょ）、さらに文久の改革の一環として一八六二年に**洋書調所**と名前を変えて発展していきます。

それから、種痘館は東大医学部のルーツです。

藩学は藩士の子弟教育のために設けられた学校です。仙台に設けられたのが養賢堂、米沢には興譲館、会津には日新館、そして水戸には徳川斉昭が設置した弘道館。それから、名古屋には明倫堂ですね。ほかにも、岡山には花畠教場があります。岡山藩主の池田光政は、陽明学者の熊沢蕃山を招いて藩政の刷新を図りました。その時熊沢蕃山が私塾として設立したのが花畠教場で、それが一七世紀後期になると藩校として本格的に発展したわけです。萩には明倫館があります。

また、福岡には修猷館、熊本には時習館、鹿児島には造士館があります。

私塾では、古学者の伊藤仁斎が古義堂を京都堀川に設けました。陽明学者大塩平八郎の塾は洗心洞です。大槻玄沢は芝蘭堂を設立。国学者の本居宣長が開いた鈴の屋は、入口に鈴がぶら下がっていたので鈴の屋といいます。石田梅岩は心学舎という心学の塾を開きました。

さて、荻生徂徠は蘐園塾を設けます。緒方洪庵は適々斎塾。中井甃庵は大坂に懐徳堂を、広瀬淡窓は豊後の日田というところに咸宜園という塾をつくりました。シーボルトは長崎に鳴滝塾をつくります。

一般庶民のための学校としては、ほかに**郷学**と呼ばれる機関がありました。東北地方では宮城県岩出山にある有備館。摂津平野におかれた郷学の学校は含翠堂。岡山には閑谷学校があります。

庶民の初等教育の場、**寺子屋**で教えたのが読み・書き・算盤です。使われた教材は往来物や饅頭屋宗二が刊行した辞書『節用集』です。江戸時代になると商人用の教科書、堀流水軒の『商売往来』なども使われるようになりました。

❖……国学や洋学をはじめ、多くの学問が発達

古典の研究を通して、日本古来の精神を究める学問を国学といいます。国学では、北村季吟が『源氏物語湖月抄』、戸田茂睡は『梨本集』を書きました。

契沖が書いたのは『万葉代匠記』です。代匠とは、師匠に代わって書いたという意味で、徳川光圀の依頼で、下河辺長流に代わって書いた本です。

荷田春満は『創学校啓』という本を書いて、国学の学校をつくることを希望しています。これは徳川吉宗に献呈されたものです。

賀茂真淵には、『国意考』『万葉考』『祝詞考』という著作があります。

本居宣長は国学の大成者で、著作は『古事記伝』『玉勝間』『源氏物語玉の小櫛』『秘本玉くしげ』などです。

それから**塙保己一**は和学講談所を創設して、国文学・国史をまとめた叢書『群書類従』を編纂しました。

次に江戸中期以降の蘭学を見てみましょう。

前野良沢・杉田玄白・中川淳庵・桂川甫周たちがドイツの医学書『ターヘル＝アナトミア』を日本語に訳して、本を完成させました。そのタイトルが『解体新書』で、刊行されたのが一七七四年。『解体新書』の挿絵を描いたのは小田野直武です。

大槻玄沢は『蘭学階梯』、杉田玄白は『蘭学事始』を書いています。階梯とは入門という意味ですから、『蘭学階梯』は蘭学への入門書ということです。『蘭学事始』には、『解体新書』を完成させたときの苦心談が収められています。

それから**稲村三伯**は最初の蘭日辞書『ハルマ和解』を著しました。

本草学とは薬物学とか博物学という意味です。この分野では**貝原益軒**の『大和本草』があります。**稲生若水**は『庶物類纂』という膨大な本草学書をつくっています。加賀藩主の前田綱紀が編纂を保護しました。

平賀源内は摩擦起電器のエレキテルを製作しました。源内は多才な人で、寒暖計なども発明・製作しています。

心学の創始者**石田梅岩**の著書は『都鄙問答』です。石田は**町人の道徳**を学問として追究し、商人の利潤追求の正当性などをわかりやすいことばで語りました。弟子に中沢道二・手島堵庵らがいます。

ケンペルの『日本誌』も有名です。蘭学者志筑忠雄は、その一部を訳して鎖国という言葉をつくり上げたわけです。シーボルトには『日本動物誌』と『日本植物誌』という著作があります。また、フランスの司祭ショーメルが書いた『家事辞書』(『家事百科事典』)を大槻玄沢・馬場貞由らが蛮書和解御用で翻訳し、『厚生新編』というタイトルで世に出しました。

❖……当時の政治経済論、経世思想とは?

世の中を治め民を救うにはどうすべきかという**経世済民の思想**、つまり政治経済論あるいは政治改革論については、いろいろな考え方が出てきます。

例えば、朝廷が中心であるという考え方を尊王論といいますが、天皇を尊ぶべきという考え方は江戸幕府にとっては危険思想と見なされました。『柳子新論』を著した山県大弐は尊王論を展開し、明和事件で処罰されています。

それから、儒学者で尊王論者の蒲生君平は朝廷の儀式の復興をめざし、天皇陵の調査をはじめ、『山陵志』という本を書きました。頼山陽（らいさんよう）は『日本外史』を著し、これは幕末の尊王攘夷運動に影響を与えました。

幕末になると水戸藩では尊王攘夷論が唱えられました。水戸藩には『弘道館記述義』を書いた藤田東湖がいます。

士農工商という厳しい身分社会を批判したのが、八戸の医者**安藤昌益**です。著書には『自然真営道（じねんしんえいどう）』と『統道真伝』などがあり、ともに万人直耕の自然世を理想としています。

江戸時代後期には、外国船が頻繁に日本近海に姿を現します。そのため、鎖国の方針を貫き通していいのかどうか、という問題が出てきました。その中で、海岸を防備したほうがいいという海岸防備論、略して**海防論**という考え方が興ってきます。海岸防備の必要性を説いたのが**林子平（はやししへい）**です。代表作に『海国兵談』と『三国通覧図説』があります。

本多利明は、日本が島国であることを利用して積極的に海外に進出すべきだという**開国貿易論**を唱えました。著書は『経世秘策』と『西域物語』です。

それから〝東洋の道徳、西洋の芸術〟を説いた**佐久間象山**もこの時代です。

重商主義を説いたのは**佐藤信淵（のぶひろ）**で、彼は『経済要録』『農政本論』『宇内（うだい）混同秘策』などの本を書きました。

明治時代……新政府の誕生と近代化への道

欧米に比肩すべき近代国家を建設するために、明治維新政府は、富国強兵・殖産興業をスローガンとしてさまざまな政策を進めます。この急激な近代化政策に対して、下からは自由民権運動が起こり、やがて内閣制度・大日本帝国憲法の制定を通じて立憲体制が整えられました。

経済面では、二度の産業革命をへて、日本近代資本主義が確立。一方で、日清・日露戦争を通じて軍事面でも海外に影響を与えるようになっていきました。

❖……さまざまな新旧の交代劇

一八六八年、慶応四年、年号が明治と変わりました。この年には、新旧の交代劇が展開します。**鳥羽・伏見の戦い**から、翌年の箱館**五稜郭の戦い**まで、あしかけ二年にわたる新政府軍と旧幕府軍の交戦を総称して**戊辰戦争**と呼んでいます。

この一連の戦争は、箱館の五稜郭にたてこもった**榎本武揚**率いる旧幕府軍が降伏して終わります。榎本らは、北海道だけは旧幕府勢力の支配地域として残しておきたいと考え、一八六四年に完成させた西洋式の城である星形の五稜郭にたてこもりました。

この二年間、各地でいろいろな新旧の交代劇、戦いがありました。東北地方の諸藩は、官軍に対して

奥羽越列藩同盟を結び抵抗します。これは東北地方と越後の諸藩から成る**佐幕**（幕府を補佐する）**藩**の大同団結で、その中心が仙台・米沢藩です。官軍とこの奥羽越列藩同盟の軍事的な対立の中で、会津藩では一六～一七歳の少年で編成された白虎隊が集団自刃した事件はあまりにも有名です。

ほかに、上野の寛永寺が戦場になった**上野戦争**があります。ここで旧幕府軍の有志が結成した彰義隊も、わずか一日で壊滅してしまいました。

❖……「五箇条の誓文」と「五榜の掲示」とは？

戊辰戦争が進む中で、新政府がとっていった政策を具体的に見てみます。

新旧の交代劇の中で、明治維新政府は、今後進むべき近代国家のあり方を示す全体的原理を**五箇条の誓文**という形でまとめ、公布します。これは開国和親と公議世論の尊重を、新しい国家の基本方針として打ち出したものです。起草したのは**由利公正**、加筆修正したのが**福岡孝弟**と**木戸孝允**です。

しかし、この五箇条の誓文は、国民に対して出したものではなく、明治天皇が神に誓う、天地神明に誓うという形で出されたものだったんです。

一方、一般の民衆の心得を示すものとして、政府は**五榜の掲示**を掲げました。これは政府の民政方針をまとめたもので、中世以来の高札の形式で出されました。しかし、江戸時代と同じように、徒党を組んではいけない、キリシタンはだめだといった封建的なものだったため、一般の民衆にとっては江戸時代となんら変わりのないものでした。

新しい国家の進むべき基本原理が五箇条の誓文ならば、それに基づいて具体的な政治のあり方を規定したのが**政体書**です。これを起草したのは、**福岡孝弟**と**副島種臣**です。

この政体書の中で、アメリカにならった三権分立の制度や、上級の役人を一定の年限を決めてお互いに選び直す官吏の互選などをうたい上げました。このときに参考にした資料は『アメリカ合衆国憲法』『西洋事情』『聯邦史略』『令義解』などです。

また、地方制度を府・藩・県の**三治制**としました。このように近代的な政治機構の樹立をめざしたものではありましたが、実際には未成熟な結果に終わってしまいます。

❖……諸外国にならった近代化への道筋

以下、年代を追いながら、新政府の政策を順に見ていきましょう。

一八六八年、政府は**太政官札**と呼ばれる不換紙幣を発行します。また、王政復古による祭政一致の立場から神道を国教とすることとし、**神仏分離令**を出します。これによって従来の神仏習合の風が制度的に否定されました。

一八七〇年に**大教宣布の詔**が出され、神道の国教化政策を進めようとしますが、やがて失敗に終わります。とはいえ、仏教の立場は大変肩身の狭いものになり、仏教排斥の風潮が高まってきます。これを、一般に**廃仏毀釈**と呼び、民衆が仏像やお経、仏具などを手当りしだいに破壊・焼却する行為が全国的に自然発生的に広がったわけです。大変な打撃を受けた仏教界ですが、それを建て直したのが浄土真宗の僧侶島地黙雷でした。つまり、神道の国教化政策が失敗した理由は、一八七三年にキリシタン禁止の高札が撤廃されたことや、仏教界で復興革新運動が進められたことが背景にあったからといえます。

一八六九年になると、太政官札に続けて**民部省札**が発行されました。これも不換紙幣で、政府の圧力で強制的に通用させようとしたお金です。

財政を扱う**大蔵省**という役所も、同年に発足しました。

❖……版籍奉還と廃藩置県で地方はどう変わった？

新しい政府のもと、政治を統一し中央集権の体制を確立するために、一八六九年に**版籍奉還**の事業がなされます。「版」とは領地、「籍」は領民です。つまり、領地・領民を朝廷へ返すというのが版籍奉還です。これは、全国いっせいに藩主が行ったのではなくて、薩摩・長州・土佐・肥前の四藩が先導して実施されました。

薩摩藩では島津忠義、長州藩では毛利敬親(たかちか)、土佐藩では山内豊範(とよのり)、肥前藩では鍋島直大(なおひろ)の四藩主が連名して上表し、他の藩もこれにならって版籍を奉還したわけです。この結果、従来の藩主は**知藩事**と肩書きを改めることになりました。

版籍奉還の政治理念・思想的支柱を**王土王民論**（王土王民思想）といいます。すべての土地と民衆は国王のもの、日本なら「すべての領地と領民は天皇のもの」ということです。

その結果、旧藩主の家禄は従来の一〇分の一になりました。ところが旧藩主は知藩事と肩書きを変えただけで旧態依然の藩政を続けたため、中央集権体制は確立しませんでした。

版籍奉還だけでは中央集権の体制がうまく整わなかったので、政府は改めて一八七一年に**廃藩置県**を断行します。これは、とてもスムーズにいきました。その理由は、薩摩・長州・土佐の三藩から軍隊として一万名の御親兵(ごしんぺい)を募り、この軍事力を背景に一挙に断行したことと、藩の負債を政府が肩代わりしたからです。

その結果、全国は一使三府三〇二県の府県制となり、さらに同年三府七二県、一八八八年には**市制・町村制**が制定され、三府四三県となりました。一方、蝦夷地は一八六九年に北海道と名称を変えますが、開拓使を中心に考えていますので、「道」ではなく「使」となります。開拓使は一八八二年に廃止されました。その後、一八八八年には、すでに「道」となっていますから、一道三府四三県となるわけです。

知藩事は東京集住が命じられ、華族に列せられることになり、東京から地方に改めて**府知事**や**県令**が派遣されることになりました。こうして、ようやく中央集権国家の基礎が確立したのです。

❖……法制と組織を新たに整備し、産業育成に注力

一八七〇年には、近代最初の刑法典、**新律綱領**（こうりょう）が、明・清律や公事方御定書を参考にしてつくられました。そしてその不備を補うために、一八七三年につくられたのが、同じ刑法の**改定律例**（りつれい）です。新律綱領と改定律例は一八八〇年制定の刑法が二年後に施行されるまで併用されていきました。

一八七〇年には、殖産興業政策の中心機関としての**工部省**が設置されました。

殖産興業の中心官庁といえば、もう一つ、一八七三年に設けられた**内務省**です。さらに、一八六九年に設置された大蔵省もこれに加わります。

工部省は、工業部門の産業の育成に力を入れた役所です。内務省は、主に農業部門の産業の育成に力を入れた役所。内務省は、地方行政の中心で、後には警察機構の中枢ともなった役所です。**大久保利通**がつくって、自ら内務卿（内務省の長官）になりました。

銀行では、主に工業部門の産業の育成に資金を融資した日本興業銀行、農業部門の発展のために資金を融資した日本勧業銀行、幕末からはじまった貿易のための金融を主に扱った横浜正金（しょうきん）銀行が、国立銀

行とは別に、政府のそのときどきの目的に応じてつくられました。これらを**特殊銀行**と呼びます。特殊銀行には、このほか、北海道拓殖銀行、朝鮮銀行、台湾銀行など、いろいろありました。

ところで一八七二年、殖産興業の一環として群馬県に官営工場の**富岡製糸場**が開業しました。技術指導のために招かれたのは、ブリューナーというフランス人の技術者です。

一八七二年には、**鉄道**も開通しています。〝新橋―横浜間〟といっていますが、実際は桜木町と汐留の間です。機関車やレールは、イギリスから輸入されました。

当時、機関車は**陸蒸気**と呼ばれ、喫煙車が付いていました。また、犬も一匹いくらで乗せられました。当時は駅といわずステーション、庶民の間ではなまってステンショと呼ばれたようです。

❖……遣外使節団を派遣した政府の目的は？

一八七一年、政府は中国と最初の対等条約として**日清修好条規**を結びました。日本全権は伊達宗城で、清側の全権は李鴻章です。

幕末に結んだ不平等条約の改正交渉が翌年に迫っていたことと、欧米の制度、議会などを調査するために、**岩倉具視**を特命全権大使とする遣外使節団も派遣されました。副使は木戸孝允・大久保利通・伊藤博文・山口尚芳です。内容については、『米欧回覧実記』という詳細な記録が久米邦武により残されています。後に女子英学塾（今の津田塾大学）を創設する津田梅子らも同行しました。

この遣外使節団が帰国したのは一八七三年ですが、岩倉らは日本で留守を預かっていた連中と対朝鮮政策をめぐって衝突してしまいます。これが**征韓論争**と呼ばれるもので、当時の外務卿は副島種臣でした。

❖……近代国家にふさわしい通貨制度と国立銀行

一八七一年には、**新貨条例**も出ました。金・銀・銭(ぜに)ではなく、近代国家にふさわしい新しい貨幣制度を制定しようとして、貨幣制度の更新、変革がなされます。金・銀・銭をやめて、新しく**円・銭(せん)・厘(りん)**の単位で、十進法の新しい硬貨をつくろうとしたわけです。金本位制の実施をめざしたんですが、しばらくは金銀複本位制、むしろ銀本位制となりました。

さらに一八七一年には、日本の近代郵便の父と呼ばれた**前島密(まえじまひそか)**によって新しく**郵便制度**も発足しました。それまでの飛脚制度に代わるものです。郵便料金ははじめ距離制でしたが、後に均一制となりました。一八七七年には万国郵便連合条約に加盟し、この年、**電話**もはじめて輸入されます。

さて一八七二年には、金融制度の近代化を図るために**国立銀行条例**が出されました。この条例制定を建議したのは伊藤博文、起草したのは渋沢栄一(しぶさわえいいち)です。国立銀行といっても国家が経営する銀行ではなく、アメリカのナショナルバンクの制度にならったもので、国法にもとづいて設立された銀行という意味です。

一八七三年から第一国立銀行、第二国立銀行と順番に番号を付けて、相次いで設立されました。第一国立銀行は三井・小野組の出資で、社屋を設計したのは、清水喜助(きすけ)です。

一八七九年時点で、その数は一五三行におよびます。だから最後の国立銀行は、第百五十三銀行となります。その中で、第十五銀行は華族が出資したので**華族銀行**とも呼ばれました。その一方、日本最初の私立銀行として設立されたのは一八七六年の三井銀行です。

❖……陸・海軍のモデルとなった国はどこ?

近代的軍制の確立は、欧米に比肩すべき国家づくりをめざす明治維新政府にとっては緊急課題でもありました。国民皆兵制に基づく近代的軍隊の確立を構想したのは**大村益次郎**、実現させたのが**山県有朋**です。

そして、近代的な軍隊をつくる予告が出されます。一八七二年の**徴兵告諭**です。ところが、この予告文の中に〝血税〟という言葉が入っていたため、本物の血を抜き取られると誤解した一般の民衆が、各地で**徴兵反対一揆**を起こし大騒ぎになりました。

一八七一年の廃藩置県実施の際に軍事力となった御親兵は一八七二年には近衛兵に改称します。また従来の鎮台は一八八八年に師団に改められ、一八九一年には近衛師団も設置されました。政府は軍隊の創設にあたって、モデルを外国に求めたんですね。その結果陸軍は、はじめはフランス式兵制、後ドイツ式兵制を採用し、海軍はイギリス式兵制をとりました。

やがて、一八八二年には**軍人勅諭**が出されます。これは西周によって起草されたもので、軍人としてのあるべき姿を網羅したものです。これによって近代軍隊は、天皇のための軍隊としての性格を強めます。

さて、徴兵告諭の翌年、一八七二年には徴兵令が出されました。これによって満二〇歳以上の男子は、原則として兵役の義務を負うことになります。この徴兵令によって、**国民皆兵**が結実したように感じますが、さまざまな免役条件が設けられていたため、国民のすべてが兵になるわけではありませんでした。条件とは、身長一五四・五センチ未満の者、家督相続人、官立学校の生徒とOB、洋行者、二七〇円以上の代人料納入者、つまり人の代わりにお金を納めることで兵役義務が免除されたんです。換算は難しいですが、現在ならば何百万円という金額ですから、一般庶民にはとうてい払えず、金持ちだけの特権といえます。このような免役条件があったため、結局、徴兵されたのは貧しい農家の二、三男がほとんどでした。ですから農家にとっては大事な働き手を失うことになったわけです。

❖……加藤弘之は考え方をどのようにかえたか？

一八七三年、明治六年に、**明六社**(めいろくしゃ)という啓蒙思想の団体が生まれています。社長は、**森有礼**(ありのり)で、福沢(ふくざわ)諭吉(ゆきち)、中村正直(まさなお)、西周らが所属しています。

注目すべきはメンバーの一人、加藤弘之(ひろゆき)です。加藤は、**天賦人権論**から後に**国権論**に主張が変わった人です。天賦人権論とは、人間は生まれながらにしてみな自由・平等・平和を求める権利がある、という考えで、自由民権運動の思想的支柱となった考え方でした。今ではあたりまえの考え方だけれども、江戸から明治に変わったばかりの時代には相当画期的に映ったことと思います。

加藤も当初、天賦人権論を支持していて、著書には『国体新論』『真政大意』などがありました。ところが、やがてその考えを改めます。そして著したのが『人権新説』です。また、加藤は時期尚早として民撰議院の設立に反対しました。

❖……地租改正で農民の負担はどうなった？

封建的なさまざまな制度を片っ端から否定する政策がとられ、一八七一年には、江戸時代に出されていた田畑勝手作(でんぱたかってさく)の禁が制度上解禁となり、翌年には、田畑永代売買禁令(でんぱたえいたいばいばいきんれい)が制度的に解禁となります。そして土地所有者に新たに**地券**を発行しました。この、政府が発行した土地所有権の確認証書を、**壬申地券**(じんしんちけん)といいます。

これらを解禁した後、一八七三年に地租改正の基本方針として**地租改正条例**が出されます。

地租改正事業は、一八七三年にはじまり、一八八一年に地租改正事務局が閉鎖されるまで続きました。

地租改正の前、つまり江戸時代では、課税基準は収穫高におかれ、耕作者が現物で税を納めました。その税率は各地まちまちで統一されてはいませんでした。それが、地租改正によって、課税基準は**地価**に変わりました。税率は地価の三パーセントで、土地所有者が現金で納めます。ただ、農民にとって最大の問題は、小作料は依然として現物納だったことです。また、「旧来ノ歳入ヲ減ゼザル」という方針で行われたので、農民の負担は前代とほとんど変わりませんでした。

そのため、新しい時代の到来を求めていた農民は過激に反発し、各地で**地租改正反対一揆**が起こります。もっとも激しかったのは、堺県（今の堺市）、岐阜県、三重県、愛知県、茨城県です。

そしてその結果、一八七七年には大久保利通らによって地租は地価の二・五パーセントに下げられました。

❖……敗れた征韓論と自由民権運動の関係とは？

一八七三年には欧米を巡遊していた岩倉遣外使節団が帰ってきますが、対朝鮮政策をめぐって西郷隆盛、板垣退助（たいすけ）ら**征韓派**の強硬論者と、岩倉が真っ向から対立します。征韓論とは韓国を討とう、という考え方です。当時の政府による諸改革に反発する不平士族の不満を外征によってそらす、という意図もありました。ところが、征韓論者は帰国した内治優先派に敗れてしまいました。

その結果、敗れた征韓派の西郷、板垣、あるいは江藤新平（えとうしんぺい）など重要ポストにいた連中が、相次いで下野（げや）します。この一連の動きを**明治六年の政変**といいます。

そして一八七四年から、**自由民権運動**の火ぶたが切って落とされることになるわけです。

一八七四年には、板垣退助、江藤新平、後藤象二郎らによって日本で最初の政治結社、**愛国公党**が結成されました。そして彼らによって政府の太政官左院に向けて、国会をつくれという**民撰議院設立の建白書**が提出されます。民撰議院とは、今の国会のことで、これに、時期尚早と反対したのが加藤弘之でした。そして、ここから自由民権運動がはじまります。

そんな中、征韓論に敗れて下野した連中の中には、政府に対して武力で反対運動を起こす者も現れました。その代表が江藤新平で、郷里に戻って不平士族の首領として**佐賀の乱**を起こします。

一八七四年には、**板垣退助**、**片岡健吉**らが中心となり、土佐に政治結社・**立志社**をつくります。

この年は、西郷隆盛の弟、西郷従道を中心として**台湾出兵**（征台の役）が強行された年でもあります。これに反対して下野したのが、**木戸孝允**です。

また、明六社から機関誌の『明六雑誌』が刊行されたのも一八七四年です。これは、政府による言論統制が強まりはじめる一八七五年まで刊行されました。

さて、立志社というのは自由民権運動の一つの結社ですが、こういった結社が一八七四年から翌年にかけて、東京では嚶鳴社、福島県では河野広中を中心とする石陽社や三師社、徳島では小室信夫を中心とする自助社などが各地につくられていきます。

政府は、このような運動をなんとか抑えようと、一八七五年、**大阪会議**と呼ばれる会談を開きます。これに参加したのは、政府から大久保利通、征韓論に敗れて下野した板垣退助、そして台湾出兵に反対して下野した木戸孝允です。伊藤・井上の周旋で、大久保は板垣や木戸といった元政府の要人を、もう一度政府側に引き戻そうという工作をするわけです。この会議で、板垣・木戸が政府に復帰する条件として立法機関としての**元老院**、司法機関の**大審院**の設置、そして**地方官会議**を開くことが決められました。

こうして、板垣と木戸は政府に一旦復帰しますが、政府はここで漸進主義の方向を打ち出して**漸次立憲政体樹立の詔**（みことのり）を出します。

政府側はこうして自由民権運動を抑えようと図りますが、民権運動の側でも各地にあるいろいろな結社の代表者が大阪に集まり、**愛国社**という全国的な組織をつくりました。そして、その本部が東京に置かれ、民権側と政府側の一進一退の攻防が続きます。

そして、高揚した自由民権運動を抑えるために、政府は一八七五年、政府批判を封じる**讒謗律**（ざんぼうりつ）、新聞を弾圧する**新聞紙条例**を出すわけです。

❖……朝鮮との間に起きた外交事件の結末

外交面では、一八七五年に新たに**樺太・千島交換条約**が結ばれ、ロシアと日本の国境が改定されました。**樺太はロシア領**になり、**千島全島は日本領**となります。このときの全権は榎本武揚（たけあき）、外務卿は寺島宗則でした。

この年、鎖国政策をとる朝鮮に対して、日本側から軍事的な威嚇事件を起こしました。これが**江華島**（こうかとう）（カンファド）**事件**です。

この江華島事件をきっかけに、一八七六年に朝鮮との間に**日朝修好条規**が結ばれました。日本に対して関税免除や片務的領事裁判権（在留外国人が起こした事件については、本国の領事がその国の法に則って裁く権利）を認めさせるなど、日本が有利な不平等条約です。またその結果、釜山（ふざん）（プサン）、仁川（じんせん）（インチョン）、元山（げんざん）（ウォンサン）の三つの港が開かれることになりました。

❖……特権を奪われた士族はどうなった？

一八七三年、武士に支給されていた**家禄**（かろく）を廃止する第一弾の政策として、**秩禄公債証書**（ちつろく）が発行されました。恩給の制度を全廃するために、もらっていた額の何年分かを一回にまとめて、現金に替えられる証書にして渡したんです。

これを元手に、士族は慣れない商売をはじめますが、所詮、**士族の商法**で、ほとんどが失敗してしまいます。そこで政府は、没落していく士族に救いの手を差しのべるわけですね。これを**士族授産**といって、士族に仕事を与えます。一八七四年に採用された**屯田兵**（とんでんへい）は、その一例です。屯田兵は北海道の開拓と対露警備をめざした一種の農兵制度で、黒田清隆によって建議・制度化されたものです。

一八七六年、さらに政府は旧来の士族の特権を剥奪していく政策をとります。その一つが**廃刀令**です。士族の特権は〝苗字帯刀（みょうじたいとう）〟でした。その廃刀が命じられたわけです。

そして一八七六年には、とうとう士族に対する家禄（かろく）・賞典禄（しょうてんろく）の打ち切りが断行されました。その一連の政策を、**秩禄処分**（ちつろく）といいます。

士族に対して**金禄公債証書**（きんろくこうさい）を発行することによって、それまでの**秩禄**をここで全廃させたわけです。秩禄とは、王政復古に協力した人に出された褒美の**賞典禄**と、旧来の**家禄**を合わせたものをいいます。それを、政府はずっと士族に支払い続けていたんですね。ただでさえ財源がないといって地租改正をやっておきながら、一方でどんどん支出だけが増加したため、思い切ってこの打ち切りを決断したわけです。

金禄公債証書とは、簡単にいえばいつでも現金に換えることのできる紙切れです。これを元手に商売をはじめる士族もいましたが、やはり多くは失敗します。そして彼らは結局、都市に出て賃金労働者として働かざるをえなくなるわけです。

一方、これをうまく処理して投資を続け、銀行家に成長していく者もありました。秩禄処分は、一方では資本家を生み、他方では賃金労働者を生み出したのです。つまり、資本主義発達の条件が結果的に準備されたということです。

さて、地租改正でも、地価の三パーセントの税に耐えられない零細農は農地を手放し、その農地は地主のもとに集積されます。土地を手放した零細農は食べていけませんから、都市に出て賃金労働者に転化します。

そして、土地を集積した地主は寄生地主としてますます肥えて、資本家に成長します。つまり、地租改正も一方では資本家を生み出し、他方では賃金労働者を生み出す結果となったわけです。

この政府による廃刀令と秩禄処分に対して士族が憤慨し、一八七六年には政府に対する反乱が三件起こりました。まず、熊本の神風連(じんぷうれん)の乱で、中心人物が太田黒伴雄(おおたぐろともお)です。それに呼応するように、福岡では秋月党(あきづきとう)の乱（秋月の乱）が起こります。こちらは宮崎車之助(しゃのすけ)が率いています。さらに前原一誠(まえばらいっせい)が率いる萩(はぎ)の乱が起こります。

同じ不平士族の反乱として、江藤新平の佐賀の乱がありましたが、あれは征韓論敗北に対して起こった事件なので、これらの乱とはきっかけが違います。

❖……維新の三傑が相次ぎ他界する！

一八七七年には、不平士族による最後の反政府武力抗争、**西南戦争**が起こりました。中心人物は西郷隆盛です。その激戦地は、田原坂(たばるざか)。その後、熊本城包囲戦、最後は鹿児島の城山で西郷は自刃しました。

これ以後、本格的に自由民権運動が盛んになります。
片岡健吉が総裁となって立志社から国会開設などを要求した建白書が出されたのも、この年です。立志社建白は結果的には却下されますが、これをきっかけに自由民権運動の政治・経済・外交上の目標が、国会開設、地租軽減、不平等条約の改正、と固まったわけです。

この年は、殖産興業の一環として、上野で**内国勧業博覧会**が一〇二日間にわたり開催された年でもありました。

一八七八年には、大久保利通が暗殺されてしまいます。紀尾井坂の変です。この年は前年の木戸・西郷についで大久保という維新の三傑が相次いで死に、以後の政治が新しい局面を迎えることになった重要な年です。愛国社も再興し、民権運動も従来のような士族民権から豪農民権へと性格を変えていった年なんです。

ところで、大久保利通が生前に着手していた地方行政の近代化は、大久保の死後、一八七八年に**三新法**という形でまとまりました。それは、①郡区町村編制法、②府県会規則、③地方税規則というものです。

地方制度の近代化政策は、大久保利通が暗殺されたのち、山県有朋が継承し、ドイツ人の法学者モッセがこれに助言を与えました（P286参照）。

そして一八七九年には、沖縄の廃藩置県、琉球処分がなされて、**沖縄県**が設置されます。この時の太政大臣は三条実美で、内務大丞（内務省のナンバー四）松田道之が御達書を示して強硬に廃藩置県を断行しました。

❖……洋服、牛鍋、レンガ造の建物が登場した文明開化

江戸から明治へと時代が転換していく中で、明治文化は近代的西洋文化の「上から」の表層的摂取からはじまりました。

開国後、近代的な西洋文化が入ってきて、明治時代の文化は国民文化として発達していきます。しかし、最初は単に外国をまねする、あるいは表面だけを取り入れたものですから、それに対する批判も生まれ、**ナショナリズム**も高揚していきました。

また、近代的な文化が入ってきたとはいえ、実は明治二〇年代ごろまでは、一般庶民の生活は江戸時代とほとんど変わらないものだったんです。

明治の初期には**文明開化**と称する、西洋化・近代化の波が人びとの生活の上にふりかかり、衣食住、すべての面での近代化が進んでいきます。特に衣では、**洋服**が着用されはじめます。洋服を着用していたのは軍人・教師・官吏といった人びとです。食では、牛鍋、別名「安愚楽鍋（あぐらなべ）」が流行します。住では、銀座通りのレンガ造の建物や二階建ての住居も多くなっていきました。

銀座通りには和泉要助が発明した人力車も往来し、**ガス灯**も設置されました。

それから、従来の太陰太陽暦（旧暦）に代わり、**太陽暦**が採用されはじめます。一八七二年十二月三日をもって、一八七三年一月一日とし、**日曜休日制**もスタートしました。

政府は、一八七一年に設立された**文部省**を中心に教育行政の近代化を図ります。翌年には「学事奨励に関する被仰出書（おおせいだされしょ）」を頒布し、**学制**が実施されます。このときは、全国を八つの大学区に分けることになっていましたが、現実には全国を七大学区、一大学区を三二中学区に、一中学区を二一〇小学区に分けて実施されました。

学制という近代的な教育行政のあり方は、フランスの制度にならったものです。ところが受益者負担主義をとっていたことや、当時の社会とはかけ離れた構想だったために就学率もパッとしませんでした。そして、そうした政府のやり方に対する不満から、学制反対一揆も起きたわけです。

❖……国会開設に至る自由民権運動の道のり

さて、自由民権運動は民撰議院設立の建白書の太政官左院提出の後、西南戦争をへて本格的に高まっていきました。一八七五年に大阪で結成された自由民権運動の全国的な組織に愛国社というのがありました。これが一八七八年に再興されて、一八八〇年に第四回大会で名前を**国会期成同盟**と改めて、**国会開設請願運動**として発展していきます。

この自由民権運動の盛り上がりを抑えようと、政府は躍起になりました。政府は**集会条例**でこの運動を抑えようとします。

そんな中、一八八一年に北海道の開拓事業が終わり、そこに投じられてきた官有資材の処分方法が大きな問題となり、事件に発展しました。いわゆる**開拓使官有物払い下げ事件**です。

当時、北海道の開拓長官を務めていた黒田清隆(きよたか)と、同じ薩摩出身の〝政商〟五代友厚(ごだいともあつ)の関西貿易社や政府高官らの不穏な関係が新聞に出てしまったんですね。開拓使の廃止に際して官舎・工場・牧場・鉱山など巨額な官有資産を、政府と結んで利益を上げる特権的な資本家に、非常な安値で譲ろうとする黒田ら政府内の動きが明らかになったんです。これに、自由民権派側の連中が黙っているはずがありません。政府に対する民権運動が激昂し、払い下げそのものは中止になり、開拓使廃止にともなって黒田も失脚しました。こうした下からの民権運動に、政府側は一〇年後の一八九〇年（明治二三年）に**帝国議会**を開くという約束をし、民権運動を鎮めようとしました。そのとき出されたのが**国会開設の勅諭**です。

こうして一時的には民権運動を抑えたものの、政府内部では国会の開設時期をめぐって意見が二つに分かれていました。国会開設は今すぐのほうがいいという即時開設派（大隈重信ら）と、もう少し様子を見ようという時期尚早派（伊藤博文ら）です。

大隈の考え方は自由民権派に通じるところがあったため、反対派の伊藤博文が大隈を政府から追放してしまいます。大隈は下野するわけです。このとき、背後に右大臣の岩倉具視（ともみ）の力があったことも忘れてはなりません。

これらの事件をまとめて、**明治十四年の政変**といいます。いずれにせよ、これによって薩長藩閥政権の基礎が確立しました。

❖……政党結成の動きと官民それぞれの憲法草案

国会開設の約束をとりつけた自由民権派は、国会の開設に向けた準備として政党をつくっていきます。一八八一年に板垣退助が中心となってつくった政党が**自由党**です。自由党はフランス流の急進主義的な考え方で、主権在民・一院制を主張しました。機関紙は「自由新聞」です。

翌一八八二年には明治一四年の政変で下野した大隈が中心となって、同じく民権派側の**立憲改進党**がつくられました。イギリス流の穏健主義・議会主義を主張し、二院制をとっている点も自由党と異なるところです。また、知識人や三菱などの資本家がこの立憲改進党を支持しました。機関紙はもともと前島密（ひそか）らが創刊していた「郵便報知新聞」です。

それに対して、政府側でも対抗するように**立憲帝政党**がつくられました。これは、いうまでもなく御用政党で、中心人物が福地源一郎（ふくちげんいちろう）です。支持者は、一部の保守主義者、軍人、官吏、神官、国学者といった人びとでした。機関紙は「東京日日新聞」ですが、この政党は翌年には早ばやと解党してしまいます。

政府も政府なりの立場で立憲国家をつくろうとしていました。一八七六年には元老院で早速憲法草案の起草が行われ、政府案として「**日本国憲按**」をまとめました。しかし、内容的に社会に合致しないという理由でボツになってしまいました。

一方、民間でも理想的な憲法私案として私擬憲法がつくられていました。

自由党系では、立志社がつくりあげたのが「**日本憲法見込案**」。交詢社（こうじゅん）の「**私擬憲法案**」は立憲改進党系で、議院内閣制と国務大臣連帯責任制を規定した点が特徴です。

ほかの私擬憲法として、植木枝盛の「東洋大日本国国憲按」があります。これは抵抗権と革命権を主張するなど急進的内容に特徴があります。さらに、福地源一郎の「国憲意見」、千葉卓三郎の「日本帝国憲法」（＝「五日市憲法」）などがありました。

さて政府の立憲国家づくりですが、最初の試みとして一八八二年、伊藤博文をヨーロッパに派遣し、憲法制度などを調査させています。伊藤はベルリン大学のグナイスト、ウィーン大学のシュタインらの学者について憲法理論を学び、翌年に帰国しました。

❖……連続する自由党左派の騒擾事件

自由民権運動は自由党や立憲改進党という政党を中心に進展していくんですが、言論で戦うはずの自

自由民権運動と政府の対応

民権運動		政府の対応
〈運動の開始〉		
1874年　愛国公党 民撰議院設立の建白書／立志社	↑士族民権↓	1875年　大阪会議 ① 立憲政体樹立の詔 ② 元老院・大審院設置 ③ 地方官会議召集
1875年　愛国社		弾圧 { 讒謗律 / 新聞紙条例 / 出版条例改正 }
〈高揚期〉		
1877年　立志社建白 1878年　愛国社再興	↑豪農民権↓	1876年　元老院が「日本国憲按」を起草
1880年　国会期成同盟		1880年　集会条例
（開拓使官有物払い下げ事件）		
政府攻撃猛烈		① 払い下げ中止 ② 大隈免職＝明治14年の政変 ③ 10年後国会開設を約す
1881年　自由党結成 1882年　立憲改進党結成		

由民権運動が一八八〇年代前期から中期にかけて、各地で大変な事件を起こしてしまいます。

それに先立つ一八八二年、板垣退助が岐阜遊説中に暴漢に襲われるという事件が起こりました。「板垣死すとも自由は死せず」と宣伝されたのがこの事件です。

その一方で、政府は自由党を牽制するために費用を三井から出させて板垣を洋行させようとします。それを立憲改進党がとらえて攻撃したんですが、自由党側も大隈重信と三菱との関係をあばいて反撃するという場面がありました。政党と財閥の癒着問題が明るみに出たため、自由民権運動は統一性を欠いた状態に陥ります。そのような中で、自由党左派の騒擾(そうじょう)事件が相次いで起こりました。

まず一八八二年の**福島事件**です。自由党の急進派が巻き起こした最初の事件で、鬼県令（県の長官）といわれた福島県令の三島通庸(みちつね)が農民に強制労働を課して強行した普請事業をはじめとする圧政に、自由党員で県会議長だった河野広中(こうのひろなか)らが蜂起した事件です。

次に一八八三年の高田事件、一八八四年の群馬事件と続きます。そして一八八四年の加波山(かばさん)事件。これは、栃木県令を兼任した三島通庸の圧政に自由党急進派が指導して起こした事件です。この事件をきっかけに、自由党が解散してしまいました。

同じく一八八四年、松方デフレ政策で困窮した農民たちが蜂起しました。**秩父事件**です。彼らは借金党、困民党と呼ばれ、減税や徴兵令の改正などを求めたんですが、軍隊や警察によって鎮圧されてしまいました。

自由党解党後、一八八五年に旧自由党左派がからんだのが**大阪事件**です。民権運動の衰勢回復をねらったものですが、朝鮮の内政に関与した事件でもあり、大井憲太郎(けんたろう)、景山(かげやま)（福田）英子(ひでこ)らが逮捕されました。

❖……内閣制度の発足と三大事件建白とは？

さて一八八四年、政府は政治組織や諸制度を調査するための機関、**制度取調局**を宮中に設けます。そして翌年には、いままでの太政官制が廃止されて、新しく**内閣制度**が発足します。これによって宮中と府中（政府）が明確に区別されることになりました。

第一次伊藤博文内閣の主な顔ぶれですが、総理大臣は伊藤博文です。外務大臣が井上馨、内務大臣は山県有朋で、大蔵大臣は松方正義、農商務大臣は谷干城、など、そうそうたるメンバーでした。

自由民権運動はその後、一八八七年に最後の盛り上がりを見せます。

当時の外務大臣井上馨による条約改正交渉と極端な欧化主義政策への批判が高まりました。そして各地の民権運動家が立ち上がり、**三大事件建白運動**が起こりました。三大事件というのは言論・集会の自由、地租軽減、外交失策の挽回のことです。

旧自由党の他に、立憲改進党系の諸派も結集した反政府統一運動となった動きを**大同団結運動**と呼びます。この大同団結という民権運動最後の盛り上がりが、三大事件建白運動を包み込む格好で大きくなっていったんです。

その中心となったのは、後藤象二郎・星亨たちでした。

これに対し、政府は弾圧策を講じようとして、内務大臣山県有朋が中心になって一八八七年に**保安条例**を制定します。この保安条例という弾圧法によって、尾崎行雄・中江兆民・星亨ら約五七〇名が皇居外三里の地に三年間追放となりました。

ところがその後、後藤象二郎が黒田清隆内閣の逓相として入閣するに及んで、自由民権運動は瓦解してしまいます。

❖……条約改正への道のりと鹿鳴館の関係

ここで簡単に、明治時代の外交上の懸案だった条約改正の経過を、交渉に当たった担当者を中心に幕末から順にまとめてみます。

①岩倉具視（一八七一年）

幕末に日本は、アメリカ・オランダ・イギリス・フランス・ロシアの五か国と安政の五か国条約を結びました。修好通商条約は五か国以外にも、ベルギーやデンマークなど多くの国と締結されていました。この安政の五か国条約では、日本は少なくとも二つの不平等な点を盛り込んで調印しています。一つは領事裁判権、つまり治外法権を承認したこと。もう一つは関税自主権が日本になかったことです。つまり、**領事裁判権の撤廃（法権回復）**と、**関税自主権の回復（税権回復）**が最大の課題でした。

最初に条約改正交渉を担当したのが岩倉具視（ともみ）です。岩倉は一八七一年に遣欧米使節団のリーダー、特命全権大使として使節を率いて外国に渡っていましたね。

しかし、岩倉遣外使節団は、外交よりも内治の要を痛感して帰ってきます。したがって、条約改正そのものは全然相手にされませんでした。

②寺島宗則（一八七八年）

寺島宗則は外務卿です。彼が中心となって、関税自主権の回復を主眼に条約改正の交渉を進めていきます。寺島外交の一環として、一八七八年にアメリカとの間で不平等を解消する吉田・エバーツ条約が結ばれました。ところが、この条約の成立には各国の同意が必要でした。アメリカは賛成しますが、イギリスとドイツは反対したため条約は無効となり、改正交渉は失敗に終わります。

③井上馨（一八八二〜一八八七年）

寺島の後を受けたのが、外務卿の井上馨です。井上は、日本が条約改正を有利に進めるためには、日本の制度までも欧米風にアレンジしたほうがいいと考え、極端な欧化主義政策を率先して取っていきます。井上は一八八五年の内閣制度発足で、肩書を外務卿から外相へと改めました。そうして、連日連夜、鹿鳴館で舞踏会が開かれました。これを**鹿鳴館時代**と呼びます。

しかし庶民は明治になったからといって、近代的な生活に変わったわけではなく、江戸時代と変わらない生活をしていたため、井上の外交政策に反対する人びともたくさんいたわけです。政府内にも反対する人物がいました。農商務相の谷干城とフランス人法学者ボアソナードです。

さらに、一八八六年、法権問題を痛切に認識させる契機となった**ノルマントン号事件**が起きます。イギリスの貨物船ノルマントン号が紀州沖で遭難し、乗っていた日本人客が全員溺死した事故で、海難審判の結果、イギリス人船長は一旦無罪となります。その後、結局は禁固三ヶ月となったんですが、日本の法権の弱点を認識させる事件でした。

また、井上外交の条約改正案の中には**外国人判事の任用**や**内地雑居**という項目が盛り込まれていました。内地雑居とは、外国人にも営業や旅行・居住などの自由を認めることですが、これに対して、日本側の利益が外国人に独占されはしないか、という不安の声が上がります。国益の損失を懸念する国権派などから反対され、結局、井上外交も失敗に終わりました。

④大隈重信（一八八八〜一八八九年）

その後を受けたのが外相大隈重信です。大隈の改正案の特徴は、外国人判事を大審院にかぎって任用するという譲歩を含む案で改正交渉を進めようとした点です。大審院は一八七五年の大阪会議で設置が決まった司法権行使の最高機関で、現在の最高裁判所にあたります。

その大審院にかぎって外国人判事を任用しようという案で改正交渉を進めていきましたが、この大隈の内容がロンドン＝タイムズ紙上にスクープされ、政府内外に強い反対論が巻き起こります。大隈は後に、頭山満（とうやまみつる）らが結成した右翼グループ玄洋社（げんようしゃ）のテロで負傷し、大隈外交も失敗に終わります。

⑤青木周蔵（一八九一年）

その後を受けた青木周蔵が外相のとき、一八九一年にシベリア鉄道の起工式の途中に日本に立ち寄ったロシア皇太子アレクサンドロヴィッチ（のちのニコライ二世）が琵琶湖畔を遊歴中、津田三蔵という巡査に襲撃されて負傷するという事件が発生しました。**大津事件**です。この津田三蔵をどう処分するか、日本政府はロシアとの緊張が強まるから死刑にすべきと考えたのに対して、ときの大審院長の児島惟謙（こじまいけん）は司法権の独立を遵守し、無期徒刑の判決を出させました。そして、このトラブルの発生を受けて、青木周蔵は引責辞職してしまいます。

⑥陸奥宗光（一八九四年）

青木の後を受けたのが、第二次伊藤博文内閣の外相陸奥宗光（むつむねみつ）です。このとき、一八九四年に**日英通商航海条約**を結んで、ここに治外法権問題の解決をみました。全権となって、これに実際に調印したのは青木周蔵です。

この条約は一八九九年から一九一一年までという期限付きで実施されました。また、当時の第二次伊藤博文内閣の外交政策に対しては、改進党や国民協会などが**対外硬**を唱えて現行条約の励行を主張しました。陸奥がまとめた外交関係の記録は『蹇々録（けんけんろく）』です。

⑦青木周蔵（一八九九年）／⑧小村寿太郎（一九一一年）

ここで青木周蔵が再び登場します。青木周蔵は一八九九年から改正条約を実施します。そして第二次桂太郎内閣のときの外相小村寿太郎（こむらじゅたろう）が、一九一一年に**改正日米通商航海条約**に調印して、とうとう残りの関税自主権も回復しました。

❖……大日本帝国憲法のモデルは？

政府は一八八〇年代中ごろから伊藤博文を中心に伊東巳代治（みよじ）、金子堅太郎、井上毅（こわし）らが参画して、本格的に明治憲法の起草に取りかかりました。草案作成の際に顧問役をつとめたのはドイツ人法学者のロエスレルです。

憲法草案の審議は一八八八年、宮中に設けられた天皇の諮問機関である**枢密院**（すうみついん）で明治天皇臨席のもとに秘密裡に行われました。そして翌年、黒田清隆内閣のもとに**大日本帝国憲法**として授付されたわけです。首相の黒田清隆は、明治一四年の政変のとき、開拓使の長官だった人物ですね。

憲法公布は一八八九年の二月一一日です。この日が選ばれたのは、**紀元節**（現在の建国記念日）だったから。全体は七章七六条から成っていて、翌年に施行されました。

それでは大日本帝国憲法の内容について見てみましょう。

この憲法は、性格的には天皇が決めて国民に与える**欽定**（きんてい）というスタイルを取り、またドイツのプロシア（プロイセン）憲法に範をとっていました。プロシアに範をとったのは、君主制の強い国だったからです。

まず、天皇は〝神聖不可侵〟なものと規定されました。その他、天皇にはたいへん広範な権限が付与されていて、宣戦、講和、条約締結の権限などがありました。これらをまとめて**天皇大権**といいます。中でも、特に大事なのは陸海軍の統帥権（とうすいけん）です。議会閉会中の緊急時に発布して、法律に代替させる緊急勅令発令権も天皇の権限でした。

議会は、衆議院と貴族院の二院制をとりました。衆議院には予算先議権が認められているだけで、それ以外の両院の権限はほぼ対等です。貴族院議員には皇族・華族・勅選議員のほかに多額納税者もいたので、貴族院は〝**皇室の藩屏（はんぺい）**〟としての性格を帯びるようになりました。

国民は、この憲法では**臣民（しんみん）**として位置づけられています。臣民として言論、集会、信教などの自由が認められていましたが、「法律の範囲内で」という但し書きがついていました。

一八八〇年には、ボアソナードの起草による**刑法**と治罪法が公布されたんですが、このときの刑法には、法の規定がない場合には処罰しないという方針が盛り込まれました。これを、**罪刑法定主義**といいます。もともとフランス系の法典だったんですが、一九〇七年にはドイツ系の刑法に変わります。そのため、従前の刑法を旧刑法、改正後は新刑法として区別する場合もあります。さらに一八九〇年には、ロエスレルが起草した**商法**も公布されています。

一八八九年には、大日本帝国憲法のほかに**皇室典範（こうしつてんぱん）**が制定され、**衆議院議員選挙法**も公布されました。皇室典範は、皇位継承や天皇・皇族の身分など、皇室関係の事項を規定した法律ですが、制定されただけで公布はされていません。

衆議院議員選挙法は一八八九年に公布され、翌年に第一回目の総選挙が行われました。しかし、規制が強い制限選挙で、〝直接国税を一五円以上納入する、二五歳以上の男子〟にしか選挙権が与えられませんでした。有権者数は全国民の約一・一パーセントです。

❖……初の議会が開かれるも、無視された政党

こうして一八九〇年には、**第一回帝国議会**が開かれました。このときの内閣は第一次山県有朋内閣です。さて、第一回帝国議会から、日清戦争の直前の第六回帝国議会のころまでを、一般に**初期議会**と呼んでいます。初期議会の特徴は、政府と政党が軍事予算をめぐって対立したことです。政府は議会を運営するに当たり、政党の意見には耳を貸さないとする〝**超然主義**〟と呼ばれる態度を貫こうとしました。一方、政党（民党）は、超然主義のもと独走体制をとろうとする政府に対し、「**民力休養、政費節減**」をスローガンに対抗しようとします。「民力休養」とは地租軽減と地価修正のことです。政府と政党は、はじめから対立関係にありましたが、議会では政党すなわち民党の勢力が優勢でした。

第一議会では全三〇〇議席のうち、民党勢力が占めたのは一七一議席で、その中で立憲自由党が一三〇人、立憲改進党が四一人でした。

これに対して、政府側の政党つまり吏党では、大成会が七九議席、国民自由党が五議席で、残り四五議席は政府寄りの無所属で占められていました。

こういう結果ですから、第一回帝国議会に際して、政府は自由党（一八八四年の加波山事件の後解党した自由党が、第一議会召集にあたって立憲自由党として再興されたもの）の土佐派を買収するなどして民党勢力の削減を図るわけです。これによって自由党の土佐派議員の中に、党に対する裏切り分子が相当数出ます。離党者は林有造・竹内綱・植木枝盛・大江卓・片岡健吉ら二九名。こうした議会の状況を見た**中江兆民**は議会を「無血虫の陳列場」と痛烈に批判し、議員をやめてしまいました。

さて、山県有朋は施政方針演説の中で「**主権線**のみならず**利益線**確保のためには相当な軍事予算が必

要」と強調しました。「主権線」は国境を、「利益線」は朝鮮半島をさします。

第二議会においては、**樺山資紀**（かばやますけのり）という薩摩出身の海軍大臣が、「現在この時代があるのは薩摩、長州のお陰ではないか」と、薩長擁護の蛮勇演説を行います。そして民党の勢力を切り崩そうとしたわけです。さらに第一次松方正義内閣ははじめて衆議院を解散して、第二議会を乗り切ろうとしました。

また、第二回総選挙に際して、内務大臣を務めていた**品川弥二郎**（やじろう）がたいへんな**流血大選挙干渉**を指導します。これは、民党の候補者を議場に戻さないようにするため、あらゆる手段で民党候補者をつぶしたというもので、これにより死者も出ました。つまり、自由党土佐派買収事件（第一議会）、海相樺山資紀の蛮勇演説（第二議会）、内相品川弥二郎の選挙干渉（第二回総選挙）、これが当時の政府がとった民党勢力三大削減策です。

❖……地方制度が整い、新民法も施行

一八八八年に公布された市制・町村制は一八八九年に施行され、その翌年には**府県制・郡制**が公布されて地方制度の体裁が整います。地方制度の確立に携わったのが内相山県有朋とドイツ人のモッセです。

それからフランス人法学者ボアソナードを中心に作成された**民法**の施行をめぐって対立が起こりました。施行に関して、梅謙次郎（うめけんじろう）など即時断行を唱える人もいたのですが、穂積八束（ほづみやつか）のように「民法出デテ忠孝亡ブ」などの理由で延期を主張する人もいました。この対立が**民法典論争**です。

延期論の根拠は、この民法には**天賦人権思想**が底流しているので、旧来の家族制度や人倫を破壊するという懸念があったからでした。

結局はドイツ法を加味した新民法が一八九八年から全編施行されることになりました。

❖……一八八〇年代、二大派閥時代の朝鮮半島

今度は外交のようすをまとめてみます。

朝鮮は当時、清の属国で、**大院君**を代表とする親清派と、**閔妃**を代表とする親日派の二つに政治的派閥が分かれていました。一八八二年に親清派による親日派への反乱が起こり、日本公使館も包囲されました。これが**壬午軍乱**です。

このとき、公使館を焼き打ちされた日本はただちに出兵し、その後、日朝間で済物浦条約を結びます。大院君は清に監禁されましたが、一八八四年に閔妃が利用されて親清派に回り、**事大党**という保守的な大勢力を築きます。

親日派は朴泳孝、金玉均などの政治家が中心になって**独立党**を結び、朝鮮の近代化を図ろうとしていきます。しかし親清派の勢力がいぜんとして強かったために、今度は逆に、親日派から親清派に対するクーデタが、日本の援助のもとに漢城で起こりました。しかし金玉均らの独立党は清国軍の反撃によって衰退してしまいます。これが一八八四年の**甲申事変**といわれる事件です。

この事件の処理として一八八五年に日朝間で漢城条約が結ばれ、日清間では天津条約が全権伊藤博文と李鴻章のもとで結ばれます。その内容は、①日清ともに朝鮮から撤兵する、②たとえ軍事教官といえども派遣してはならない、③出兵の際は相互に事前通告するというものでした。

さらに朝鮮は一八八九年、日本への穀物輸出を禁止する**防穀令**を出しました。これに対して、日本側では損害賠償を実現させています。

❖……日清戦争の原因と下関条約

一八九四年に、朝鮮で**東学党**と呼ばれる民族宗教のメンバーが反乱を起こしました。これは広く農民各層まで広まって、**甲午農民戦争**といわれる大反乱に発展していきます。

これを鎮圧するために、朝鮮政府は中国に救援軍の派遣を求めました。ところで、一八八五年の天津条約の条項に「出兵の際は日清ともに事前に相互通告し合う」とありますから、清国は日本に出兵を通告してきました。対抗して日本も出兵します。しかし、この事態が日清戦争なのではなく、この後、豊島沖の海戦後に日本が清に対して宣戦布告して朝鮮の支配権をめぐって本格的に軍事衝突を起こす、それが**日清戦争**です。

戦争などの有事に際して、**大本営**という天皇直属の統帥部が広島に置かれました。戦局は豊島沖海戦→平壌の戦い→黄海海戦→威海衛占領と推移し、結果は日本の圧倒的勝利に終わりますが、日清戦争にかかった戦費は約二億円といわれています。そして翌年に、日清戦争の講和条約が結ばれました。**下関条約**です。

下関条約の全権は、日本側は第二次伊藤博文内閣ですから首相の伊藤博文、外務大臣の陸奥宗光、そして清側の全権が李鴻章です。

下関条約の内容ですが、四つにまとめることができます。

①清は朝鮮の独立を承認する。いい換えれば「清は朝鮮に対する宗主権を放棄する」ということです。**宗主権**とは、属国として扱う権利のことです。

②賠償金二億両を日本に支払う。当時の日本円にして約三億一〇〇〇万円を日本は受け取ります。これを日本は、軍事拡張費や皇室費、教育基金などに充てていきます。

③遼東半島・台湾・澎湖諸島を日本に割譲する。
④沙市・重慶・蘇州・杭州を開く。
以上の四つですが、もう一つ挙げるとすれば、揚子江（長江）航行権の獲得です。

❖……ロシアによる露骨な圧力、三国干渉

ロシアは、遼東半島が日本の支配下に入ることを極度に恐れていました。下関条約調印の一週間後、そのロシアがフランス、ドイツと共に、日本に遼東半島を清に返せという要求を突きつけてきます。これが**三国干渉**です。

第二次伊藤内閣はこれをやむなく受諾し、代償金と引き換えに遼東半島を返しました。

こうして日本はロシアなど三国の要求に屈し、以後、「臥薪嘗胆」というスローガンのもとに**対露敵愾心**を強めていきます。臥薪嘗胆とは固い薪の上に寝て、苦い肝をなめることです。仇を討つために苦労してがんばり抜くことで、中国の『史記』などに由来する例えです。その思いがずっと募り、一九〇四年の日露戦争に発展するわけです。

さて、日清戦争後の朝鮮をめぐって、日露間で三つの取り決めが結ばれました。①小村・ウェーバー覚書（一八九六年）、②山県・ロバノフ協定（一八九六年）、③西・ローゼン協定（一八九八年）です。

❖……列強の中国分割と義和団の乱

「眠れる獅子」といわれた中国が、その東にある小国日本に敗れたという話はヨーロッパの列強をかなり驚かせます。そして列強による**中国の分割**が進んでいきます。イギリスは九竜半島・威海衛を、フラ

ンスは広州湾、ドイツは膠州湾、ロシアが旅順・大連、そして日本は台湾とその対岸にある福建省に勢力範囲を拡大します。

アメリカは従来の**モンロー宣言**（ヨーロッパ諸国に対して相互不干渉を提唱）を捨てて、国務長官ジョン＝ヘイが門戸開放・機会均等・領土保全という立場を貫こうとしました。

ヨーロッパ諸国は、こういった地域を永久に植民地にしたのではなく、**租借**、つまり一定の期間を決めて植民地にしたわけです。

日本は台湾に**台湾総督府**を設置し、初代総督に樺山資紀が就任しました。

中国の内部に諸外国の勢力が入ってきたため、中国民衆は排外意識を高めていきます。一八九九年、義和拳法を中心とする義和団という白蓮教系の宗教秘密結社の人びとが、山東省を中心に排外運動を起こしました。これを**義和団の乱**といいます。このときに中国民衆は「扶清滅洋」という排外思想を示す言葉をスローガンに唱えました。〝清を扶けて洋を滅ぼす〟と解釈できますね。

この義和団の乱を鎮圧するための鎮定戦争が、翌年に起こります。それが**北清事変**です。列国の派兵とともに、日本も出兵八か国中最大規模の二万二〇〇〇人もの軍隊を派遣しました。

これによって、日本の軍事力は諸外国から一定の高い評価を得るに至り、日本は〝**極東の憲兵**〟という自覚をもつようになります。富国強兵国家を目指してきた明治政府にとっては、一つの目標がこの事件である程度達成されたといえるでしょう。

一九〇一年には、列強は清国と**北京議定書**に調印し、列国による北京駐兵権と賠償金の支払いを認めさせました。

❖……憲政史上はじめての政党内閣が誕生

国内では超然主義をとる政府と、「民力休養、政費節減」を唱える民党がずっと対立していました。ところが、日清戦争がはじまるころから政府と民党が次第に歩み寄りの姿勢を見せ、妥協する方向に進んでいきます。

日清戦争の後、第二次伊藤博文内閣は自由党と妥協する形で板垣退助を内務大臣に迎えました。第二次伊藤博文内閣は、**元勲総出（げんくんそうで）の内閣**とも呼ばれます。というのは、組閣にあたって伊藤は政界の実力者、そうそうたるメンバーを揃えようとし、〝明治末路の一戦〟という覚悟で組閣に踏み切ったからです。

このころはちょうど第四議会が招集されて、天皇による**和衷協同の詔書**、いわゆる建艦詔書が出されたときでもありました。これは宮廷費から三〇万円を六年間、また役人の給料の一〇分の一を軍艦建造費として捻出するから、議会も政府に協力するように、というものです。

一八九六年、第二次松方正義内閣のとき、進歩党の大隈重信が外務大臣として入閣しました。これを**松隈（しょうわい）内閣**ともいいます。進歩党は、立憲改進党が他の小政党と合同して結成した政党です。その後、一八九八年に成立した第三次伊藤内閣は地租増徴の計画を実施に移そうとしたために自由・進歩両党の反対に会い、この計画は失敗に終わってしまいます。

そのときに進歩党と自由党という、それまで二つに分かれていた民党が合同して、**憲政党**という政党をつくりました。こうして議会に絶対多数を占める合同政党が出現して伊藤内閣を倒し、憲政党を与党とする第一次大隈重信内閣が成立します。大隈重信内閣は不完全ながらも憲政史上日本最初の政党内閣をつくり上げていったわけです。この内閣は、板垣退助を内務大臣として迎えたために、大隈の「隈」と板垣の「板」の字から、**隈板（わいはん）内閣**とも呼ばれます。

この隈板内閣ですが、文部大臣尾崎行雄による共和演説問題と呼ばれる舌禍事件などで動揺を重ね、まもなく瓦解します。同時に憲政党も分裂してしまいました。

その後、一八九八年から一九〇〇年にかけて、第二次山県有朋内閣が成立します。山県は軍部の大御所ですから、政党の存在を徹底的に嫌っていました。政府と政党が妥協しはじめている現状に批判的な立場ですから、山県内閣は政党の勢力を何とか抑えようとする政策をあからさまに展開します。文官任用令を改正して政党勢力の進出を抑えようとしたり、文官分限令を公布したりします。いずれも一八九九年です。

一方で軍部の立場の明確化も図っていきます。そのために、軍部大臣の任用方法を制度化し、陸・海軍大臣は現職の軍人でなければ就けないと規定しました。これが一九〇〇年に定められた**軍部大臣現役武官制**です。

❖……日本で最初の社会主義政党の名は？

一九〇一年には、**社会民主党**という政党が片山潜、安部磯雄、幸徳秋水らによって結成されます。これは日本最初の社会主義政党でした。

ところが、政府は前年に**治安警察法**を出し、労働運動や社会運動を抑えようとしていましたから、社会民主党はこれにふれて二日後に結社禁止となってしまいました。

また、栃木県の渡良瀬川流域の田畑に被害を与えているという足尾銅山から流れ出る鉱毒問題の解決に向けて、一九〇一年、**田中正造**が天皇に直訴を試みました。

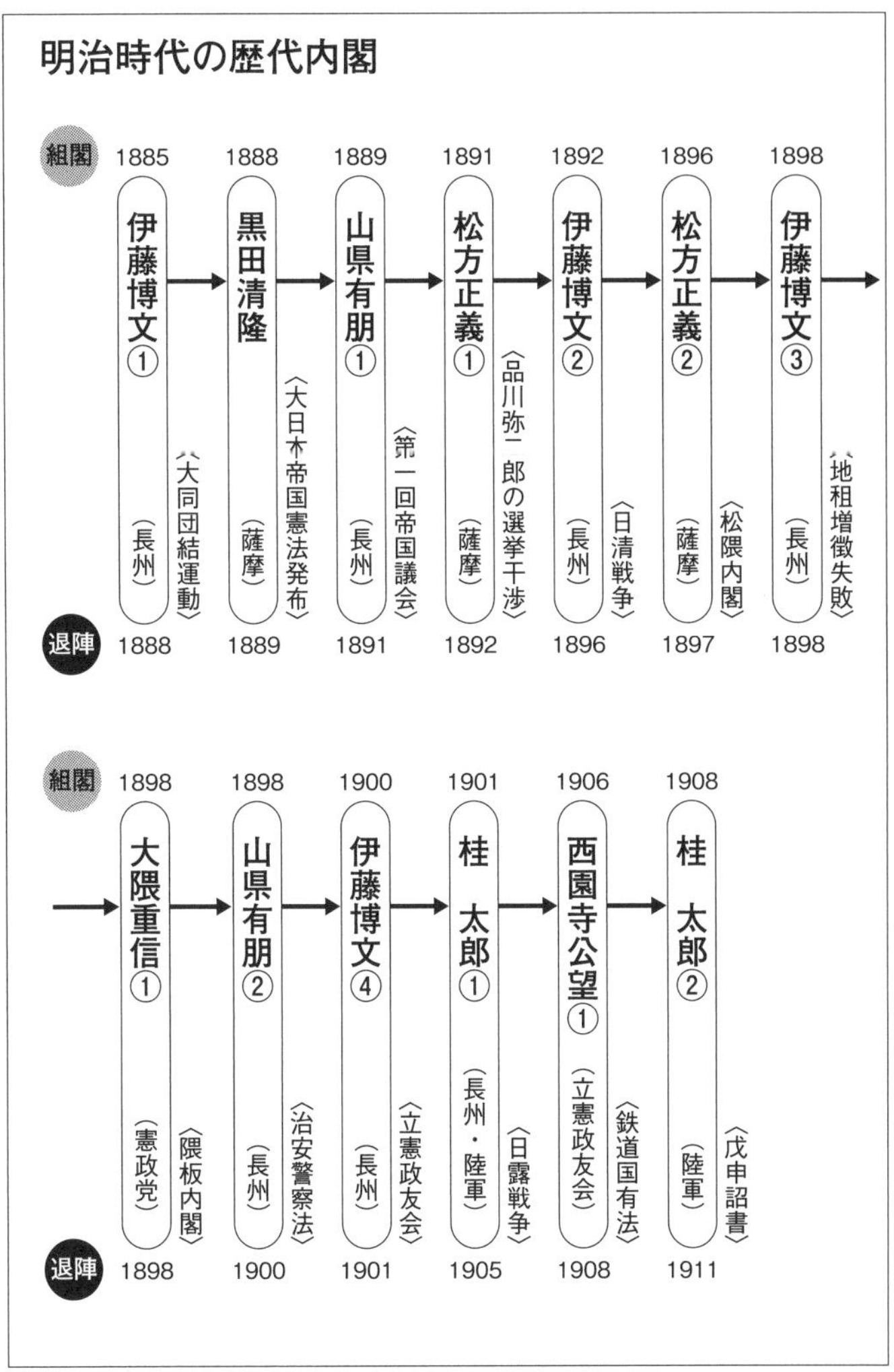
明治時代の歴代内閣
組閣
退陣
1885 伊藤博文① （長州）〈大同団結運動〉 1888
1888 黒田清隆 （薩摩）〈大日本帝国憲法発布〉 1889
1889 山県有朋① （長州）〈第一回帝国議会〉 1891
1891 松方正義① （薩摩）〈品川弥二郎の選挙干渉〉 1892
1892 伊藤博文② （長州）〈日清戦争〉 1896
1896 松方正義② （薩摩）〈松隈内閣〉 1897
1898 伊藤博文③ （長州）〈地租増徴失敗〉 1898
1898 大隈重信① （憲政党）〈隈板内閣〉 1898
1898 山県有朋② （長州）〈治安警察法〉 1900
1900 伊藤博文④ （長州）〈立憲政友会〉 1901
1901 桂 太郎① （長州・陸軍）〈日露戦争〉 1905
1906 西園寺公望① （立憲政友会）〈鉄道国有法〉 1908
1908 桂 太郎② （陸軍）〈戊申詔書〉 1911

❖……南下を示すロシアと二つの対露政策

このような国内状況の一方で、ロシアはしきりに南下の姿勢を示していました。これは日本に相当な緊張感を与え、国内では対露敵愾心が高まっていきました。そして、ロシアに対する政策をめぐって国内の意見が二分されます。一つが**満韓交換論**（日露協商論）という考え方です。日本の韓国に対する権益と、ロシアの満州に対する権益を認め合い、日露間の緊張をうまく緩和していこうとする外交方針で、この考え方を政府部内で提唱し、また支持する姿勢を示していたのが伊藤博文や井上馨、尾崎行雄らです。

一方、ロシアの南下に対して利害関係を同じくするイギリスと同盟条約を結んで、ロシアの南下を抑えようとする考え方を**日英同盟論**と呼び、これを政府部内で唱えていたのが桂太郎、小村寿太郎、山県有朋たちです。

❖……政党嫌いの伊藤博文がつくった政党は？

さて、一九〇〇年には政党政治史上きわめて画期的な出来事がありました。**立憲政友会**の結成です。伊藤博文はかねてから模範的政党をつくろうと考えていて、隈板内閣の崩壊後、分裂した憲政党の事実上の統率者であり、後に政府支持派に転向した星亨らとともに立憲政友会という政党をつくりあげていきます。あれほど政党嫌いだった伊藤博文がなぜ政党づくりに踏み切ったのか。それは自分がいざ組閣するときに、自分を支持してくれる政党がどうしても必要だったからです。政治家の策略というよりも、人間としての弱さと欲望が垣間見えるところといってもいいでしょう。

この立憲政友会の成立に参画したのは憲政党、つまり昔の自由党のメンバーが中心です。自由党はいったん解党状態になりながらも、立憲自由党として生まれ変わり、さらに自由党と名を元に戻します。

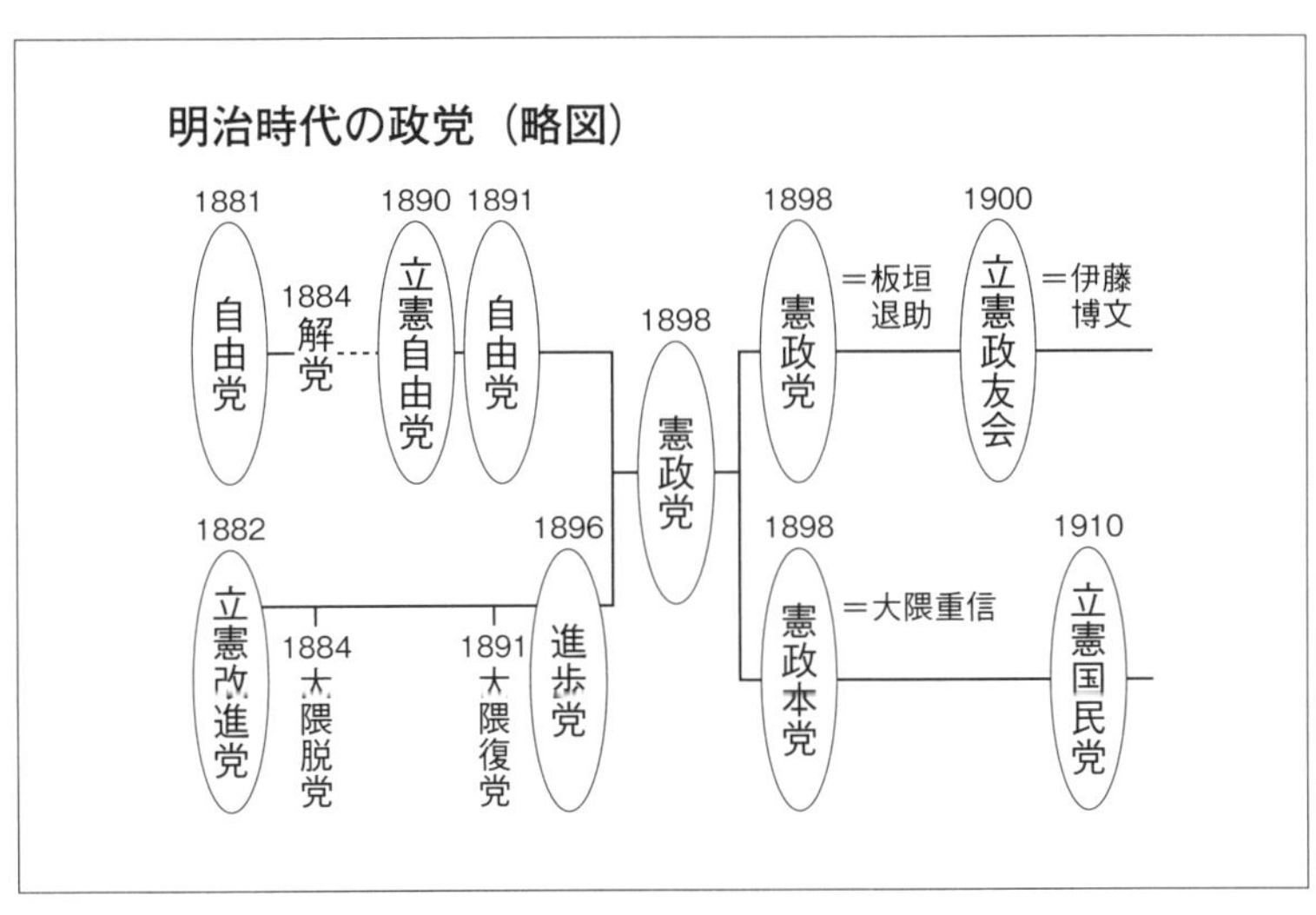

他方の立憲改進党はのちに進歩党として再起し、一八九八年に、第三次伊藤内閣の地租増徴案に反対して、ここで進歩党と自由党が合同して憲政党が生まれます。

ところが憲政党は同じ年、憲政党と憲政本党に分かれていきます。もともと違う考え方をもっていた政党ですから、一緒になっても矛盾が出てきたときには分裂も早いんです。

分裂後に生まれた憲政党というのは、実は前の自由党のメンバーをほとんどそのまま引き継いでいます。一九〇〇年に生まれた立憲政友会というのは、この憲政党が母体だったといえるわけです。

こうして、あれだけ政府を批判していた自由党が立憲政友会に発展して、今度は政府側に回った。しかも伊藤が立憲政友会を率いて第四次内閣を組織したわけです。これを受けて、立憲政友会の成立に、**幸徳秋水**は痛恨の思いを込めて自由党を批判します。このとき、発表した自由党批判の論説文のタイトルが有名な「**自由党を祭る文**」で、黒岩涙香（くろいわるいこう）が主宰した『万朝報（よろずちょうほう）』に発表されました。

そして、立憲政友会は以後、一部の資本家らの利益を代表する政党として発展していくことになります。

このような経緯で成立した第四次伊藤内閣でしたが、閣内不統一のため、短期間に倒れてしまいます。そして登場したのが**桂太郎**で、この第一次桂太郎内閣のもとで、当時桂たちが推していた**日英同盟**が一九〇二年に実際に結ばれることになりました。

日本とイギリスいずれかの一国が他の一国と交戦した場合、残る一国は中立を守り、他の二か国以上と交戦したときは、ともに参戦する義務をもつ。これが日英同盟の内容です。

❖……日露戦争前夜、日本は非戦論と主戦論に真っ二つ！

一九〇三年、ロシアとの緊張が非常に高まります。

日露戦争は絶対に避けたほうがいいという**非戦論**（反戦論）と、ロシアと一戦交えたほうがいいという対露強硬論、**主戦論**が、一九〇三年ごろから対立を深めていきます。

非戦論の代表的な例としては、万朝報の記者を辞めた幸徳秋水や堺利彦（としひこ）たちが一九〇三年に**平民社**という結社をつくり、ここで「平民新聞」を刊行して日露戦争反対を叫びます。特徴は、彼らは社会主義の立場から反戦論を唱えたということです。

それに対して**内村鑑三**（うちむらかんぞう）は、キリスト教的人道主義の立場から非戦論を唱えました。内村はキリスト教思想家ですが、アメリカに渡り、実際に当時のキリスト教の姿を見て、それがあまりにも飾られすぎているということを批判して無教会主義を提唱した人です。のちに『余は如何（いか）にして基督信徒（キリスト）となりし乎（か）』という書物を著しています。

そして、彼は自分の人生を〝イエス（Jesus）〟と〝ジャパン（Japan）〟の二つに賭けることを決意しました。ですから、彼の思想はよく〝二つのJ〟といわれます。

さらに文学の面で、反戦の意志を表明した人がいます。その一人、**与謝野晶子**は短歌雑誌『明星』に有名な反戦詩を出しています。その中に**「君死にたまふことなかれ」**という一節がありますが、ここでいう「君」とは出征中の弟のことです。

もう一人は大塚楠緒子です。『太陽』に発表した「お百度詣で」という長詩が反戦的な作品として注目されました。

一方、主戦論の代表が、近衛篤麿たちを中心にして結成された対露同志会という政治家のグループです。そしてもう一つが、戸水寛人らを中心とする東大七博士です。

❖……日露戦争に用意したマネーは日清戦争の八倍

一九〇四年に、**日露戦争**がはじまります。

当時、戦争遂行のための戦費、約一七億円をどのように調達したのかということですが、主に二つの方法で調達されました。

一つは国内の**増税と内国債**、もう一つは外国からの借金、つまり**外債**です。日本はアメリカとイギリスでこの外債を募集しました。場所はニューヨークとロンドンです。

日清戦争の戦費が約二億円ですから、単純計算しても八・五倍、しかも外債の額はなんと七億円に上ったといわれています。

戦争は日本軍の旅順・仁川の奇襲攻撃にはじまり、その後に宣戦布告します。一九〇四年には黄海海戦で制海権を掌握し、翌年には奉天会戦で奉天を占領します。さらに日本海海戦でロシアのバルチック艦隊を破りました。全体的に戦局は日本側に有利であったものの、日本の経済力にも限界が見えはじめてきたため、戦争遂行は不可能な状態になりました。ロシア側も血の日曜日事件をきっかけに起こった第一革命などによって、戦争の長期化は困難な状況になっていました。

そこで、一九〇五年には日露戦争の講和会議が開かれ、講和条約が結ばれました。これは一般に**ポーツマス条約**と呼ばれています。

全権は日本側が**小村寿太郎**、相手国ロシアが**ヴィッテ**です。このポーツマス条約の締結を斡旋したのは、アメリカ大統領**セオドア＝ローズヴェルト**でした。

このポーツマス条約の内容は、四点ほどにまとめられます。

日本に対し、

①韓国に対する一切の指導権を与える。
②旅順・大連の租借権と長春以南の鉄道敷設権と付属鉱山の採掘権を与える。
③北緯五〇度以南の樺太を割譲する。
④沿海州・カムチャツカ漁業権を与える。

という内容です。

ポーツマス条約の内容を見ると、まず賠償金が入っていないということに気づきます。日清戦争の八・五倍も戦費をかけ、借金までして戦った戦争なのに、賠償金はまったく受け取っていない。しかも日本が手にしたものは指導権、漁業権、領有権、敷設権、採掘権といった権限だけでした。

当時の国民の中には、一銭も賠償金を得られない条約を結ぶのなら、戦争を継続したほうがいいと唱える人びとがたくさんいました。「東京朝日」や「大阪朝日」など有力新聞も、戦争継続を主張したようです。

桂内閣に対する国民の不満が高より、官憲に対する非難、批判という形で一九〇五年には**日比谷焼き打ち事件**が起こりました。

なお、条約内容の①に韓国とありますが、一八九七年に朝鮮は国号を大韓と改めました。大韓は韓国の正式名称で、北と南に分かれる前ですから、いまの北朝鮮＝朝鮮民主主義人民共和国を含んだ朝鮮半島全部が大韓、それを略して韓国と呼びました。

❖……伊藤博文の暗殺と韓国併合

一九〇四年、この年に**日韓議定書**（ぎていしょ）が結ばれますが、これは実質的に日露戦争遂行への協力を韓国に認めさせたもので、韓国併合の第一歩となった条約です。

そして同じ年に、第一次日韓協約という条約を結びます。韓国政府内部に日本が推薦する外交・財政顧問を設置することを認めさせたもので、その翌年には第二次日韓協約を結び、韓国の外交権を東京外務省に吸収してしまいます。この協約は別名、韓国保護条約とも呼ばれます。

そうして一九〇五年、漢城に**統監府**（とうかんふ）という役所が置かれました。この初代統監に就任したのが**伊藤博文**です。

この日本の侵略外交に対して韓国側は、一九〇七年にオランダのハーグで開かれた第二回万国平和会議に密使を派遣します。しかし当時、外交権は日本にあり、議長も「外交権のない国の参加は認められない」と参加を断ります。そして、万国平和会議から韓国政府に、本当かどうかという照会電報が打たれます。ところがその電報を読んだのは韓国の役人ではなく、伊藤博文だったのです。

これによって韓国側に対する照会電報は無効となり、**ハーグ密使事件**と呼ばれるこの事件をきっかけに、第三次日韓協約が締結されることになりました。この協約によって、韓国の内政権も日本が手中に収め、さらに韓国の軍隊も解散させます。韓国では民衆による**義兵運動**という反日運動が起こりました。そして一九〇九年、伊藤博文が暗殺されます。犯人は安重根です。翌年死刑になりましたが、彼は今でも朝鮮では南北含めて英雄として扱われています。

この事件をきっかけに、日本政府は一九一〇年に**韓国併合条約**に調印します。この条約は第三代統監の寺内正毅と李完用首相との間で調印されたもので、ここから朝鮮は日本の植民地として扱われることになりました。

韓国併合条約が結ばれ、それまでの統監府に代わって今度は**朝鮮総督府**という役所が置かれることになりました。初代朝鮮総督に就任したのが**寺内正毅**です。

総督府は天皇に直属する機関で、第二次桂内閣の陸相の寺内が朝鮮総督になったわけですから、日本の軍事組織がそのまま朝鮮に持ちこまれた形になります。事実、朝鮮全土に軍隊・警察をちりばめ、いわゆる武断政治が敷かれることになりました。

❖……日露戦争の結果、アメリカとの関係が悪化

日露戦争の後、ロシアとは四回にわたって日露協約を結び、協調的となりましたが、アメリカは大国化する日本に対して警戒心を抱くようになりました。欧米人の対日警戒心をもっとも端的に示している言葉は「**イエロー・ペリル**」——**黄禍論**と呼ばれます。そしてアメリカとは次第に険悪な状態に入って

いくんです。

一九〇五年に**桂・タフト協定**が結ばれ、アメリカのフィリピンに対する、また日本の韓国に対する優越権をお互いに認め合いましたが、鉄道王といわれたアメリカの**ハリマン**が南満州鉄道の日米共同経営案を示してきたとき日本政府は拒否し、さらに満鉄の中立化を提案してきた**ノックス**の意見をも拒否するという具合で、両国間には非常に気まずい空気が流れはじめました。さらにアメリカやオーストラリアなどでは日本人移民の排斥運動が起こり、日米間は徐々に対立の色を濃くしていきました。

イギリスとは一九〇五年に日英同盟を改訂して、協約の適用範囲をインドにまで拡大し、さらに一九一一年に再び改訂します。しかし、このときアメリカは協約の対象から除外したため、イギリスとの同盟熱も次第に冷めはじめます。

さてこの時期、一九〇一年から一九一二年までは桂太郎と西園寺公望(さいおんじきんもち)が「**情意投合**」という暗黙のルールのもとに交代で政権をたらい回しする時代だったので、**桂園時代**(けいえんじだい)と呼んでいます。

❖……日本で資本主義はどのようにして成立した？

今度は経済の話をしましょう。

一八七〇年代後期の日本経済は、資本主義の確立に向かって大きく曲がりはじめました。西南戦争時の不換紙幣の乱発によってインフレーションが進行していた時代の話です。

一八八〇年には**工場払下概則**が出され、軍事工場を除く官営事業の民間への払い下げが確定しました。富岡製糸場は三井に払い下げられ、また古河市兵衛は「鉱山王」、浅野総一郎は「セメント王」と呼ばれるまでに成長しました。民間産業が著しく発達したんです。一八八一年には、最初の民間鉄道会社である**日本鉄道会社**も生まれました。

さらに一八八二年に大蔵卿に就任した**松方正義**は緊縮財政政策をとって、紙幣整理や正貨（＝金）の蓄積につとめ、同年には**日本銀行**を設立しました。ところが結果的に農産物価格の低下などを招いて全国的に不況となってしまいます。松方デフレ政策です。

大阪紡績会社は渋沢栄一らによって一八八二年に設立され、翌年から操業を開始。一万五〇〇〇錘という民間における最大規模を誇る紡績工場で、電灯を使って昼夜二交代制を導入しました。機種はミュール紡績機、後にリング紡績機が導入されています。イギリスの技術を勉強した日本人技術者山辺丈夫（やまべたけお）が迎えられ、後に社長に就任しました。

産業革命が進行する一方で、一八八六年に甲府の雨宮製糸工女ストライキ、一八九四年には大阪の天満（てんま）紡績工場で工女のストライキが起こっています。こうした中、前田正名は、一八八四年に商工業の実態調査『興業意見』を編纂しました。

やがて一八九〇年代には軽工業分野を中心に技術革新が進みます。エネルギーは**蒸気力**です。製糸業では片倉組や郡是製糸が設立され、従来の木製器械を使った座繰（ざぐり）製糸に代わって、水車の回転による器械製糸が普及します。紡績業も従来の手紡（てつむぎ）からガラ紡（ぼう）に変わり、それをさらに洋式機械紡績が凌駕しました。

こうして一八九七年、綿糸の輸出量が輸入量を上回りました。そのため、〝一八九七年は日本において綿糸紡績業が確立した年〟ということができるんです。この年には**金本位制も確立**し、日本近代資本主義の発達史上、一つの画期となった年でもありました。

こうして、日清戦争前後からいわゆる産業革命が進行し、上からの資本主義化が進んだ結果、一九〇〇年ごろ**日本近代資本主義**が確立します。

しかしその一方では、社会的矛盾が徐々に表面化し、労働運動、社会運動が高まっていきました。一八九七年にはアメリカから帰った高野房太郎を中心に、労働組合期成会が結成されました。これは労働組合の結成を促すための組織です。その結果、鉄工組合とか日本鉄道矯正会といった職業別の労働組合もつくられました。

さらに一八九〇年代の後半には**マルクス主義**が日本に入ってきて、下からの社会主義運動も盛んになっていきます。

こうした労働運動や農民運動の高揚を何とか抑えようとして、政府は一九〇〇年に**治安警察法**という弾圧法規をつくったんです。

一九〇一年には、ドイツの技術を導入して**官営八幡製鉄所**が操業をはじめました。この製鉄に必要な鉄鉱石は、中国の大冶の鉄山から輸入します。日本は横浜正金銀行や日本興業銀行などを通じて漢冶萍公司に多額の借款を供与していたので、鉄鉱石を安価にしかも大量に輸入できました。

これが日露戦争後、重工業部門を中心とする資本主義発達の基盤となったわけです。

❖……教育方針はしだいに国家主義的へ変化

それでは明治時代の最後に、この時代に開花した国民文化についてふれておきましょう。

明治時代には教育の近代化も進みました。一八七一年に**文部省**が設置されて近代教育行政の中心官庁となります。一八七二年にはフランスの制度にならって**学制**、一八七九年にはアメリカの制度にならって**教育令**が発布されました。学制と教育令は**自由主義的**な理念にもとづいたものでした。

ところが、その後に出された**学校令**と**教育勅語**は**国家主義的**な理念をその方針としています。政府ははじめは自由主義的な方針を良しとしていながら、一八八六年から一八九〇年になると国家主義的な傾向を強く帯びてきます。政府の方針がどうしてそうなったのか、理由は政治的な側面と文化的な側面の二つあります。

政治的理由は、自由主義を放任した結果、下から自由民権運動が起こり、政府はこれを抑えなければならなくなったからです。文化的理由は、西洋の近代文化を表面的に取り入れた結果、日本の旧来の伝統文化に対する再認識が必要になったためです。

一八八六年、初代文部大臣森有礼(ありのり)は、帝国大学令・師範学校令・中学校令・小学校令という法令を出しました。この四つをひっくるめて学校令といいます。さらに、一八九〇年、教育勅語が発布されました。起草したのは元田永孚(もとだながざね)と井上毅(こわし)です。

教育勅語は「忠君愛国」の精神を実践できる人間を理想と考えたわけです。ところが、その教育勅語に対して、内村鑑三は敬礼を拒み、そのため、教壇を追われるという**内村鑑三不敬事件**が起こっています。

また、井上哲次郎は「教育と宗教の衝突」を発表して、キリスト教を攻撃しました。

❖……外国人指導者が活躍した芸術文化

西洋美術の教育機関では工部美術学校があります。これは殖産興業政策を推進するうえでも有益とされたために一八七六年に設置されましたが、伝統美術に回帰する風潮が高まったことを背景に一八八三年に廃止され、一八八七年に東京美術学校が設立されました。東京美術学校では、はじめは日本画が中心でしたが、のちには西洋画も取り入れられることになりました。今の東京芸術大学の前身です。日本画で活躍したのが、『悲母観音』を描いた狩野芳崖(ほうがい)。『竜虎図』は橋本雅邦(がほう)、『黒き猫』『落葉(らくよう)』は菱田(ひしだ)春(しゅん)

草の作品です。

洋画団体では浅井忠が明治美術会をつくりました。代表作が『収穫』です。

それから白馬会が**黒田清輝**によってつくられました。白馬会は外光派と呼ばれるフランス印象派の画風を取り入れた一派で、彼の代表作は『読書』と『湖畔』です。西洋画ではほかに、青木繁『海の幸』、高橋由一『鮭』、藤島武二『天平の面影』『蝶』、和田英作『渡頭の夕暮』、和田三造『南風』などが有名です。

伝統的な日本古美術に対する再評価の気運も高まり、薬師寺東塔を「凍れる音楽」と表現した**フェノロサ**がそれに努めました。**岡倉天心**は一八八七年に東京美術学校を創設し、『東洋の理想』『日本の目覚め』『茶の本』などを著しました。

彫刻では、工部美術学校で西洋彫刻を教えたお雇い外国人教師、イタリア人の**ラグーザ**がいます。作品『女』で有名な荻原守衛の彫刻の先生はロダンでした。ほかに、高村光雲の『老猿』も有名です。

それから設計・建築では、東京駅の設計・建築に関わった辰野金吾が有名です。ニコライ堂と鹿鳴館はイギリス人建築家のコンドル。そして赤坂離宮は片山東熊です。

❖……新派、新劇など新しい演劇も登場

演劇では、江戸時代以来ずっと歌舞伎が流行し、明治に入っても二〇年くらいは変わりませんでした。**河竹黙阿弥**は盗人をテーマとした白浪物で、特に人気者でした。中でも、「団菊左時代」の到来は圧巻で、九代目市川団十郎の「団」、五代目尾上菊五郎の「菊」、初代市川左団次の「左」という一文字を連ねて、こう呼ばれました。

それに対して**新派劇**が興ります。川上音二郎はオッペケペー節でならし、角藤定憲は壮士芝居を興し

ました。壮士芝居とは自由党員らによる、つまり党士たちによる素人の芝居のことです。

新劇では、一九〇六年、坪内逍遙・島村抱月によって**文芸協会**が設立されました。一九〇九年には**自由劇場**が設立されます。これは建物の名前ではなく組織名で、つくったのが二代目市川左団次と小山内薫でした。

音楽では、音楽取調掛が文部省内に設置されました。伊沢修二が**東京音楽学校**を創設し、さらに『小学唱歌集』を教科書として唱歌教育に力を入れました。作曲家では滝廉太郎の『荒城の月』などが有名です。

❖……ジャーナリズムが大きく発達

ジャーナリズムが発達したのもこの時代の特徴です。とにかく出版物が大量に、しかも早く出版される。そういう新しい技術革新が進みました。これは、鉛製の丈夫な活字が考案されたからで、この鉛製の活字を考案したのは、**本木昌造**という人です。

その恩恵をもっとも受けたものの一つが新聞です。最初の近代新聞は「バダビア新聞」で、最初の日刊邦字新聞は「横浜毎日新聞」です。「報知新聞」の前身となる「郵便報知新聞」の発刊にかかわったのが前島密。これは一八八二年に大隈重信がつくった立憲改進党の機関紙になりました。同年にできた立憲帝政党の機関紙が「東京日日新聞」で、中心人物は福地源一郎です。

このような政党を支持する新聞もありましたが、一八八〇年代に入ると、福沢諭吉は不偏不党の立場で「時事新報」を創刊しました。それから徳富蘇峰が「国民新聞」を創刊します。蘇峰は以前、平民主義、つまり貴族的欧化主義をやめて、平民的な欧化主義をめざそうと唱えた人です。つまり、一部の人だけがいい思いをするような欧化主義ではなく、一般の人びとを主体に考えた欧化主義を主張したわけです。しかし、蘇峰はやがて日清戦争後には国権主義に傾いていきます。

「日本」というタイトルの新聞を出したのは、陸羯南(くがかつなん)です。陸羯南らは国民主義を唱えます。こうした**ナショナリズム**からやがて排他的な考え方が芽生え、それと軍国主義が結びついて、次第に戦争を肯定するような考え方が生まれていきます。

雑誌も活字の恩恵を受けました。

明六社の機関誌が『明六雑誌』です。発刊は明治七年ですが、翌年の新聞紙条例に引っかかりそうだという理由で、一八七五年には廃刊になりました。

『東京経済雑誌』は、田口卯吉が中心となって創刊した最初の経済雑誌です。

一八八七年、平民主義を唱えた徳富蘇峰は民友社から**『国民之友』**を出しています。

『日本人』という雑誌は、政教社の三宅雪嶺(せつれい)・杉浦重剛(じゅうごう)・志賀重昂(しげたか)らが出した雑誌です。伝統的な文化の中に、真なるもの・善なるもの・美なるものを見出そうという考え方を唱えました。この考え方を**国粋主義**、または国粋保存主義といいます。また、劣悪な労働環境から労働争議事件に発展した**高島炭鉱問題**もこの『日本人』によって暴露されました。

高山樗牛(ちょぎゅう)が主宰したのが『太陽』です。彼は日本主義を提唱し、ますます視野の狭いナショナリズムがつくられていきます。

短歌・俳句の関係では、俳句雑誌**『ホトトギス』**は正岡子規、あるいは高浜虚子が主宰しました。そして短歌雑誌が**『アララギ』**です。

詩歌雑誌には、与謝野鉄幹が主宰した**『明星』**がありました。

大正時代……大正デモクラシーと政党勢力の進出

西園寺公望内閣ではじまった大正という時代は、二度の護憲運動によって政党政治への端緒を開いた時代です。また第一次世界大戦を経験しながら日本経済は大きく成長し、日本は大国の仲間入りを果たします。

そして民主化の方向に現状を切り崩そうとする思潮・大正デモクラシーの下、婦人運動・労働運動・社会主義運動などの諸運動が起こります。しかし、これらは挫折を余儀なくされ、時代はゆっくりとファシズムに傾斜していくのです。

❖……「帷幄上奏」で西園寺内閣が退陣

まずは一九一二年、大正元年の第二次西園寺公望内閣の退陣から、一九二四年成立の加藤高明内閣まで見ていきます。この変遷の中で、注目すべきは**政党の離合集散**です。

一九一一年に発足した第二次西園寺内閣のときに、同年、中国（清）で起こった辛亥革命に対抗するため、陸軍から朝鮮における**二個師団増設要求**が出されました。これに対して、西園寺内閣は財政難を理由に拒否します。そのため、ときの陸軍大臣上原勇作は、**帷幄上奏**して単独辞任してしまいました。

帷幄上奏とは、統帥権（軍隊の最高指揮権）は天皇の大権として政府や議会から独立しているため、軍部が内閣を通さずに直接天皇に意見を上奏することで、その権限を帷幄上奏権といいます。

本来、帷幄上奏できるのは陸軍は参謀総長、海軍なら海軍軍令部長ですから、陸軍大臣の上原の行為は違法です。しかし、内閣は軍部に介入できなかったので、のちの軍閥政治横行の土壌的条件となってしまいました。

この事態は西園寺内閣に大変な衝撃を与えましたが、〝軍部の大御所〟山県有朋は、それを承知で軍部大臣現役武官制（陸・海軍大臣を現役大将・中将から任用する制度）を利用して後任の陸軍大臣を推挙しませんでした。これを〝**陸軍のストライキ**〟といい、このため、第二次西園寺内閣は後任の陸軍大臣を得られずに退陣することになります。

❖……民衆参加の護憲運動でまたも内閣退陣！

西園寺の後を受けたのが当時、内大臣兼侍従長で山県の後継者だった**桂太郎**です。

これに対して、国民の間からは桂太郎内閣の退陣を求める政治的運動が起こります。〝憲政の神様〟といわれた立憲政友会の**尾崎行雄**や立憲国民党の**犬養毅**が中心となり、「閥族打破、憲政擁護」をスローガンに、都市知識人や一般民衆もこの運動に参加しました。これが憲政擁護運動で、これによって軍閥や特権官僚の支配を排し、政党内閣による立憲政治を実現しようとしたんですね。大正時代には前後二回起こったため、最初の運動を**第一次護憲運動**といいます。

桂はそれに対抗して、**立憲同志会**という組織をつくります。立憲同志会を結成したのは桂太郎ですが、政党としての本格的な政治生命を帯びるのは加藤高明がリーダーとなってからです。しかし、桂内閣は組閣五三日という短命で退陣してしまいます。この第一次護憲運動から桂内閣退陣までの一連の政治的な動きを**大正政変**と呼びますが、これは民衆の力が内閣を倒した最初の運動でもありました。

桂太郎の後を受けたのが薩派（鹿児島県出身者による派閥）で海軍出身の**山本権兵衛**で、彼は立憲政友会と提携しながらいろいろなことを行います。まず一つは、第二次山県有朋内閣のときに定められた軍部大臣現役武官制というシステムの一部を廃止して、予備役・後備役まで軍部大臣の任用範囲を広げました。第一次護憲運動の結果、軍人支配色を緩和せざるを得ない状況となったのでしょう。

しかしこのころ、海軍首脳部が兵器の発注に関してドイツのジーメンス社から賄賂を受けた**ジーメンス事件**が発覚したため、民衆運動が高まり、一九一四年、山本内閣は退陣してしまいます。

この事件とともに、悪税と目された織物消費税・営業税・通行税の三つの税を廃止に追い込む廃税運動が起こったことも見逃せません。

❖……第一次世界大戦に日本が参戦した理由とは？

山本権兵衛の後、大隈重信が立憲同志会を与党に第二次内閣を組織します。憲政本党が非立憲政友会各派を集めて一九一〇年に結成した立憲国民党から分裂してできたのが立憲同志会で、立憲政友会と対抗しうる勢力となりました。残った立憲国民党は一九二二年、革新倶楽部に発展的に吸収されます。

この第二次大隈内閣のときに、**第一次世界大戦**が起こりました。一九一四年です。当時日本は、この大戦に直接参戦しなければならない立場にはありませんでしたが、結果的に参戦してしまうんですね。日本はイギリスと日英同盟を結んでいますから、名目上、同盟国としての情誼はありました。しかし本音は、この世界大戦を朝鮮や中国など大陸侵略を進めていくための絶好のチャンス到来と見ていたようです。

先の二個師団増設案が議会を通過したのもこの内閣のとき、一九一五年でした。

大戦前のヨーロッパには、三つの対立が渦巻いていました。

一つめは、**三国同盟**（ドイツ、オーストリア＝ハンガリー、イタリア）と**三国協商**（イギリス、ロシア、フランス）の軍事的な対立です。

二つめは、**三B**（ベルリン、バグダード、ビザンティウム）**政策**と**三C**（カイロ、ケープタウン、カルカッタ）**政策**の対立で、頭文字がB、Cではじまる三つの都市を結んでできる二つの三角形のエリアでの帝国主義的・経済的対立です。

三つめは、ゲルマン系民族とスラブ系民族の対立です。

こうした三つの対立の焦点とされたバルカン半島は当時、〝ヨーロッパの火薬庫〟とさえ呼ばれていました。このヨーロッパの火薬庫が爆発する引き金となったのが、オーストリア皇太子夫妻がプリンツィプという一八歳のセルビア人の学生に襲撃された**サライェヴォ事件**でした。

この事件が大戦への導火線に火をつけ、ヨーロッパ各国は次々と参戦していきます。

❖……日本が中華民国に突きつけた二十一の要求

一九一五年に、日本はさっそく人陸侵略を具体化する政策にとりかかります。**二十一か条要求**です。

当時、第二次大隈内閣の外相を務めていた**加藤高明**（たかあき）は、中華民国の**袁世凱**（えんせいがい）政府に二十一か条から成る日本の軍事的、経済的な権益を認めさせる要求事項を突き付け、一九一五年五月九日に二十一か条のうち五号十六か条を半ば強制的に承認させました。この五月九日を中国民衆は国恥記念日と呼び、その後、**反日・排日運動**が高まって、日貨排斥など日本商品のボイコット運動などに拡大していきました。

大隈内閣ではもう一つ、一九一一年に公布されていた日本最初の労働者保護立法である工場法が、一九一六年にとうとう施行の運びとなります。工場法の内容は、労働者の最低年齢を一二歳とすること、一日の労働時間を一二時間以内とすること、女子・年少者（一五歳未満）の深夜就業を禁止すること、というもので、女子工員を多くかかえる繊維業界からの反対によって施行が延期されていました。

❖……米騒動は、なぜ近代になってから起きた？

大隈の後、陸軍軍人の**寺内正毅**が閣僚もすべて官僚出身という〝超然内閣〟を発足させます。この内閣は、寺内の風貌が当時アメリカから渡ってきた福の神・ビリケンに似ていることと、非立憲内閣を皮肉って**ビリケン内閣**といわれました。

この時期、日本の軍事的な勢力に批判的なアメリカや諸外国の反感をやわらげ、関係調整を図るために、一九一七年、石井菊次郎とアメリカの国務長官ランシングとの間で**石井・ランシング協定**が結ばれます。

さらに、寺内の私設秘書・西原亀三が仲介して、中華民国に総額一億四五〇〇万円もの借款を供与します。借款とは資金提供のことで、日本の地位を高め、経済的・軍事的立場を有利にする政策です。これを、**西原借款**といいます。このとき中華民国では、軍閥の**段祺瑞**が政権を握っていました。しかし、八回に分けて供与されたこの借款は確実な担保もなかったため、国内での批判とともに中華民国からも侵略政策とみなされて反日運動が高まり、結局、この借款は失敗に終わります。

さて寺内内閣のときに、もう一つ大事件が国内で起こっています。

一九一七年、**ロシア革命**が起こりました。その翌年、第一次世界大戦でシベリアに転進して孤立したチェコスロヴァキア軍の救出を名目として、日本は列国と共にシベリアと北満州に出兵します。これが**シベリア出兵**です。

これに必要な軍用米を確保するため、国内では米の買い占めと売り惜しみが進み、米価が急騰しました。これに端を発し、一九一八年、富山県西水橋(にしみずはし)町などの漁民主婦が中心となって米屋などを襲います。この蜂起を**米騒動**といい、新聞では〝越中女一揆〟〝女房一揆〟などと報道されました。さらに、これが一道三府三八県に広がり、都市では労働争議、農村では小作料の減免を求める小作争議という形で呼応する運動に発展しました。寺内内閣は、軍隊と警察を動員してこの動きを鎮めましたが、その責任を負って退陣します。

米騒動は結果的に内閣交代をもたらし、民衆に力を自覚させました。こうして民衆は**大正デモクラシーの風潮**の中、労働運動・農民運動などさまざまな社会運動に立ち上がったんです。

❖……政党内閣をつくるも、原敬の憂鬱は続く

寺内内閣に続くのは、立憲政友会の**原敬内閣**です。原は衆議院議員で何の爵位ももっていなかったことから〝平民宰相〟と呼ばれ、立憲政友会の総裁として最初の**本格的政党内閣**をつくった人といわれています。

原内閣のときに、四年間続いた第一次世界大戦の講和がなされます。**パリ講和会議**です。日本から首席全権として西園寺公望と牧野伸顕(のぶあき)が参加し、一九一九年に**ヴェルサイユ条約**が結ばれました。ここで決められた日本に関係する内容は、中国山東省の旧ドイツ権益の継承と赤道以北のドイツ領南洋群島の委任統治権の獲得です。

さらに、大戦の反省をふまえて、新たに国際協調外交路線が敷かれました。その中心となった機関が**国際連盟**です。国際平和と民族自決を唱えたアメリカ大統領ウィルソンの提唱によって一九二〇年につくられたもので、日本もイギリス・イタリア・フランスとともに常任理事国となって国際協調外交機関として機能することになったんですが、アメリカは上院の反対で参加しませんでした。これを、**ヴェルサイユ体制**と呼びます。

原内閣のときには国内でもいろいろなことがありました。まず、衆議院議員選挙法が改正されます。この改正により、有権者の資格は直接国税三円以上を納める二五歳以上の男子となりました。この時点でもまだ、女性には参政権は認められていません。その結果、有権者は三〇六万人、全人口比五・五パーセントになり、小選挙区制も導入されます。しかし、原内閣は普通選挙の実施にはかなり難色を示しました。それは、国内の革命的な変動を抑えることが政策の根本方針だった、つまり普選実施によって起こると予想される社会的な混乱を恐れたからなんです。

教育面では、一九一八年の大学令と高等学校令で、新たに単科大学と公立・私立大学の設置が認可されました。以後、大学数は急増し、知識人の層が一挙に拡大します。

❖……北京大学の学生から広まった五・四運動

中国民衆は、二十一か条要求を認めることになるヴェルサイユ体制の成立に反対しています。一九一九年、北京大学の学生らが中心となって山東半島返還要求を唱え、政府も大規模な運動を起こしました。この中国の反帝国主義・抗日の運動を**五**(ご)**・四**(し)**運動**といいます。

同年、朝鮮で起こったのが、**三**(さん)**・一**(いち)**運動**または万歳(ばんざい)事件と呼ばれる反日独立運動です。三・一運動後

衆議院議員選挙法の改正経過

首　相	黒田清隆	山県有朋	原　敬	加藤高明	幣原喜重郎
公布（実施）	1889（1890）	1900（1902）	1919（1920）	1925（1928）	1945（1946）
直接国税	15円以上	10円以上	3円以上	なし	なし
年齢・性別	25歳・男	25歳・男	25歳・男	25歳・男	20歳・男女
有権者数	約45万人	約98万人	約306万人	約1240万人	約3688万人
全人口比	1.1％	2.2％	5.5％	20.8％	50.4％

に朝鮮総督に就任したのは斎藤実でした。朝鮮政策は憲兵警察が廃止されるなど、武断政治から文化政治に変わりましたが、総督は全員が軍人出身者でした。

それから一九二〇年、先のシベリア出兵中に起きたニコラエフスク事件について。これはニコラエフスクに駐屯中の日本軍が、共産党系の非正規軍・パルチザンとの交戦で全滅した事件で、尼港事件ともいいます。この事件は、シベリア出兵をしている日本の反ソ感情をあおり、日本はさらに北樺太をも占領しました。

❖……高橋是清内閣がワシントン会議で失ったもの

原の後を受けたのが**高橋是清**です。高橋は財界から政界に転じ、立憲政友会を率いて組閣しました。このとき、ヴェルサイユ体制に続く新しい国際協調路線を敷こうと、アメリカのハーディング大統領の提唱で**ワシントン会議**が開かれました。日本全権は、海軍大臣の加藤友三郎、駐米大使幣原喜重郎、そして貴族院議長の徳川家達です。

ワシントン会議ではいくつかの条約が結ばれます。まず一つは一九二一年、フランス、日本、アメリカ、イギリスがお互いに太平洋上の勢力関係の現状維持などを確認した**四か国条約**です。この四か国条約によって、一九二三年、日英同盟が廃棄となりました。

二つめは一九二二年の**九か国条約**で、中国問題に関する条約です。これにより石井・ランシング協定と二十一か条要求の一部が廃棄となりました。九か国は、イギリス、イタリア、ポルトガル、中国、アメリカ、ベルギー、フランス、日本、オランダです。

三つめの条約は**ワシントン海軍軍縮条約**。これは一九二二年、**主力艦**に関する保有量を定めたものです。アメリカ、イギリス、日本、フランス、イタリアの五か国の間で結ばれたもので、主力艦保有の割合を〝五：五：三：一・六七：一・六七〟という比率で締結しました。日本は、対米英六割ということですね。

この新しい体制を、ヴェルサイユ体制のアジア版ということで**ワシントン体制**といいます。表向きは国際協調路線としながらも、実質的には日本の軍事力の拡大を抑える狙いがあったとされています。

❖……関東大震災で生じた「モラトリアム」とは?

一九二二年に組閣した**加藤友三郎**内閣ですが、加藤は翌一九二三年九月一日の**関東大震災**が起こる前、八月二四日に亡くなりました。つまり、震災時にはだれも組閣していなかったということです。

震災の翌日の九月二日に山本権兵衛が二度めの組閣をします。ところが関東大震災で多くの銀行が焼失してしまい、経済界は混乱し、**震災恐慌**に陥ってしまいました。

この混乱を収拾するために、山本は大蔵大臣に井上準之助を迎え、三〇日間の**モラトリアム**を実施します。モラトリアムとは、例えば今、だれかが銀行に一〇〇〇円を預金しているとします。四人で一〇〇〇円ずつ預金すれば四〇〇〇〇円が銀行にあることになりますが、この現金は次の瞬間には銀行を離れて企業に融資されます。そうすると銀行には、実際には一〇〇〇円くらいしか残っていないかもしれません。ところが、関東大震災で銀行が焼失したとき、預金者が銀行に殺到して一斉に預金を引き出そうとします。これが**取り付け騒ぎ**です。

銀行に預金したといっても、銀行にある手持ちの現金はかぎられていますから、預金者に払い戻しをすることができません。そのために、この支払い業務をいったん停止し、その間日銀からお金の非常貸し出しを受けるわけです。そして、そのお金をプールして、営業をそのまま続けます。その支払い停止期間のことをモラトリアム（支払猶予）というんです。また、震災で支払えなくなった手形を政府が一部補償する震災手形割引損失補償令も出しました。

この関東大震災のどさくさに紛れて、九月、在日朝鮮人虐殺事件が起こりました。混乱のときにはさまざまなデマが飛び、そのデマに人間が左右されてしまうものです。そのような状況の中で、労働運動家らが軍隊に惨殺された亀戸（かめいど）事件や、甘粕正彦（あまかすまさひこ）憲兵大尉によって無政府主義者の大杉栄（さかえ）、妻の伊藤野枝（のえ）らが虐殺された甘粕事件などが起こりました。

さらにこの混乱の中、裕仁（ひろひと）親王（後の昭和天皇）が無政府主義者の難波（なんば）大助に狙撃されるという**虎の門事件**が発生し、第二次山本内閣はその責任をとって退陣します。

❖……第二次護憲運動と普通選挙法の成立

山本内閣の後を受けたのが**清浦奎吾（けいご）**内閣です。清浦内閣は貴族院、官僚をバックにして組閣した非立憲内閣でしたから、清浦特権内閣を打倒する動きが起こってきます。これが**第二次護憲運動**で、中心となったのは立憲政友会、革新倶楽部、憲政会の三つの政党です。リーダーは、立憲政友会は高橋是清、革新倶楽部は犬養毅、憲政会は加藤高明です。この三派が手を結び、**護憲三派**として清浦内閣の退陣を求めるために「行財政整理」「貴族院改革」「普選断行」（普選とは普通選挙のこと）というスローガンを掲げ、清浦特権内閣打倒運動をはじめます。

第一次護憲運動は都市知識人と一般民衆もいっしょに参加し、内閣を倒した運動でしたが、第二次は政党員だけの運動でした。ただ、清浦内閣を支持する立場にまわった政党もありました。それが床次竹二郎を中心とする政友本党です。

この護憲三派がとうとう一九二四年、総選挙に勝利します。そして憲政会を中心に、立憲政友会、革新倶楽部と連立内閣をつくり上げた加藤高明内閣は、一九二五年、**日ソ基本条約**を結んで、日ソ国交の回復を図りました。

さらに同年、ほぼ抱き合わせの形で、第五〇議会で**治安維持法**と衆議院議員選挙法改正案を成立させます。アメとムチの政策といえるでしょう。この改正衆議院議員選挙法を一般に**普通選挙法**と呼んでいますが、実はこのような名前の法律はなく、衆議院議員選挙法が改正されて、それまでの納税額による制限がゼロになったので、俗に普通選挙法と呼んでいるだけです。しかし女性には参政権はまだ与えられていませんから、その意味では依然として制限選挙が続いていたことになります。

この普通選挙法の制定以後、本格的に政党政治が開始されます。衆議院の第一党の党首が内閣を組織する政権交代のルールを〝憲政の常道〟といい、一九三二年の五・一五事件で犬養毅が射殺されるまで、わずか八年ですが、政党政治が存続しました。

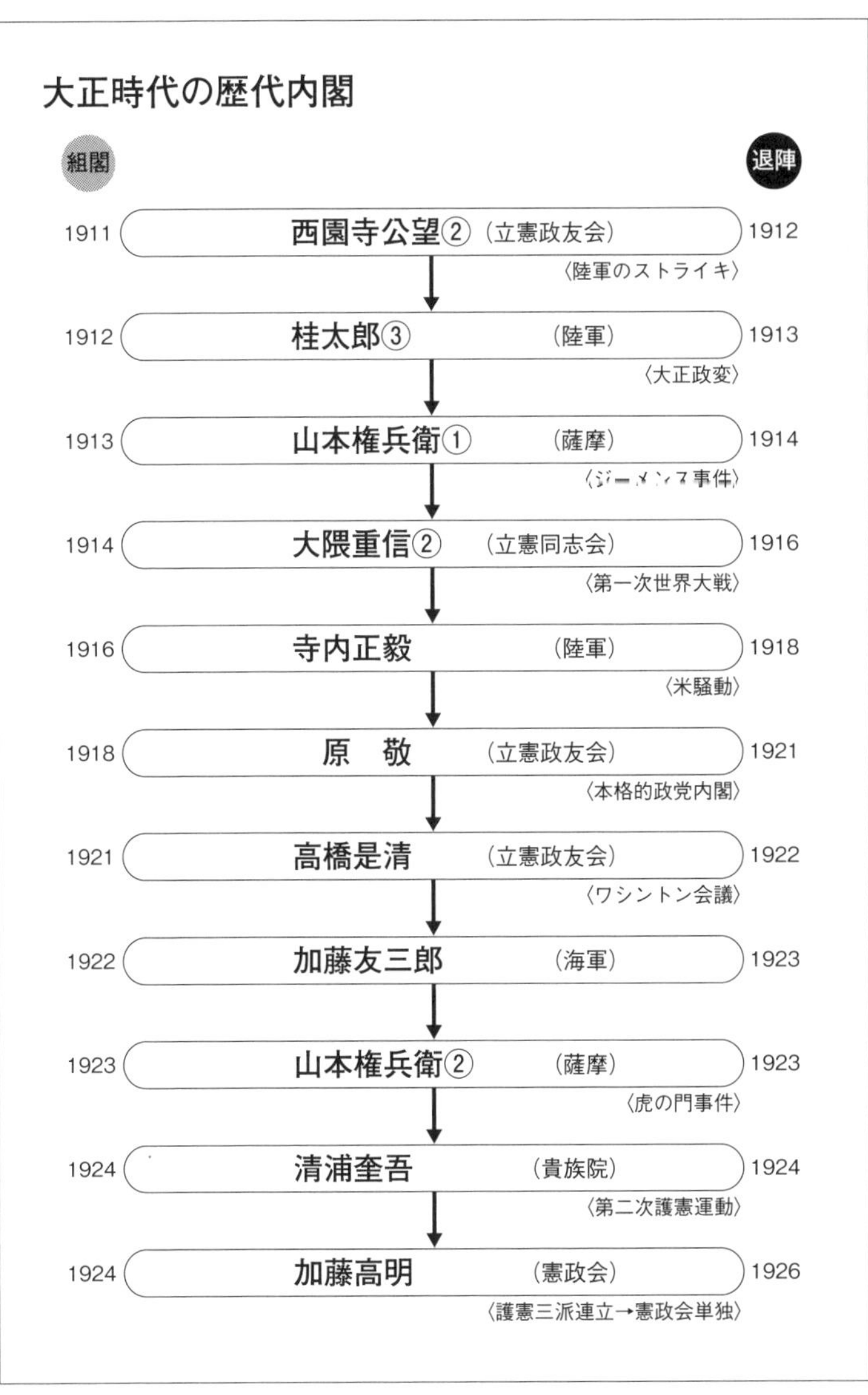
大正時代の歴代内閣
組閣
退陣
1911 西園寺公望② (立憲政友会) 1912
〈陸軍のストライキ〉
1912 桂太郎③ (陸軍) 1913
〈大正政変〉
1913 山本権兵衛① (薩摩) 1914
〈ジーメンス事件〉
1914 大隈重信② (立憲同志会) 1916
〈第一次世界大戦〉
1916 寺内正毅 (陸軍) 1918
〈米騒動〉
1918 原　敬 (立憲政友会) 1921
〈本格的政党内閣〉
1921 高橋是清 (立憲政友会) 1922
〈ワシントン会議〉
1922 加藤友三郎 (海軍) 1923
1923 山本権兵衛② (薩摩) 1923
〈虎の門事件〉
1924 清浦奎吾 (貴族院) 1924
〈第二次護憲運動〉
1924 加藤高明 (憲政会) 1926
〈護憲三派連立→憲政会単独〉

❖……治安維持法と明治の治安警察法の違いとは？

第一次加藤高明護憲三派連立内閣は、立憲政友会との内紛が生じるなど三つの政党のバランスが崩れたために総辞職します。そして第二次内閣は、加藤高明をリーダーとする憲政会単独内閣となるわけです。

第一次内閣のときに成立したもう一つの法律、治安維持法とはどのようなものだったのでしょうか？

この法律が制定された理由は、①日ソ基本条約の調印によってソ連から共産主義思想が流入し、国内で共産主義運動が高揚するのを恐れたため。また②普通選挙法の施行によって、無産政党員が増大するのを警戒したためです。つまり、明治時代の治安警察法は労働運動や農民運動など、運動そのものを弾圧するための法令でしたが、治安維持法は、それに社会主義運動や共産主義の否定という点が加わり、自由主義をも抑圧する性格が強くなった、つまり思想までも弾圧の対象としたというわけです。

❖……大正デモクラシーの原理となった民本主義とは？

大正時代に起こった民主主義的・自由主義的な思潮を大正デモクラシーと呼びます。その定義は、「明治憲法の枠内で民主化の方向に政治の現状を切り崩そうとする思潮」です。この大正デモクラシーの指導理論となったのは、一つは**吉野作造**（よしのさくぞう）の唱えた**民本主義**（みんぽん）という考え方、もう一つは**美濃部達吉**（みのべたつきち）の**天皇機関説**という考え方です。

なぜ、吉野作造は民主主義といわなかったのかというと、民主主義といえば主権在民を意味しますから、明治憲法の枠内ではいい張れません。対して民本主義というのは主権の所在は問わないで、主権運用の目的が民衆の福利の増進に置かれるべきだとする考え方です。主権は〝民衆本位〟に運用されるべきであるという考えから民本という言葉が生まれ、この言葉を使ったんです。吉野作造はこの考え方を、「憲政の本義を説いて其(その)有終の美を済(な)すの途(みち)を論ず」と題して一九一六年に『中央公論』誌上に発表しました。

では、この民本主義の考え方はなにを具体的な政治上の目的としたのでしょう？　一つは**政党政治の実現**、もう一つは**普通選挙の実施**でした。

では、美濃部達吉の天皇機関説とはどういうものか。それは、統治権の主体は法人としての国家にあり、天皇は最高機関としてそれを行使するものという主張です。美濃部の天皇機関説は、穂積八束(やつか)・上杉慎吉らの**天皇主権説**と対立しました。

大正時代には、これらの考え方に支えられながら、社会運動、労働運動、婦人運動、学生運動、農民運動、部落解放運動など、いろいろな運動が展開していきます。

❖……労働運動を筆頭に、多くの運動が産声を上げる

①労働運動

この時代の労働運動は、一九一二年に**鈴木文治(ぶんじ)**がつくった労資協調的な性格の強い**友愛会**にはじまるといっても過言ではありません。友愛会は、一九一九年に改称して大日本労働総同盟友愛会となり、さらに一九二一年には日本労働総同盟と名前を変えて発展していきます。同時に、労資協調的な組織の性格が労資対立的となり、本格的な労働運動団体へと成長していきました。さらに、一九二〇年に**第一回メーデー**が行われました。これを主導したのは大日本労働総同盟友愛会です。

②婦人運動

婦人運動は、一九一一年に**平塚らいてう**らが、文芸団体として**青鞜社**をつくったところからはじまります。機関誌『青鞜』創刊号の発刊の辞、「元始、女性は太陽であった。真正の人であった。今、女性は月である」が有名ですね。

青鞜社が資金難で解散したのち、一九二〇年には**市川房枝**、平塚らいてうが中心となって政治団体として**新婦人協会**を結成します。そして、治安警察法の第五条、女性の政治運動などを禁止していた条項の撤廃を要求する運動を展開し、一九二二年にその一部撤廃に成功します。さらに、一九二一年には伊藤野枝、山川菊栄らによって赤瀾会という女性社会主義者の組織も生まれます。伊藤野枝は甘粕事件で虐殺されてしまいました。

また一九二四年には婦人参政権獲得期成同盟会が結成され、翌年には婦選獲得同盟と名前を変えて発展していきます。

③農民運動・部落解放運動

農民運動として押さえておきたいのは、一九二二年につくられた**日本農民組合**です。中心人物は賀川豊彦と杉山元治郎で、賀川はその伝道体験をまとめて『死線を越えて』を著しました。部落解放運動としては、一九二二年に結成された**全国水平社**があります。

日本共産党は、非合法に一九二二年に結成され、一九二四年に解散、一九二六年に再興しています。

④学生運動・教授グループ

学生運動には、東京大学の新人会、早稲田大学の民人同盟会という団体がありましたが、その一部の人びとによって建設者同盟という組織も生まれました。

教授グループの活動としては、例えば吉野作造や福田徳三などが中心となって、**黎明会**という民本主

大正デモクラシー下の諸運動

① 労働運動…友愛会（1912・鈴木文治）

・大日本労働総同盟友愛会（1919）
→日本労働総同盟（1921）

② 婦人運動…青鞜社（1911・平塚らいてう）
→『青鞜』

・新婦人協会（1920・市川房枝・平塚らいてう）

・赤瀾会（1921・伊藤野枝・山川菊栄）

・婦人参政権獲得期成同盟会（1924）
→婦選獲得同盟（1925）

③ 農民運動…日本農民組合
（1922・賀川豊彦・杉山元治郎）

④ 学生運動…（東大）新人会（1918）

⑤ 教授グループ…黎明会（1918）

⑥ 部落解放運動…全国水平社（1922）

⑦ 社会主義運動…日本社会主義同盟（1920）

義運動のための組織をつくっています。

⑤無産政党

無産政党とは、「無産」つまり資産のない労働者や農民などの意見を代表し、その利益実現のために活動を進める政党のことです。

無産政党には、最初の無産政党である農民労働党、杉山元治郎を中心とした労働農民党、労働農民党を脱退した中間派を中心に麻生久や三輪寿壮らが結成した日本労農党、労働農民党を脱退した右派を中心に安部磯雄・片山哲らが結成し、後に社会大衆党に発展していく社会民衆党などがありました。

❖……文学、美術、演劇……大正文化は大衆文化

大正文化は**大衆文化**、**都市文化**として発達しました。生活全般の近代化が進む中、大正デモクラシーのもとで花開いた文化といえます。

文学組織では一九二五年、**日本プロレタリア文芸連盟**が創立されます。機関誌は『文芸戦線』です。さらに三年後に**全日本無産者芸術連盟**（通称ナップ・NAPF）が生まれ、その機関誌は『戦旗』です。

文壇の主流は耽美派・白樺派に続いて、昭和に入るころに新思潮派・新感覚派・プロレタリア文学が中心となって、やがて戦時中文学へと続きます。

耽美派の機関誌は『スバル』です。白樺派では**武者小路実篤**のほかに、志賀直哉、有島武郎らがいます。新思潮派は**芥川龍之介**が代表作家。作品に『羅生門』があります。

また、新感覚派の作家には**横光利一**、**川端康成**などがいます。

プロレタリア文学では、小牧近江と金子洋文によって『種蒔く人』という雑誌が刊行され、この雑誌

がプロレタリア文学運動の出発点となりました。作家と作品ではまず、徳永直の『太陽のない街』。小林多喜二『**蟹工船**』、葉山嘉樹『海に生くる人々』もあります。

大衆文学では、当時広く読まれた大衆雑誌として『キング』や婦人雑誌の『主婦の友』、さらに児童文学では、鈴木三重吉が『赤い鳥』という雑誌を刊行しました。

絵の世界では、フューザン会・二科会・春陽会があり、設立はそれぞれ一九一二・一九一四・一九二二年です。フューザン会は高村光太郎・岸田劉生・万鉄五郎。二科会の創設にかかわったのが石井柏亭・有島生馬と「紫禁城」を描いた**梅原竜三郎**です。春陽会といえば『麗子像』などを描いた**岸田劉生**が有名です。

絵画の代表的作品には、**横山大観**の『生々流転』。下村観山の『大原御幸』、安田靫彦の『黄瀬川の陣』、竹内栖鳳の『あれ夕立に』、土田麦僊の『大原女』、安井曽太郎の『金蓉』などがあります。

彫刻では、**高村光太郎**の『手』、朝倉文夫の『墓守』が代表です。それから平櫛田中『五浦釣人』もこの時代の作品です。

演劇の世界では、一九一三年に女優第一号の**松井須磨子**と島村抱月によって**芸術座**、一九一七年に沢田正二郎によって**新国劇**、一九二四年には小山内薫と土方与志らによって**築地小劇場**がそれぞれつくられました。

❖……歴史、経済、科学など学問や研究が活性化

歴史学者の**津田左右吉**は『古事記』と『日本書紀』の文献学的研究を行いました。『神代史の研究』などを著しますが、一九四〇年に発禁となります。また**ファシズム**のため、学者たちも次々と弾圧にあ

います。

それから、**柳田国男**がイギリスのフォークロアに当たる**民俗学**の確立に貢献します。

経済学では、どうして貧乏が起こるのかを論じた**河上肇**の『貧乏物語』が発表されました。福田徳三は黎明会をつくり、大正デモクラシーを支え、『資本論』を紹介しました。『資本論』を翻訳したのは高畠素之です。

倫理学者では、『風土』を書いた和辻哲郎がいます。哲学者では、カント哲学を紹介した桑木厳翼。また、**西田幾多郎**は最初の独創的哲学書『善の研究』を発表しました。

社会主義では野呂栄太郎らの『日本資本主義発達史講座』と猪俣津南雄らの『労農』が有名です。

物理学では、**本多光太郎**がＫＳ磁石鋼を開発しました。ＫＳとは、資金援助をした住友吉左衛門のイニシャルです。

細菌学では、**野口英世**。黄熱病や梅毒スピロヘータの培養の研究があります。

政治学では前述したように、吉野作造が民本主義を唱え、天皇機関説を発表した美濃部達吉とともに大正デモクラシーを支えました。

教育では、自由教育運動が盛んになり、**生活教育**と**綴方教育**が推進されます。沢柳政太郎は成城小学校を、羽仁もと子は自由学園を創設しました。

昭和～令和時代……金融恐慌から令和の現代まで

昭和に入り、ファシズムは急激に進展していきます。そして、政党政治から軍人による政治に変化し、戦争へとまっすぐ舵を取って行くのです。しかし太平洋戦争で大敗し、その後アメリカによる間接統治のもとで民主化を進め、また、劇的な経済的発展を遂げていきます。
そして現代、元号は平成と変わり、バブル経済をへて不況の時代へ。そして二〇一九年、令和という新たな時代が誕生しました。

❖……ファシズムの台頭と金融恐慌

ファシズムとは、あらゆる民主主義的、共産主義的、自由主義的、平和主義的なものの考え方を否定し、政治的には軍部による独裁政権の確立を図り、経済的には侵略による植民地獲得を目指す暴力主義的全体主義の思潮をいいます。これが昭和初期に、しだいに日本が傾いていった時代精神です。**北一輝**（きたいっき）の『日本改造法案大綱』は当時、軍部や民間右翼から聖典視されていました。

この時代、日本の社会は大正デモクラシーで克服できなかった政治と経済の矛盾をファシズムによって解決しようとし、やがて誤った道に入っていくことになるのです。

昭和のはじめ、第一次若槻礼次郎内閣のとき、震災手形処理法案の審議中に大蔵大臣片岡直温（かたおかなおはる）が、営業中の渡辺銀行が破綻した旨の失言をしてしまいます。銀行は信用を売り物にしているところですから、信用をなくす失言は取り返しがつかなくなり、華族の出資で設立された第十五国立銀行（第十五銀行、華族銀行とも呼ばれる）も休業に追い込まれてしまいました。これにより、経済界は大変な混乱に陥っていきます。

当時、台湾に設けられていた特殊銀行（政府のそのときの目的に応じてつくられる銀行）の**台湾銀行**が、商社の鈴木商店に不当な融資を行っていた事実を手はじめに、数々の不正が続出しました。

政府は台湾銀行を救うために、**台湾銀行救済勅令案**という法案を出します。しかし、この法案に、天皇の諮問機関である枢密院（すうみついん）が反対しました。枢密院は、ときの外相である幣原（しではら）喜重郎が行っていた外交路線、幣原協調外交に不満をもっており、彼を下ろすためには若槻内閣を倒すほかなかったからです。これにより、第一次若槻内閣は退陣に追い込まれました。

そして一連の金融界のパニックで、銀行の合併、吸収などが相次いで進み、中小の銀行は大手銀行に組み込まれていきます。この経済界の混乱を**金融恐慌**といいます。つまり、日本経済界は関東大震災後の震災恐慌が収拾する前に、再び混乱に陥ってしまったわけです。その結果、金融界ではいわゆるビッグ・ファイブ、〝三井、三菱、安田、住友、第一〟の五大銀行の優位が決定的になりました。

❖……田中義一内閣下、中国で関東軍が暴走

立憲政友会の田中義一内閣は高橋是清を大蔵大臣に迎え、金融恐慌を収拾するためにモラトリアム三週間を実施します。

一方、対外的には、田中内閣は強硬的な姿勢を見せました。それまでの幣原協調外交では植民地獲得

は難しいため、田中は自ら外務大臣を兼任して、**強硬路線**で外交政策を展開するんです。

その具体例として、山東省にいる居留日本人を保護するという名目で、一九二七年から一九二八年にかけて、三回にわたって**山東出兵**を強行します。当時の中国は**蔣介石**が国民政府をつくり、満州軍閥の**張作霖**を打倒するための軍事行動、北伐を展開していました。そうした中、一九二七年に田中は中国に対する具体的な政策の方針をめぐって**東方会議**を開きます。その政治綱領が「対支政策綱領」として発表され、大陸積極政策が決定されます。

ところが、その会議の結果を天皇に上奏したとされる文書が明るみに出て英訳され、日本の侵略構想を証明するものとして世界中に宣伝されてしまったんです。それを田中メモランダムと呼びます。

このような状況下で一九二八年、日本の山東出兵軍と北伐軍つまり国民革命軍がとうとう軍事衝突するという済南事件が起きてしまいます。さらには関東軍が暴走し、一九二八年、奉天に引き上げる途中の張作霖を列車もろとも吹き飛ばす**張作霖爆殺事件**を起こします。関東軍参謀河本大作らの陰謀でした。

陸軍はこれを中国側のしわざといい張りましたが、野党の民政党が政府の責任を追及、田中は天皇の不信任により退陣しました。そしてその後、張作霖の子の**張学良**は国民政府と合流して国権回復運動を進め、満州自立計画を推進することになったわけです。

❖……共産主義弾圧と無産政党員の誕生

民主主義的、共産主義的思想を弾圧するファシズムの影響で、共産主義活動が弾圧され、共産党員が検挙される事件が相次いで起こります。一九二八年の三・一五事件と翌年の四・一六事件です。

一九二八年、一九二五年の衆議院議員選挙法改正後、初の総選挙が行われ、労働農民党の山本宣治や社会民衆党の安部磯雄ら八名の無産政党員が誕生しました。そのため治安維持法が緊急勅令により改正され、違反者の最高刑が死刑となりました。

この時代、一九二八年にパリ不戦条約が結ばれ、日本からは内田康哉（うちだこうさい）が参加しました。全一五ヶ国の参加で、提唱者の名前をとってブリアン・ケロッグ条約ともいいます。この条約文の中の「人民ノ名ニ於テ」という字句が天皇の統治大権にふれるのでは、と日本国内で疑問が呈され枢密院でも問題となり、田中内閣は窮地に立たされます。

そして**浜口雄幸**（おさち）内閣へと政権は移っていくのです。

❖……ふたたび日本経済を混乱に陥らせた世界恐慌

第一次世界大戦中は、各国にならって日本でも金の輸出が禁止されていましたが、大戦が終わってから、国内の財界からは**金解禁**を求める声が強くなっていました。為替相場の安定、そして輸出の増大を図るために、一九三〇年、浜口内閣は旧平価（一〇〇円＝四九・八五ドル）で金解禁を断行します。蔵相は井上準之助です。

ところがアメリカ・ウォール街の株式市況大暴落によって、一九二九年から**世界恐慌**の波が資本主義諸国を襲い、この波は金解禁をした直後の日本経済をも襲います。日本では特にアメリカ向け輸出の中心であった生糸がやられ、生産農家を直撃します。これを**昭和恐慌**、あるいは**農業恐慌**といい、日本経済は再びパニックの状態になりました。欠食児童も増え、婦女子の身売りも横行したのです。

そのため、後の犬養内閣は一九三一年一二月、高橋是清蔵相のもとで、**金輸出再禁止**の措置にふみきりました。そしてその後、貨幣を一定の比率で金と兌換（だかん）する金本位制を事実上停止し、日本の貨幣制度は、金の保有量に関係なく、当局が通貨発行などの経済活動を行う管理通貨制度の時代に移行していきました。

❖……政府と軍部が対立、さらに陸軍も分裂

また浜口内閣時代、一九三〇年に**補助艦**の保有量を制限する**ロンドン海軍軍縮条約**が調印されました。提唱した人物はイギリス労働党内閣の首相マクドナルドです。日本全権は若槻礼次郎と財部彪でした。補助艦とは巡洋艦・駆逐艦・潜水艦などのことで、補助艦保有率は〝米：英：日＝一〇：一〇：七〟となって、日本は対米英約七割を認めさせました。

ところが軍備縮小に関する条約を、政府が勝手に結んだと批判が起こります。軍の統帥権は天皇の大権であり、この条約調印は天皇大権を犯すものだとする**統帥権干犯問題**で、これは、海軍軍令部の承認なしに兵力量を決定するのは統帥権を犯すものだというわけです。とはいっても、海軍内部にも条約を承認する条約派と真っ向から反対する軍令部長の加藤寛治などの艦隊派という対立がありました。

一九三〇年、ファシズムを信奉する陸軍将校橋本欣五郎を中心に桜会が結成され、翌年三月に**三月事件**という陸軍大将宇垣一成内閣の樹立を目指すクーデタ未遂事件を起こします。一九三一年には、浜口内閣が重要産業統制法を制定し、国家による産業の統制とカルテルの結成を助長します。

さらに、一九三〇年には台湾の住民高砂族が蜂起して多くの日本人が殺傷される**霧社事件**が起こりました。

その後、浜口は右翼の佐郷屋留雄に襲われ、翌年死亡します。

浜口内閣の後を受けた第二次若槻内閣の一九三一年、三月事件で失敗した橋本中佐らが、陸軍中将荒

木貞夫内閣の樹立を企て、再びクーデタ未遂事件、**十月事件**を起こします。

これをきっかけに、陸軍は二つに分裂します。一つは真崎甚三郎や荒木貞夫、相沢三郎を中心とした**皇道派**で、軍部政権の樹立、植民地獲得のためにはテロをも辞さないとする強硬な思想をもつ一派です。もう一方は永田鉄山や東条英機が中心で**統制派**といわれ、テロを否定し、より合法的に軍部政権の樹立を目指す一派です。初期には**皇道派が陸軍を主導**しました。

❖……満州事変と満州国成立、そして五・一五事件へ

満州（中国東北部に対する日本側の呼称）では一九三一年九月一八日に関東軍参謀の石原莞爾らが、南満州鉄道の線路を爆破するという**柳条湖事件**を起こし、その後わずか五ヶ月で満州全土を占領します。柳条湖は奉天郊外にあり、これがきっかけで**満州事変**に発展します。「王道楽土」「五族協和」をスローガンとした日本と中国との武力紛争を、満州事変といいます。

満州とは中国東北部の東三省、吉林省・黒龍江省・奉天省の総称です。当時、中国は張学良と国民政府が合流して、国民党の党旗である青天白日旗のもと、一応の統一を実現していました。ですから、満州、内蒙古地方における日本の権益が脅かされる〝満蒙の危機〟の恐れがあったわけです。

一方、昭和恐慌の影響で国内からの移民の受け入れ先として、また軍事的にはソ連への兵站基地として満州は重視されていました。

柳条湖事件に対して第二次若槻内閣は、幣原協調外交ですから不拡大方針を表明しますが、関東軍はこれを無視。国内外でばらばらの状態が続く中、内相安達謙蔵が協力内閣論を提唱しますが、若槻内閣は閣内不統一で退陣してしまいます。

第二次若槻内閣の後、**犬養毅**内閣のとき、国内では狂信的な国家主義者である井上日召が率いる血盟団によるテロ事件が起こります。一九三二年、前蔵相井上準之助、三井合名理事長の団琢磨らが暗殺された**血盟団事件**です。

この間、大陸では関東軍の軍事行動が進められ、一九三二年に満州国が建国されます。満州国は先の東三省に熱河省と興安省を加えた五省で構成され、**新京**を首都としました。満州と満州国とは違います。満州国とは日本軍による傀儡政権の国家のことで、執政として清朝最後の皇帝、宣統帝溥儀が迎えられました。しかし犬養は満州国の承認に反対しました。そして一九三二年の五月十五日、海軍青年将校による犬養毅暗殺事件、**五・一五事件**が起こります。これには士官学校の生徒や橘孝三郎が率いる愛郷塾のメンバーも入っていました。犬養内閣は倒れ、加藤高明内閣以来、八年間続いてきた政党政治、大正デモクラシーの風潮にピリオドが打たれます。これは、ファシズムの時代に突入していく転換となった事件ともいえるわけです。

❖……日本が国際連盟を脱退したのはなぜ？

犬養毅が凶弾に倒れた後、組閣したのが**斎藤実**です。海軍大将の斎藤実を首相に推薦したのは元老西園寺公望でした。この内閣は政党人や官僚、軍部、財界、貴族院などから幅広く閣僚を得て組閣されたので、中間内閣、あるいは**挙国一致内閣**と呼ばれます。

この一九三二年、昭和恐慌脱却のため長野朗らが政府に援助を求める農村救済請願運動を起こし、政府も内務省と農林省が中心となって農山漁村経済更生運動を立ち上げました。

またこの年、日満間で**日満議定書**が結ばれ満州国が承認されますが、中国政府は、これは日本の侵略だと国際連盟に提訴します。国際連盟は**リットン調査団**を現地に急行させ、その侵略性を認めました。そして、「日本は満鉄付属地まで軍を撤退せよ」という対日撤兵勧告案を〝四二：一（棄権一）〟で可決します。この決議に、全権**松岡洋右**らは席をけって退場し、そして翌年、日本は正式に国際連盟からの脱退を通告して国際協調体制から離脱する道を選びます。さらに一九三三年、満州事変の停戦協定として塘沽停戦協定が結ばれます。そして、河北省の東部に非武装地帯が設定されたわけです。

一九三三年、国内では**滝川事件**という学問思想の統制事件が起こっています。京都大学の**滝川幸辰**法学部教授の姦通罪に関する理論が共産主義的であるということで大学を追われ、著書『刑法読本』も発禁となった事件です。これに法学部の全教官が辞表を出し、学生らも教授会を支持しますが、政府によって弾圧されてしまいました。この事件は、ファシズムによる学問、研究、思想の弾圧の代表例といえます。

さらに一九三二年には、赤松克麿が日本国家社会党を結成。翌年には共産党幹部の佐野学と鍋山貞親が獄中で転向声明を出すなど、ファシズムのうねりの中で**国家社会主義**へと大きく突き崩されていくのです。

❖……青年将校たちによる二・二六事件発生！

岡田啓介内閣のとき、一九三四年に陸軍省が配布した通称「陸軍パンフレット」と呼ばれる小冊子に〝たたかいは創造の父、文化の母〟という軍国主義を讃美する言葉が載っています。貴族院では、一九三五年に美濃部達吉の天皇機関説が菊池武夫に攻撃され、美濃部の著書『憲法撮要』も発禁となります。この天皇機関説排撃の強硬論に押されて、岡田内閣は一九三五年、**国体明徴声明**なる発表を行います。

これは、「日本は万世一系の天皇が統治する国だ」、つまり「日本は天皇主権の国だ」ということを再確認するものでした。

その後、一九三五年の永田鉄山暗殺事件を機に、一九三六年には**二・二六事件**が発生します。陸軍の皇道派青年将校が中心となって首相官邸・警視庁などを襲撃し、内大臣斎藤実、教育総監渡辺錠太郎、大蔵大臣の高橋是清といった人びとを相次いで暗殺したんです。

岡田首相自身は危うく難を逃れましたが、侍従長鈴木貫太郎は重傷を負い、要人を失った岡田内閣は倒れます。以降、陸軍の主導権は皇道派から統制派に移ります。

一方、中国では一九三五年、梅津・何応欽協定や土肥原・秦徳純協定によって**華北分離工作**が進展します。これは華北五省、山東省などの北部を中国の主権から切り離し、満州国のように傀儡国家的に編成しようとした策謀です。そして殷汝耕を中心に傀儡政権として冀東防共自治政府（冀東政権）を樹立させました。

こうした日本側の動きに中国国民政府は、宋哲元を中心に冀察政務委員会を準備し、日本側の冀東防共自治政府に対抗する姿勢を見せました。しかし、やがて日中戦争がはじまると冀東政権・冀察政権ともに消滅してしまいます。

❖……ナチス＝ドイツと協定を結んだ日本の内閣は？

岡田内閣の後、〝広義国防国家の建設〟をスローガンとして成立した**広田弘毅**内閣は、軍部に従属した内閣でした。

財政政策では、前の高橋財政を修正し増税断行声明を出しました。また、山本権兵衛内閣のときに改められた軍部大臣現役武官制を復活させます。五相会議を開き、軍備の充実など「国策の基準」も決定していきます。

国際面では、国際連盟を脱退して孤立した日本は、当時日本と同じような立場にあったナチス＝ドイツと手を結びました。一九三六年の**日独防共協定**です。この防共の関係を〝東京・ベルリン枢軸〟と呼びます。

当時の中国では共産党と国民政府が内戦を続けていましたが、一九三六年に張作霖の子・張学良が国民党の蔣介石を監禁した**西安事件**をきっかけに、第二次国共合作といわれる国民党と共産党の連合が促進され、〝抗日民族統一戦線〟の気運が高まっていきました。

また、この年には、それまで国際協調関係を保ってきたワシントン・ロンドン条約が失効しました。

国内では一九三七年の議会で、有名な〝腹切り問答〟が起こりました。浜田国松という立憲政友会の代議士が軍部を批判する演説をしたところ、ときの陸相寺内寿一が「おまえ軍部を侮辱するのか」と噛み付いたんです。これに対し、浜田は「いつ俺が軍部を侮辱した？　速記録を調べてみろ。もし俺が侮辱するようなことをいったのであれば俺は腹を切る。もしそういう事実がないならば、お前が腹を切れ！」と応酬したという、政党と軍部の対立の構図を象徴したものでした。この前年にも、民政党議員の斎藤隆夫が衆議院で軍部の政治介入を批判する粛軍演説を行っています。

結局、広田内閣はこの腹切り問答の二日後に閣内不統一で総辞職してしまいました。

次に組閣するはずだった宇垣一成は陸相が得られず、組閣の大命を辞退します。そのため、これを宇垣流産内閣といいます。その後、林銑十郎内閣を経て第一次**近衛文麿**内閣が生まれます。

❖……日中戦争の引き金となった銃声事件とは？

近衛内閣成立直後の一九三七年七月七日の夕方、北京郊外の**盧溝橋**で、何者かが発砲しました。その銃声事件をきっかけに日中間は戦争の泥沼に入っていくわけです。北支事変、のちに支那事変とも呼ばれた宣戦布告なき戦争、**日中戦争**のはじまりです。

近衛政府は、はじめは不拡大方針を表明しますが、現地の日本軍は軍事行動を拡大し、首都南京の占領に走りました。日本は、戦争の早期解決のために和平工作の斡旋を求めたんです。アジアに精通していたドイツの駐華大使トラウトマンがそれに応じますが、和平工作は難航しました。

そんな中で、政府は一九三八年、いわゆる近衛声明を発布します。近衛声明は計三回ありますが、第一次声明は日中和平交渉の難航に業をにやして「国民政府を対手とせず」と、蔣介石政権を否認するものでした。第二次声明は戦争遂行日的が「東亜新秩序の建設」にあるとしたもの。第三次声明は、日本の要求は領土でも賠償でもないと、「善隣友好、共同防共、経済提携」の三点をスローガンに掲げています。これがいわゆる近衛三原則といわれるものです。つまり、近衛内閣は、まず不拡大方針を表明し、のちに強硬路線に転じたというわけです。

近衛内閣のもとでは、一九三七年に総力戦体制を築くための国民統一運動として、「堅忍持久」「挙国一致」「尽忠報国」をスローガンに国民精神総動員運動が行われます。戦争体制を国家的に統一して進める運動で、戦時物資動員計画などを立案する機関として企画院も設置されました。そして翌年には、戦争遂行に必要な人的・物的資源を、議会の承認を経なくとも動員しうるという**国家総動員法**を発令します。

もう一つ外交上の事項として、一九三七年に、日独防共協定にイタリアが入って**日独伊三国防共協定**

となり、〝東京・ベルリン・ローマ枢軸〟が生まれました。

❖……欧州を狼狽させたドイツとソ連の協定

平沼騏一郎内閣のときには、国家総動員法に基づいて、一九三九年、**国民徴用令**が出されます。これによって国民は、強制的に徴発されて軍需産業に就かされ、働かされることになったわけです。

国際面では、今までアメリカと日本は日米通商航海条約で関係をなんとか保ってきましたが、一九三九年にアメリカが日米通商航海条約の廃棄を通告、翌年に廃棄となってしまいます。つまり日米の結節点がなくなったわけです。

さらに同年、日本と防共協定を結んでいたドイツがソ連と**独ソ不可侵条約**を結んでしまいます。ヒトラーとスターリンの間の突然の協定に、ファシズムと共産主義のいがみ合いを期待していたヨーロッパ諸国はショックを受けました。この情勢を的確に把握できなかった平沼は、「欧州の情勢は複雑怪奇なり」といい残して退陣してしまいます。

こういう世界情勢の中で、日本は日中戦争を展開し、さらに、ソ連との間でも一九三八年にはソ満国境をめぐる張鼓峰事件、一九三九年には満蒙国境をめぐるノモンハン事件など、国境紛争が相次ぎました。特に**ノモンハン事件**は、ソ連の機械化部隊の威力が発揮され、日本軍が壊滅的打撃を受けた事件です。ソ連との間には、その後モスクワで停戦協定が結ばれました。

❖……第二次世界大戦への日本の対応は?

やがて一九三九年、ナチス＝ドイツのポーランド進撃に端を発して、欧州で二度目の世界大戦が起こります。**第二次世界大戦**です。

当時、日本は中国とだけ戦争をしていましたが、そのときの**阿部信行**内閣は〝大戦不介入〟の方針をとりました。日本を中心に東アジアに新しい世界をつくろうという「東亜新秩序」のスローガンの下、準戦時体制から戦時体制へと次第に経済統制が強化されていきます。一九三九年には価格等統制令、あるいは賃金臨時措置令が出されます。

さて、中国とは相変わらず泥沼の戦いが続いており、そんな中、一九四〇年、**米内光政**（よないみつまさ）内閣のときに、日本は蔣介石と対立した**汪兆銘**（おうちょうめい）を重慶政府から脱出させて、南京（なんきん）に新しい政権を樹立します。これが新国民政府と呼ばれる日本の傀儡（かいらい）政権です。

国内では斎藤隆夫が、今度は日中戦争の収拾策を批判する反軍演説を行ったため、議員を除名されてしまいました。

第二次近衛内閣のとき、連合国のアメリカ、フランス、イギリスが蔣介石政権を援助するために設けた物資の補給路、蔣介石援助ルート＝援蔣（えんしょう）ルートを遮断するために、日本軍は北部フランス領インドシナ、**北部仏印に進駐**します。これには、もう一つ経済上の目的もありました。軍事物資補給のための天然資源の獲得です。

さらにこの年、先の日独伊三国防共協定が、**日独伊三国同盟**に発展します。全権は来栖三郎、ときの外相は松岡洋右（ようすけ）でした。これに対してアメリカは、航空機用ガソリンの対日輸出禁止や、くず鉄・鉄鋼の対日輸出禁止措置に出ました。

国内では、挙国一致して戦争を遂行するため、政党や労働組合などの対立の解消を図ろうと、近衛文麿が中心となって**新体制運動**という国内組織の刷新運動を行います。その結果、既成の政党を解散させて、一九四〇年、**大政翼賛会**（たいせいよくさんかい）という大きな組織をつくり上げます。新体制運動に呼応して、最初に解散した政党は社会大衆党で、最後に解散したのは民政党でした。この組織は近衛を中心に、実質的には上意下達的な政府の補助機関として機能しました。また、大政翼賛会と並び、既成の労働組合を解散させてつくったものが大日本産業報国会で、この組織の中心となったのは厚生大臣です。

一九四一年には、独ソ戦に備えるソ連と松岡洋右外相が**日ソ中立条約**を結び、北を押さえます。そうして、日本は南に舵（かじ）をとり、南進政策を続けることになるわけです。

こういう状況下で、第二次近衛内閣が退陣します。アメリカとの戦争を回避するための**日米交渉**がこのころからはじまりますが、それに反対する松岡外相を降ろすため、内閣は総辞職することになったのです。日米交渉は駐米大使野村吉三郎（きちさぶろう）とハル国務長官との間で行われたので、野村・ハル交渉ともいわれます。

引き続き第三次近衛内閣のもとで、日本軍はさらに南部フランス領インドシナに進駐しました。これを**南部仏印進駐**といい、やはり軍事物資となる天然資源を獲得するのが目的です。

日本軍の南進政策に対して、いわゆる**ABCD包囲陣**（ABCD包囲網、ABCDライン）と呼ばれる対日経済封鎖政策がとられます。Aはアメリカ（America）、Bはイギリス（Britain）、Cは中国（China）、Dはオランダ（Dutch）です。アメリカは在外日本人の資産凍結や対日石油輸出禁止措置など、日本に経済的な圧力をかけてきます。こうして、第三次近衛内閣は倒れ、**東条英機**（ひでき）内閣が生まれます。東条を首相に推薦した人物は、木戸孝允の孫にあたる内大臣の木戸幸一（こういち）でした。

東条内閣のとき、日米交渉はついに決裂します。いわゆる**ハル・ノート**という米側の回答を最後通牒とみなした日本政府は何回も御前会議を開いた後、とうとう対米英蘭戦開戦を決定してしまうのです。

❖……大東亜共栄圏を目指した太平洋戦争

一九四一年十二月八日、ハワイ真珠湾攻撃によって**太平洋戦争**がはじまりました。なぜ真珠湾がターゲットとなったのかというと、真珠湾がアメリカ海軍の基地だったからなんですね。

日本にとって太平洋戦争の目的、スローガンは、日・中の結合のもとにオーストラリア・インドのほうまで含む広い範囲にわたって、政治的・文化的に一体化した新しい世界をつくることです。これを**大東亜共栄圏**といいます。一九四三年に、東京で大東亜会議が開かれ、その結束が図られたわけです。

太平洋戦争の戦局ですが、緒戦、日本はわずか半年ほどで東南アジアの要所をことごとく手中に収めます。ところが一九四二年六月、**ミッドウェー海戦**で大打撃を受けて以降、アメリカ軍の反攻がはじまります。一九四三年二月、日本軍はガダルカナル島から撤退し、さらにアリューシャン列島の一つ、アッツ島で守備隊が全滅（玉砕）します。翌年七月にはサイパン島が陥落し、十一月にはB29による本土空襲がはじまり、もはや日本の敗北は時間の問題となってしまいました。

❖……戦時下の朝鮮政策と日本国民の暮らしは？

朝鮮は一九一〇年の韓国併合条約以降、日本の植民地になっていました。日中戦争以降になると、朝鮮人に日本式の姓名を名乗らせます（**創氏改名**）。さらに神社参拝の強要、朝鮮語の使用禁止と日本語使用の強制、さらに徴兵令まで施行しました。このような一連の政策を**皇民化政策**と呼んでいます。

一方、戦時体制下の日本国民の生活は厳しいものでした。

未婚の女子は、**女子挺身隊**（ていしんたい）に編入されて、軍事工場で飛行機の部品なんかをつくらされたんです。男性の工場労働者は兵士として戦場に行くため、学生たちが労働力として引っ張られます。これを**学徒動員**といいます。そして一九四三年、敗色が濃厚となったころ、軍事力となる法文系の学生たちも集められました。**学徒出陣**です。都市の小学生は、といっても当時、小学校は国民学校と呼ばれていましたが、空襲による被害を避けるために**学童疎開**をしました。

毎日の生活ですが、**供出制**といって、政府は強制的に農村から米を買い占めました。そして一般国民は**配給制**で米を入手しました。服やマッチなども自由に手に入りません。マッチ・砂糖・衣料といった生活必需品には**切符制**が敷かれていました。

こういう物資の困窮を強いられた生活の中で、「ぜいたくは敵だ！」「欲しがりません、勝つまでは」といったスローガンが叫ばれたんです。

❖……戦禍の明暗を分けたポツダム宣言受諾のタイミング

やがて敗戦が明白となり、東条内閣は総辞職します。代わった**小磯国昭**（こいそくにあき）内閣のころには、米軍による本土空襲が激化します。一九四五年、B29による**東京大空襲**もこのときです。そして、次の**鈴木貫太郎**（かんたろう）内閣は、戦争終結を期待されて成立しました。

その鈴木内閣のもとに、**ポツダム宣言**が提示されますが、一九四五年、鈴木内閣はそれをいったん黙殺します。その結果、原子爆弾が八月六日に**広島**、八月九日に**長崎**に投下されるわけです。この原爆投下のあと、八月十四日に鈴木内閣はとうとうポツダム宣言を受諾します。そして翌日、天皇が**終戦の詔勅**を出して敗戦を表明し、ラジオで国民に伝えられました。こうして鈴木内閣の時代は終わります。

鈴木内閣の後、八月十七日に組閣したのが、**東久邇宮稔彦**（ひがしくにのみやなるひこ）、または東久邇稔彦で、この内閣は皇族内

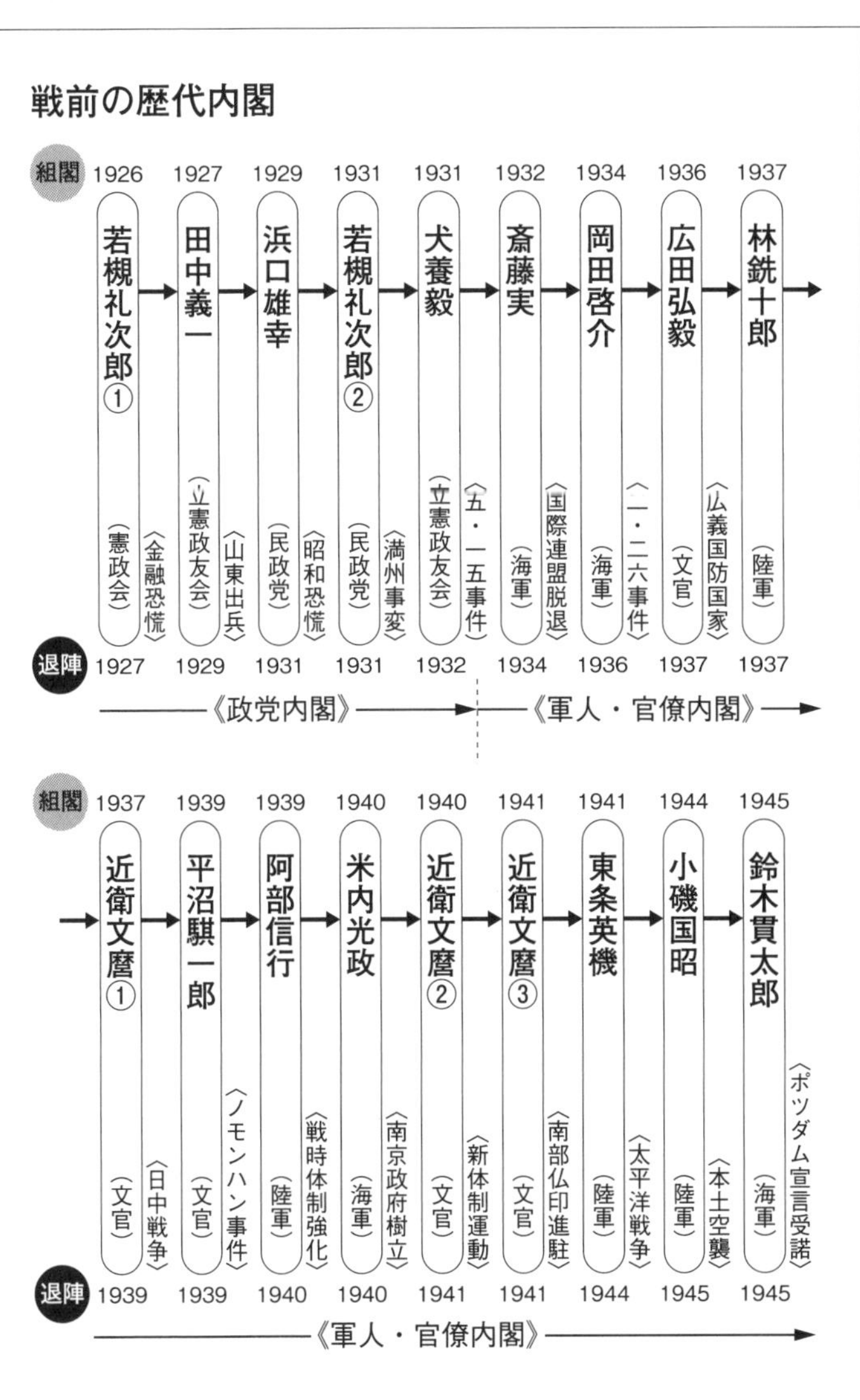
戦前の歴代内閣
組閣
1926 1927 1929 1931 1931 1932 1934 1936 1937
若槻礼次郎① (憲政会) 〈金融恐慌〉
田中義一 (立憲政友会) 〈山東出兵〉
浜口雄幸 (民政党) 〈昭和恐慌〉
若槻礼次郎② (民政党) 〈満州事変〉
犬養毅 (立憲政友会) 〈五・一五事件〉
斎藤実 (海軍) 〈国際連盟脱退〉
岡田啓介 (海軍) 〈二・二六事件〉
広田弘毅 (文官) 〈広義国防国家〉
林銑十郎 (陸軍)
退陣
1927 1929 1931 1931 1932 1934 1936 1937 1937
《政党内閣》
《軍人・官僚内閣》
組閣
1937 1939 1939 1940 1940 1941 1941 1944 1945
近衛文麿① (文官) 〈日中戦争〉
平沼騏一郎 (文官) 〈ノモンハン事件〉
阿部信行 (陸軍) 〈戦時体制強化〉
米内光政 (海軍) 〈南京政府樹立〉
近衛文麿② (文官) 〈新体制運動〉
近衛文麿③ (文官) 〈南部仏印進駐〉
東条英機 (陸軍) 〈太平洋戦争〉
小磯国昭 (陸軍) 〈本土空襲〉
鈴木貫太郎 (海軍) 〈ポツダム宣言受諾〉
退陣
1939 1939 1940 1940 1941 1941 1944 1945 1945
《軍人・官僚内閣》

閣です。

この内閣のもとで九月二日、アメリカ軍艦ミズーリ号上で、降伏文書に調印がなされました。日本の代表は外相重光葵（しげみつまもる）と参謀総長梅津美治郎（うめづよしじろう）です。

東久邇内閣のとき、**GHQ**（連合国軍最高司令官総司令部）が東京に移り、他国による占領という形で統治がはじまります。GHQへの批判は許されず、それをチェックするためのプレス＝コードやラジオ＝コードという報道規制も敷かれました。

政治は法律を制定し、その法に基づいて行われますが、占領下ではGHQの指令によって政治が動かされます。それを定めたのが**ポツダム勅令**です。連合国軍は治安維持法の廃止、政治犯の釈放などを指令しました。

この民主化指令（人権指令）がGHQから出された翌日の十月五日、旧体制の温存を図って国体護持を唱え続けたために、GHQから圧力がかかり、東久邇宮稔彦内閣は総辞職しました。わずか四九日の短命内閣でした。

❖……GHQの指導で非軍事化と民主化が進む

敗戦後の日本は、GHQによる占領という未曽有の経験をすることになりました。GHQの最高司令官は**マッカーサー**元帥（げんすい）です。日本は、このGHQによって**間接統治**を受けます。その地域は、北海道、本州、四国、九州の四島と、それに付属する小さな島々にかぎられました。

アメリカ軍は、かつて日本の植民地だった朝鮮半島の南部、そして琉球諸島、奄美を含めた南西諸島、小笠原諸島を直接軍政下におきました。一方、ソ連軍は朝鮮半島の北部と北緯五〇度以南の南樺太、そして千島列島に直接軍政を敷いたのです。

しかし、こういう地域で直接統治が行われたために、小笠原や沖縄の返還時期がずれるなど、後の日本の主権回復時期がばらばらになってしまいました。

占領下の日本では、占領政策によって万事が決定されました。アメリカは**日本の非軍事化と民主化**を目的として占領政策をとりましたが、その意図はアメリカに再び脅威を抱かせない国に日本を変えよう、というものでした。

日本占領の基本政策を決定したのが、**極東委員会**という最高機関で、アメリカ、イギリス、ソ連、中国、インド、フィリピン、ニュージーランドなど一一か国の代表者で構成されており、ワシントンに設置されました。アメリカが対日占領政策を独占的に行う以上、決まった内容はアメリカ政府の承認を受けるわけです。

その後、アメリカ政府からGHQに政策内容が伝令されますが、GHQからさらに東京に設置されたアメリカ、イギリス、中国、ソ連の四か国の代表から成る機関、**対日理事会**に諮問し、その答申をもって改めて日本政府に指令・勧告するというのが、占領の仕組みでした。

❖……マッカーサーが伝えた五つの重大指令とは？

東久邇内閣の後を受けたのが**幣原喜重郎**（しではらきじゅうろう）内閣です。このときに、マッカーサーから幣原に対して、五つの改革項目が口頭で伝えられます。いわゆる**五大改革指令**と呼ばれるもので、その指令とは、①婦人解放、②圧政的諸制度の撤廃、③教育の自由主義化（民主化）、④労働組合の助長、⑤経済の民主化です。

①婦人解放

現代を除外すると、女性の政治的・社会的地位が一番高かったのは鎌倉時代でした。この時代には女性も所領の相続にあずかれ、地頭になる女性もいましたが、戦国時代から江戸時代にかけては女性は単なる道具的な扱いを受けるようになりました。

明治から大正期にかけてはいろんな女性運動がありましたが、社会的に自立した役割を担って登場するチャンスは、製糸工女などの女子労働者として日本の資本主義を支えたこと。そして文学で自己の思想を表現して、社会に台頭することくらいでした。

しかし、一九四五年には衆議院議員選挙法が改正され、**新選挙法**が公布。これによって満二〇歳以上の男女に等しく選挙権が与えられることになりました。これに基づく最初の総選挙が一九四六年に行われ、三九人の女性代議士が生まれました。大きな変化が起きたわけです。

さらに婦人解放の一環として、一九四七年、旧来の民法が改正され、翌年に施行されました。これによって、ようやく法のもとで男女平等となったんです。

②圧政的諸制度の撤廃

軍国主義日本を支えた圧政的諸制度が撤廃された例として、治安維持法の廃止があげられます。戦争に参加したり、強く導いたりした公務員は公職追放になります。軍国主義者の教師は教壇を追われたわけです。それ以上に戦争を積極的に推進し、導いた人びとは**戦争犯罪人**（戦犯）として**極東国際軍事裁判**にかけられました。いわゆる東京裁判です。

そのほか、特別高等警察の廃止、枢密院の廃止などもありました。警察機構の頂点であった内務省も一九四七年に解体されました。

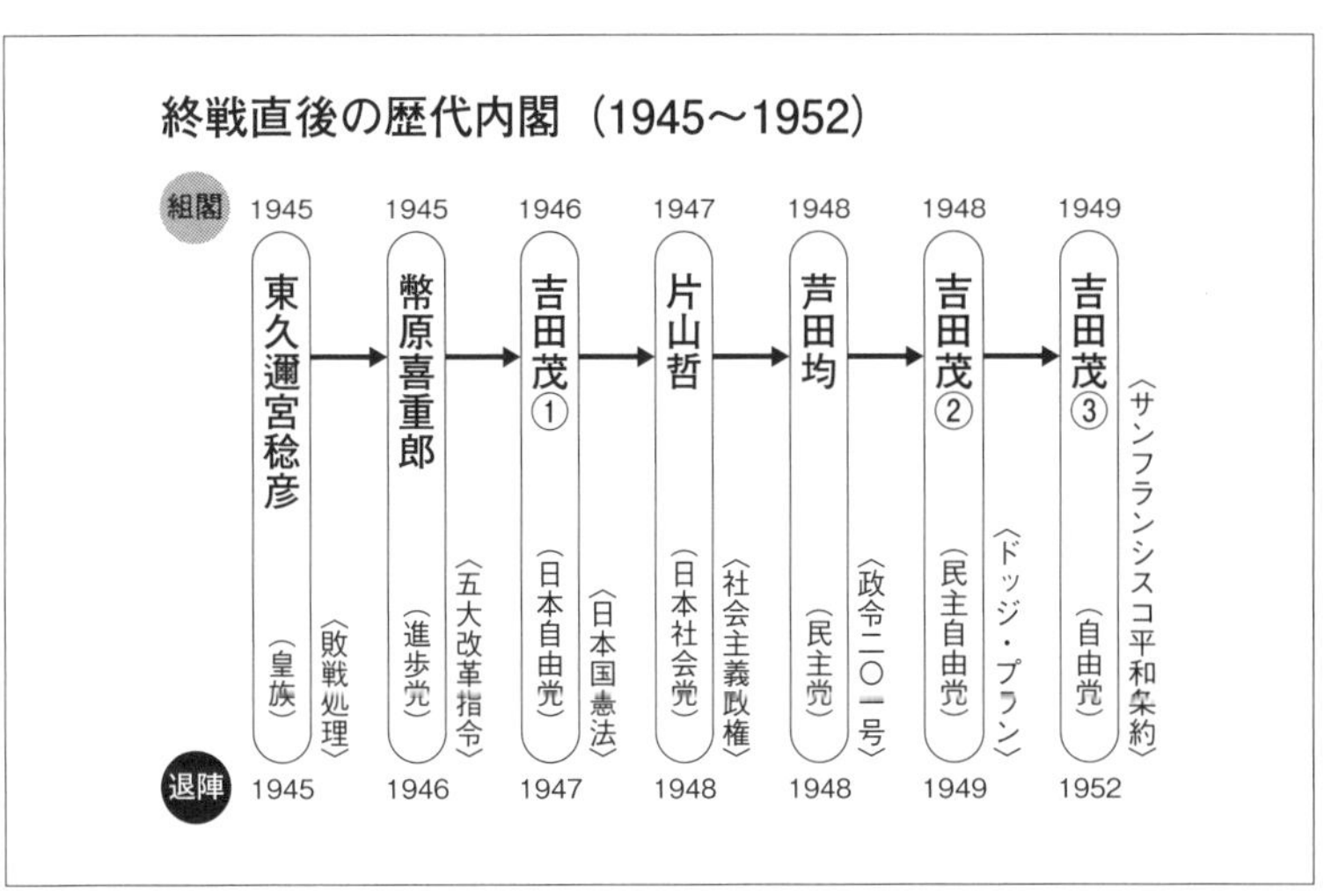

また、天皇の存在ですが、一九四六年一月一日、天皇は自ら神性を否定し、いわゆる人間宣言を出しました。

③教育の自由主義化

教育の民主化を促すために、一九四六年、アメリカから教育使節団が来日しました。そして、戦前の日本の教育を支えていた教育勅語が一九四八年の国会で廃止され、皇国史観に基づく日本歴史、地理、修身などの授業が停止されました。

一九四七年、第一次**吉田茂**内閣のときに民主教育を支える**教育基本法**、**学校教育法**が公布されました。文部大臣は高橋誠一郎です。教育基本法により、義務教育が九年制となります。学校教育法によって、〝六・三・三・四〟制と呼ばれる新学制が発足しました。

さらに一九四八年には教育の地方分権化を図って、教育委員会を設置するための基本法として教育委員会法が公布されます。教育委員の選任法は、はじめは公選制でしたが、一九五六年からは政府にとって都合の良い人間を任命する方法に変わりました。

④労働組合の助長

ファシズム、軍国主義の時代には労働運動は抑圧されていましたが、戦後は労働の民主化という理念のもと、労働条件の改善を含めて労働組合の助長が図られます。それを支える**労働三法**と総称される三つの法律が制定されました。労働組合法（一九四五年）、労働関係調整法（一九四六年）、労働基準法（一九四七年）です。

そのような風潮の中で、一九四六年には二つの労働組合の全国組織が生まれました。社会党が中心となり、反共路線をとる日本労働組合総同盟（総同盟）と、共産党が指導する全日本産業別労働組合会議（産別会議）です。

⑤経済の民主化

経済の民主化を図るため、ファシズムの温床と目された都市の財閥、農村の寄生地主制の解体事業が行われました。財閥解体と農地改革です。

❖……GHQが力を入れた財閥解体と農地改革

財閥は軍国主義の温床と目されていたので、その解体が急がれました。GHQは一五財閥の資産凍結・解体を命じます。

そこでまず、持株会社整理委員会をつくって〝株式の民主化〟を進めました。次に一九四七年、二つの法律をつくります。**過度経済力集中排除法**は、巨大企業の分割を図る法律で、三二五社がその対象とされたんですが、実際に分割されたのは三菱重工業・日本製鉄など、わずか一一社だけでした。

独占禁止法も同趣旨の法律で、それが正しく行われているか監査するのが公正取引委員会です。ところが、大手銀行が解体の網の目をくぐり抜けてしまったために、この**財閥解体**は不徹底な結果に終わってしまいました。

もう一つ、ファシズムの温床と目されたのが、農村における寄生地主制です。この体制を崩すために二度にわたって**農地改革**が断行されました。自作農の大幅な創設と小作料の金納化などを目的とした改革です。まず最初に行われた第一次農地改革、その基本法となったのが農地調整法改正案です。これは、不在地主による小作地の保有は一切認めない、そして在村地主の場合は平均五町歩までの保有を認めるというものです。五町歩を超える分については、農地委員会をへて、小作人に安く売り渡されます。農地委員会には〝地主、自作農、小作農〟が集まり、その構成比率は〝五：五：五〟名でした。

しかし、GHQからさらに改革を徹底せよという勧告を受け、第二次農地改革が行われます。そして抜本的な改革をねらって、さらに新たに法律が制定されます。これが**自作農創設特別措置法**です。改革内容は、不在地主の扱いはほとんど変わりませんが、在村地主の小作地保有を内地は一町歩まで、北海道は四町歩までとしました。さらに農地委員会の構成メンバーの比率を大幅に変えて、〝地主、自作、小作〟が〝三：二：五〟名となり、小作人の重みが増したわけです。

小作料の金納制は、第一次改革で実現しています。第二次改革では小作料の最高限度額が、田の場合は収穫の二五パーセントまで、畑の場合は収穫の一五パーセントまでとされました。この改革の結果、山林や水利権に手が付けられなかったことが問題として残りましたが、全体としてはまあまあの成果を上げました。

❖……戦後経済の再建を評した〝竹馬経済〟とは？

戦後の日本を襲ったのは、軍需産業の崩壊と復員兵・引揚げ者などによる失業者の増大、そして配給制度の崩壊や米の不作による食糧難でした。そういう状況で通貨が増発されたものですから、深刻なインフレーションも起こりました。

このインフレを打開するために一九四六年、幣原喜重郎内閣のとき**金融緊急措置令**が勅令として出されます。これにより、旧円から新円への切り換えが決められます。この政策はインフレを抑えるのが目的ですから、同時に**預金封鎖**の措置がとられました。

実は日本の経済は、敗戦前から大変なインフレ状態でした。ですからアメリカは、いわゆるガリオア・エロアと呼ばれる資金を出してきます。**ガリオア資金**とは占領地行政救済資金、**エロア資金**は占領地経済復興援助資金と訳します。ガリオア資金は占領直後から、エロア資金は一九四九年から受けることとなりました。

幣原喜重郎内閣の後、第一次吉田茂内閣のもとで、日本の旧来の重点産業であった石炭や鉄鋼、電力や肥料などの特定の産業部門に集中的・重点的に資金を投入して、その増産を図ろうとする傾斜生産方式が閣議決定されます。この新方式を建議したのは有沢広巳（ありさわひろみ）という経済学者です。

その傾斜生産方式を決定したのは第一次吉田内閣で、続く片山哲（てつ）内閣と芦田均内閣にかけて実施されました。

新しいことをやる場合はお金がかかる。だから、傾斜生産方式を実行するための特別の金融機関をつくります。それが**復興金融金庫**です。ここからの融資で、重点産業の増産を図っていこうとしたわけです。ところが、これがさらにインフレを助長する結果になったんですね。復興金融金庫の設立、そこからの融資の結果生じたインフレを皮肉って、〝復金インフレ〟とも呼びます。

そんな中、アメリカは一九四八年、日本経済の自立を促すために**経済安定九原則**を提示してきました。第二次吉田茂内閣のときです。内容的には均衡予算・賃金安定・物価統制・徴税強化など九項目からなる経済政策で、これを実施するために**ドッジ**が来日しました。

ドッジは日本経済を〝**竹馬経済**〟と酷評します。つまり、当時の日本経済は竹馬に乗っかっているような不安定な状況だとして、一本の足をアメリカの援助、もう一本の足を国内補助金に例えたんです。

ドッジの構想をドッジ＝プラン、その政策路線をドッジ＝ラインといいますが、その具体策として、まずは復興金融金庫からの融資が廃止となりました。そして一九四九年、経済安定九原則、ドッジ＝ラインに沿って税制改革を行うための使節団が、アメリカから来日します。団長がシャウプで、この人による税制改革の提言を**シャウプ勧告**といいます。その内容は、〝それまでの砂糖税や酒税といった間接税中心主義から、直接税中心主義に移行させる〟というものです。また、地域の税収のバランスを図るための平衡交付金制度や青色申告（あおいろしんこく）制度の導入もこのときに行われました。

ちなみに、〝一ドル＝三六〇円〟という単一為替レート、つまり固定相場制が設定されたのも一九四九年で、これによって日本経済は国際経済と直結したことになります。

❖……GHQ案を基につくられた日本国憲法

また、従来の大日本帝国憲法に代わる新しい憲法をつくろうという動きが起こります。憲法問題調査委員会がつくられ、松本烝治（じょうじ）が独自の『憲法改正要綱』をつくりますが、大日本帝国憲法と代わり映えしなかったため否定されます。

そして新しくGHQ案が出されます。これを基に、修正、改訂された結果、**日本国憲法**が一九四六年十一月三日に公布、翌年の五月三日に施行されます。

日本国憲法では、主権在民・基本的人権の尊重・平和主義を三大骨子とし、天皇は政治的な権力をもたない象徴天皇制となりました。

民間でも私擬憲法が起草され、中でも高野岩三郎（たかのいわさぶろう）の『日本共和国憲法私案要綱』は大統領制、憲法研究会の『憲法草案要綱』は立憲君主制をとっていたのが特徴的でした。

労働組合運動では総同盟と産別会議が労働者を動員、一九四七年二月一日にいわゆる**二・一ゼネスト**を強行しようとします。しかし、体制が穏やかに民主化に移行する中、ゼネストが招く混乱を憂いたマッカーサーは、その前日の一月三十一日に「二・一ゼネスト中止指令」を出します。ゼネストの中心的勢力が官公庁の公務員だったため、吉田内閣は危機に陥りますが、結局ゼネスト中止が発令され、以後労働運動は衰退していきます。

❖……新憲法の施行後、社会主義政党が最初の政権に

一九四七年の総選挙で**日本社会党**が第一党となり、党委員長**片山哲**（てつ）が日本自由党の第一次吉田茂内閣の後を受けて政権の座に就きます。民主党、国民協同党との連立内閣です。片山内閣は、社会主義政党が政権の座に就いた最初の例、そして、日本国憲法施行後に成立した最初の内閣でもあります。

片山内閣では、一九四七年に国家公務員法が公布され、刑法改正で不敬罪・姦通罪が廃止になり、警察の地方分権と民主化を図って一九四七年に警察法が公布されました。警察機構は一九五四年に新警察法が生まれるまで、自治体警察と国家地方警察の二本立てとなりました。

片山内閣は保守の民主党と連立したために独自の社会主義政策がとれず、炭鉱国家管理問題などに直面して退陣します。

次の**芦田均**内閣は**民主党**を中心とする社会・協同三党連立内閣です。

一九四八年、警察官職務執行法が公布されます。さらにマッカーサーからは国家公務員法改正の指示が出て、国家公務員のストを禁止する**政令二〇一号**が出されました。この年には、復興金融金庫からの不正融資をめぐる汚職事件が発覚します。化学肥料会社昭和電工の日野原節三（ひのはらせつぞう）社長による贈収賄事件で、**昭和電工事件**と呼ばれます。これに連坐する形で、芦田内閣は退陣します。次の第二次吉田内閣のとき、政令二〇一号を受ける形で一九四八年に国家公務員法が改正されました。二・一ゼネストの中心が官公庁の公務員だったためで、この改正によって公務員から争議権と団体交渉権が剝奪されたわけです。

この一九四八年は極東国際軍事裁判の判決が下った年でもあります。起訴された二八名のうち、東条英機ら七名が死刑となりました。

また一九四九年の夏、国鉄をめぐる事件が集中的に起こりました。下山事件、三鷹事件、松川事件です。**下山事件**は、国鉄総裁下山定則（さだのり）が列車による轢死体（れきしたい）で発見された怪事件。**三鷹事件**は、中央線三鷹駅の構内で無人電車が暴走して死傷者を出した事件。そして、東北線の〝松川―金谷川（かなやがわ）〟間で列車が転覆した**松川事件**です。松川事件では、レールの犬釘が人為的に抜かれていたという記録があります。

当時、国鉄は大量の人員整理を断行中で、労働組合運動が激化していました。真相は現在も謎ですが、当時、疑惑を受けた共産党員への風当たりが非常に強くなり、後に**レッド＝パージ**（一九五〇年の共産党員の職務追放）の風潮を生んでいきます。

❖……戦後政治の基盤となった五五年体制

一九四五年に、相次いで五つの政党が生まれました。**日本自由党**（鳩山一郎）、**日本進歩党**（町田忠治）、**日本協同党**（山本実彦）、**日本社会党**（片山哲）、**日本共産党**（徳田球一）です。

まず日本自由党は、戦前の政友会の流れをくむ政党です。日本進歩党は、戦前の民政党の流れをくむ諸派が集まったもので、日本協同党は、労資協調を旨とする組合主義を標榜した政党です。日本社会党は、旧無産政党系各派が集まったもの。日本共産党は合法的に成立し、そのままストレートに発展していきます。

一九四七年に日本協同党は国民協同党に、日本進歩党は民主党にそれぞれ名前を変えます。そして一九五〇年に国民協同党と民主党が合同して国民民主党となり、さらに一九五二年に名前を変えて改進党になります。日本自由党は、一九四八年に民主自由党、さらに一九五〇年には自由党と名前を改めています。

日本社会党はサンフランシスコ平和条約の調印方法をめぐり、一九五一年に左派、右派に分裂します。右派はサンフランシスコ平和条約の調印には賛成するけれど、日米安全保障条約には反対。左派は両条約に反対する人びとです。ちょうどこのころ、国内では日本国憲法は日本人独自の発想に基づいていない、と**憲法改正**を主張する保守側の攻勢が強まってきました。これに対抗し憲法を擁護するには左派・右派に分裂して対立している場合ではないと、一九五五年に日本社会党が統一しました。

革新系の日本社会党の統一に呼応するように、自由党、日本民主党の保守系二派も一九五五年に合同し、**自由民主党**が生まれます。これを**保守合同**といいます。

ここから日本の政党政治は自由民主党と日本社会党を中心とする二大政党の時代に入りますが、二大

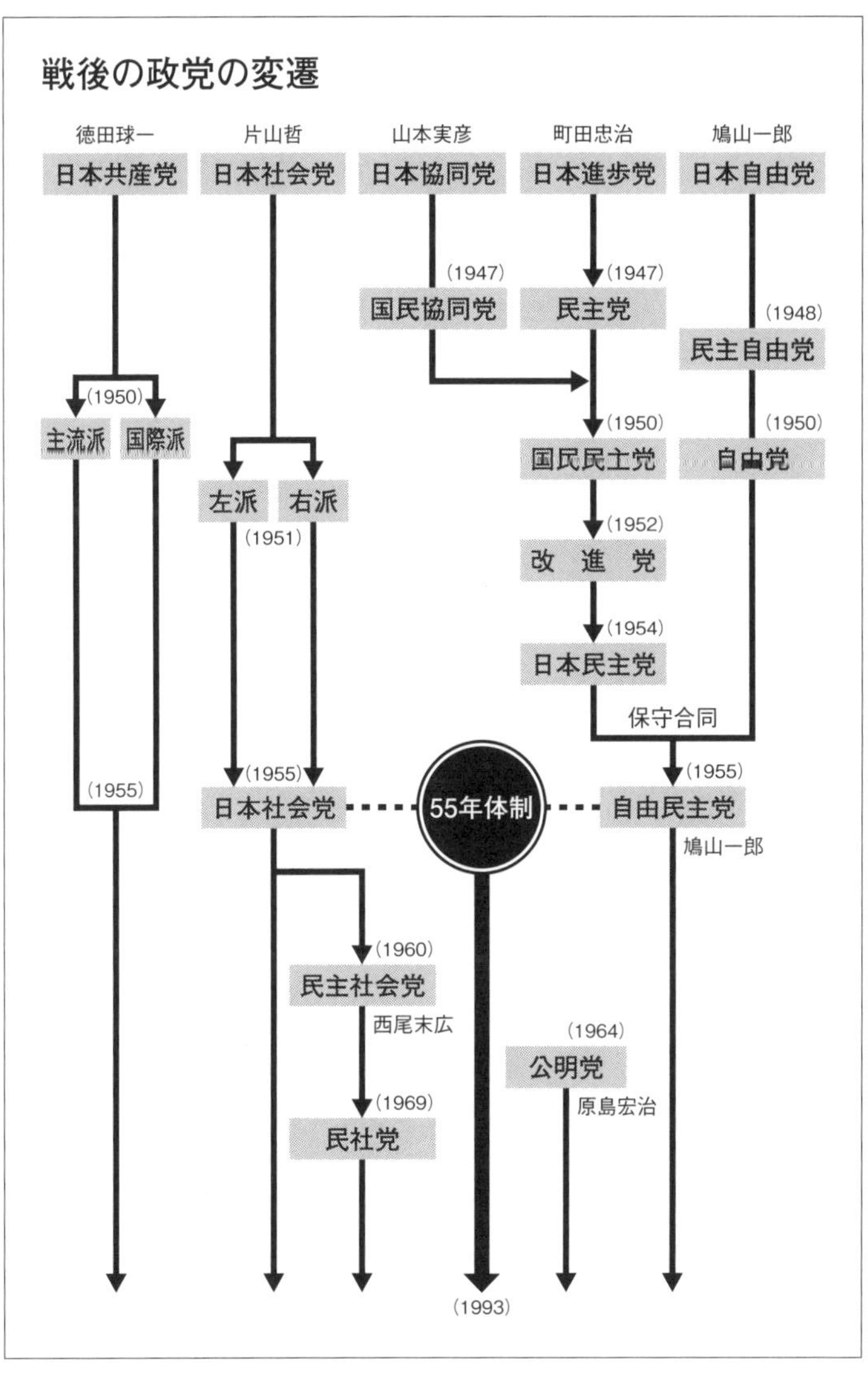
戦後の政党の変遷
徳田球一
日本共産党
片山哲
日本社会党
山本実彦
日本協同党
町田忠治
日本進歩党
鳩山一郎
日本自由党
(1947)
国民協同党
(1947)
民主党
(1948)
民主自由党
(1950)
主流派
国際派
(1950)
国民民主党
(1950)
自由党
左派
右派
(1951)
(1952)
改 進 党
(1954)
日本民主党
保守合同
(1955)
(1955)
(1955)
日本社会党
55年体制
自由民主党
鳩山一郎
(1960)
民主社会党
西尾末広
(1964)
公明党
原島宏治
(1969)
民社党
(1993)

政党の時代とはいえ、実際には自由民主党による保守長期単独政権が続きます。これを、**五五年体制**と呼びます。これは、一九九三年に日本新党の細川護熙（ほそかわもりひろ）が首相になるまで、三八年間続きました。

❖……国際連合ができたのに、なぜ世界は分裂した？

第二次世界大戦の後、国際連盟にかわって一九四五年に**国際連合**が設立されました。大西洋憲章の理念に基づいて設立された組織で、原加盟国は五一か国です。しかし、それと同時に世界はアメリカを中心とする**自由主義陣営**（西側）と、ソ連を中心とする**社会主義陣営**（東側）に、大きく二つに分裂してしまいました。自由主義陣営のことを資本主義陣営と言ってもかまいません。

分裂はドイツの戦後処理での対立に端を発するわけですが、アメリカとソ連はそれぞれの国の経済構造から政治思想まで、もともとすべて違います。それがドイツ、日本、イタリアのようなファシズムの国を抑えるためにこそ、連合国として手を握りあっていた。だから、この戦争が終息した途端に、アメリカもソ連も本来の姿を出してきたわけです。

やがて、イギリスから〝**鉄のカーテン演説**〟と呼ばれるチャーチル首相の発言が飛びこんできます。第二次大戦後、ソ連は占領した東ヨーロッパ諸国を共産化し、西ヨーロッパ諸国に対して国境を固く閉ざしました。チャーチルはその排他的な性格を批判したんです。

アメリカは**トルーマン＝ドクトリン**と呼ばれる東側に対する〝封じ込め政策〟や、西ヨーロッパ諸国への経済復興援助計画、**マーシャル＝プラン**で共産主義勢力を押さえ込もうとします。それに対して社会主義陣営は、**コミンフォルム**という共産党の情報交換を行う中枢部をつくり結束します。

さらに自由主義陣営はＮＡＴＯ、北大西洋条約機構で軍事的な機構を整え、社会主義陣営はワルシャワ条約機構を結成して対抗します。ドイツや朝鮮の分断も、こうした状況下で生み出された結果です。

この両陣営の対立は、全面的な戦争状態には至らず緊張状態が続いたので、これを〝冷たい戦争〟、縮めて**冷戦**と表現します。

❖……朝鮮半島を舞台にした代理戦争が勃発

一九四八年に朝鮮が南北に分裂し、二つの国が生まれました。ソ連の援助のもと、朝鮮半島の北部に生まれたのが**朝鮮民主主義人民共和国**（北朝鮮）で、その中心が金日成（キム・イルソン）です。

一方、南にはアメリカの援助のもとで**大韓民国**（韓国）が成立します。初代大統領は李承晩（イ・スンマン）です。

中国では依然として共産党と国民党の内戦が続いていましたが、一九四九年に共産党が勝利します。そして生まれたのが毛沢東主席を中心とした**中華人民共和国**です。敗れた蔣介石の中国国民党は台湾に逃れて、**中華民国**を名乗りました。

〝冷たい戦争〟と呼ばれた緊張状態が、一九五〇年に〝熱い戦争〟に転換します。**朝鮮戦争**です。朝鮮戦争は南北朝鮮の対立というだけではなくて、それぞれの国を支援する別の国同士の争いでもあります。朝鮮民主主義人民共和国を支援したのはソ連軍と中国人民義勇軍、大韓民国を支援したのはアメリカ軍です。だから朝鮮戦争は、朝鮮半島を舞台にした社会主義陣営と自由主義陣営の代理戦争の観が強いといえます。

アメリカは日本の改革を進める一方、朝鮮戦争に軍を送る立場となったために、日本を〝反共の基地〟として再編成する必要に迫られました。日本を再び軍事国家に逆戻りさせるような体制です。これを〝逆コース〟と呼びます。二・一ゼネスト中止指令や国家公務員法の改正などはその表れで、一九五〇年には、警察予備隊をつくります。

この警察予備隊は、在日米軍が朝鮮戦争に動員された後の日本の治安維持のためにつくられたもので、一九五二年には保安隊と改称され、さらに一九五四年には**自衛隊**と名前を変えて発展します。

なお、日本経済はこの朝鮮戦争によって、朝鮮特需あるいは**特需景気**と呼ばれる大変な好況となり、戦後復興の大きな契機となりました。

❖……サンフランシスコ平和条約と日米安保条約

アメリカは日本を一日も早くアメリカ側の一員として組み込む必要に迫られ、日本との講和条約の締結を急ぎました。そして一九五一年、サンフランシスコ講和会議が開かれ、第二次世界大戦後の処理条約として**サンフランシスコ平和条約**が結ばれました。これは、対日講和条約、対日平和条約、サンフランシスコ講和条約とも呼ばれます。

ところが問題なのは、条約の結び方です。交戦国全部と講和条約を結ぶべきとする考え方を**全面講和論**、ソ連などの社会主義国を除いてもやむなしという方針を**単独講和論**というんですが、この両論をめぐって、国論も二分される事態になってしまいました。

この状況の中、単独講和論者である全権**吉田茂**が四八か国と調印しました。この会議に参加しなかった国が、インド・ビルマ・ユーゴスラビアです。参加はしたものの、平和条約に調印しなかった国が、ソ連・チェコスロヴァキア・ポーランドです。中華人民共和国と中華民国は、どっちを代表とするかでアメリカとイギリスで意見が対立したため、結局両国とも招かれませんでした。

一九五一年、サンフランシスコ平和条約調印と同日、米軍の日本駐留を認める**日米安全保障条約**が調印されますが、期限は決められていませんでした。翌年には、中華民国と単独に日華平和条約と呼ばれる平和条約が結ばれました。インドとも日印平和条約が結ばれます。この年には日米安全保障条約の施行規則として、**日米行政協定**も調印されています。これで、米軍の駐留費用は分担制とすることが決められました。

同年、国内では従来のポツダム勅令に代わって、独立後の日本の治安を維持するために破壊活動防止法なども制定されました。

そして、一九五二年以降には、石川県の内灘（うちなだ）事件や東京都の砂川（すながわ）事件など、日米安全保障条約によって設置された米軍基地に対する反対闘争が各地で広がっていきます。

また、一九五三年には、朝鮮戦争がようやく板門店（はんもんてん）で休戦協定にこぎ着きます。

日本は、一九五四年にMSA協定（日米相互防衛援助協定）に調印します。これは反共・反ソ連の立場で、アメリカは日本に対して経済的支援をするから、日本はその代償として軍事力を強化しろという協定です。これを受けて自衛隊が生まれ、防衛庁の傘下に入ったわけです。

❖……植民地の独立運動が広がり、〝雪どけ〟がはじまる

第二次世界大戦後、あちこちで世界中の植民地が独立するという気運が高まります。こうした気運のもとに、一九五四年にはネルー・周恩来会談で平和五原則が確認されます。同年、日ビルマ平和条約も結ばれました。

ビキニ水爆実験で第五福竜丸が被爆したのもこの年です。翌年には広島で第一回原水爆禁止世界大会

が開かれますが、その署名運動をはじめたのは東京杉並の主婦たちでした。

一九五五年、A・A会議つまりアジア＝アフリカ会議が二九か国の代表者が参加して開かれ、反植民地主義、世界平和を目指す共同宣言を採択します。開催地の名を取ってバンドン会議ともいわれます。

さらに同年にアメリカ・イギリス・フランス・ソ連のジュネーヴ四巨頭会談などをへて、世界的な緊張状態が次第に緩和していきます。その状況を歴史上、〝**雪どけ**〟といいます。こうしてとうとう一九五六年、首相の鳩山(はとやま)一郎がモスクワに赴いて、ブルガーニン首相との間で日ソ共同宣言に調印しました。

❖……約四半世紀ぶりに国際社会へ復帰した日本

日ソ共同宣言の調印で、ソ連の反対がなくなった日本は、ようやく**国際連合に加盟**することができました。一九三三年に国際連盟脱退通告をしてから二三年目にして、日本は国際社会に復帰したのです。

鳩山内閣の後、石橋湛山(たんざん)が組閣しましたが、病気によってすぐに退陣し、**岸信介**が組閣しました。そのスローガンは、汚職、暴力、貧困の「三悪追放」です。ところが、その外交方針は、対米と対中国では姿勢がまったく異なりました。アメリカには非常に親善的な態度をとったのに対して、中国には敵視的な態度をとったんです。そうして、アメリカとは〝日米新時代〟と呼ばれる新しい時代を築いていきました。

一九五一年に結ばれていた日米安全保障条約は第二次岸内閣のときに改訂され、日米新安全保障条約が生まれます。これは正式には**日米相互協力及び安全保障条約**といわれ、参議院の承認が得られないまま自然成立しました。条約の内容は、期限が一〇年間となり、軍事行動に関しては〝事前協議制〟となりました。このとき、安保改定阻止国民会議を中心に大規模な反対運動、**安保闘争**が起こりました。

また、三井三池争議がはじまります。三井三池炭鉱の大量解雇問題に端を発したこの争議は、次の池田内閣のときに二八二日ぶりに解決します。

❖……経済の高度成長が長く続いた時代

安保闘争後退陣した岸内閣に代わった**池田勇人**（はやと）内閣は、貧困を解消するため、「寛容と忍耐」「所得倍増」を唱えて**高度経済成長政策**を実施します。一九六一年には、農業の憲法ともいわれる農業基本法も公布されました。

一九六二年に中国との貿易がＬＴ貿易（中国の廖承志（りょうしょうし）と日本側の高碕達之助、その両代表の頭文字をとってＬＴ）という新たな形ではじめられます。両国はまだ国交が回復していませんから、〝政経分離〟、つまり政治と経済を区別した準政府間貿易をはじめたというわけです。

一九六四年、日本は国際通貨基金（ＩＭＦ）八条国に移行し、貿易の自由化が促されます。同年、経済協力開発機構（ＯＥＣＤ）にも加盟し、資本の自由化が義務づけられるようになり、**開放経済体制**へと移行していきました。

また、この年には第一八回**オリンピック東京大会**が開かれ、それに間に合わせるように東海道新幹線が東京～新大阪間で営業運転をはじめました。

設備投資と技術改革を背景とした経済の高度成長は一九五〇年代中ごろから進みました。一九五五～一九五七年には神武景気、一九五八～一九六一年には岩戸景気、一九六三～一九六四年にはオリンピック景気、そして一九六六～一九七〇年にかけては最長のいざなぎ景気と、大型景気が連続します。すでに、一九五六年の『経済白書』は「もはや戦後ではない」と謳いあげていました。

❖……悲願の沖縄返還がかなう

佐藤栄作内閣の一九六五年には、韓国との国交正常化を図る**日韓基本条約**が結ばれました。韓国を「朝鮮にある唯一の合法的な政府」と認めたわけです。また一九六八年には、LT貿易が日中覚書貿易と呼び方が変わりました。

さらに一九六七年の佐藤・ジョンソン会談を受けて、アメリカの直接軍政下に置かれていた小笠原諸島が一九六八年に返還。翌年には、佐藤・ニクソン会談が開かれ、一九七二年を期して沖縄が日本に返還される旨のアメリカとの共同声明が出されます。一九六八年にはGNP（国民総生産）がアメリカについで資本主義国中、世界第二位になりました。

さて、日米新安全保障条約は一九七〇年に期限の一〇年を過ぎ、自動延長となりました。一九七一年には**沖縄返還協定**が調印され、沖縄は翌年、アメリカから施政権が返還されました。

ところで、一九六三年には地下実験を除く部分的核実験停止条約が、一九六八年には核兵器拡散防止条約が結ばれました。これを一般に核拡散防止条約と呼んでいます。

❖……日中国交正常化を果たした田中角栄と金脈問題

「日本列島改造」をスローガンに掲げた**田中角栄**内閣は中国との国交正常化を図り、一九七二年に**日中共同声明**が出されます。この時点で中華民国は否認され、日華平和条約は無効となりました。

この内閣のとき、一九七三年からはじまった第四次中東戦争による**オイルショック**で、狂乱物価が国民生活を圧迫し、一九七四年にはGNPが戦後はじめてマイナス成長を記録し、高度成長時代が終焉しました。そして同年、田中内閣は金脈問題で国民の強い批判を浴びて退陣します。

次の三木内閣のときには、いわゆる**ロッキード疑獄**が表面化し、田中角栄元首相逮捕に至ります。クリーンを標榜した**三木武夫**内閣はこの疑獄事件の徹底的な解明につとめますが、それをけむたく思う自民党議員からは三木おろしの声が強まりました。

田中内閣の日中共同声明を受け、**福田赳夫**内閣のときの一九七八年、**日中平和友好条約**が結ばれます。調印者は、日本側が園田直外務大臣、中国が黄華外交部長です。その場に同席したのは、華国鋒首席と鄧小平副首相でした。

❖……中曽根―竹下ラインの政策の中、平成に突入

このころ、日本の政治は一時期右傾化していきます。一九七九年、大平正芳内閣のときに**元号法**が公布され、一九八〇年代に入ると教科書の記述をめぐる問題や、閣僚の**靖国神社参拝問題**など、ゴタゴタが続きました。また一九七九年、イラン革命の影響によって第二次石油危機も起こりました。

鈴木善幸内閣の後、**中曽根康弘**が「戦後政治の総決算」をスローガンに組閣しました。そして、一九八三年に彼は韓国を訪問します。翌年、韓国から全斗煥（チョン・ドゥファン）大統領が来日しました。

一九八六年、**男女雇用機会均等法**が施行され、同年防衛費がＧＮＰ一パーセント枠を突破します。

一九八七年には日本国有鉄道が消滅し、ＪＲが発足して分割民営化が進みます。そのほか、電電公社は**ＮＴＴ**（日本電信電話）に、専売公社は**ＪＴ**（日本たばこ産業）になりました。そして、地価高騰もこの年です。

中曽根の指名で総理大臣の地位に就いたのは、**竹下登**です。竹下内閣は、「ふるさと創生」を唱え地方自治体に一億円ずつばらまきました。

こうした中、歴史の節目がやってきます。一九二六年からはじまった**昭和**の年号は中国の『書経』からとったもので「百姓昭明、万邦協和（協和万邦）」に由来しますが、一九八九年一月、昭和天皇の崩御により改元となりました。こうして、一九八九年一月八日より、平成の元号がスタートしました。

さらにこの年、消費税三パーセントが施行され、一九八八年に発覚した**リクルート疑惑**などの影響もあって、竹下内閣の支持率が急に落ち込み、内閣支持率は皮肉にも三パーセントを切ってしまいました。続く**宇野宗佑**（うのそうすけ）内閣は参院選での自民惨敗の責任をとって退陣し、代わって**海部俊樹**（かいふとしき）内閣が生まれました。このときは**湾岸戦争**や難民船漂着問題などがありました。この内閣のとき、一九八九年から一九九〇年という年には、世界中に良い意味での激震が走りました。ベルリンの壁が撤廃されたのもこのときです。ベルリンの壁というのは労働者が西側に流出しないように、一九六一年に東ドイツがつくったものだったんですが、これが突然崩壊しました。そして、一九九〇年には東ドイツが西ドイツに統合される形で**ドイツ統一**が実現し、従来のポツダム協定によって分割された体制が崩れたわけです。

一九八九年には、マルタ島でのブッシュとゴルバチョフの会談でもって、ずっと続いてきた**冷戦が終結**しました。そして、米ソ間は新しい時代、米ソ新時代の到来が確認されたわけです。

❖……宮沢喜一内閣以降の日本の動き

宮沢喜一内閣のときには、ＰＫＯ協力法が成立しました。そして一九九三年、日本新党の**細川護熙**（もりひろ）を首相とする非自民連立政権が生まれました。一九四八年の芦田均内閣以来、四五年ぶりの連立政権で、長く続いた自社五五年体制が三八年で崩壊したわけです。土井たか子が初の女性衆議院議長につくなど、これは憲政史上、画期的転換でした。また、ロシア連邦初代大統領エリツィンが来日したほか、ゼネコン汚職事件も続発しました。一九九三年には米の部分開放も決定されます。

続いて新生党の**羽田孜**（はたつとむ）が組閣しましたが、すぐに退陣します。

そして片山哲以来の社会党を中心とする内閣として、一九九四年に**村山富市**（とみいち）内閣が生まれました。自民・さきがけとの連立内閣です。さらに、政党でも新たな動きが起こり、一九九二年にできた日本新党と一九九三年結成の新生党は、一九九四年の年末に結成された新進党に吸収されました。

そして一九九五年は、阪神・淡路大震災、東京協和・安全の二信組問題、地下鉄サリン事件、新食糧法施行、さらにAPEC大阪会議など問題山積みの年でした。特に新食糧法によって、一九四二年以来の食糧管理法にもとづく制度（＝**食管制度**）が廃止されました。

橋本龍太郎内閣のときには、一九九六年に沖縄の普天間基地の全面返還で日米が合意し、クリントン大統領も来日しました。また、消費税を五パーセントに引き上げることが閣議決定されます。経済面では、一九九七年に山一証券が破綻するなど、景気がますます悪くなってしまいました。

その後を受けた**小渕恵三**内閣は「経済再生」内閣として発足し、一九九八年には金融早期健全化法などを制定します。また翌年には、国旗国歌法を制定して「国旗は日章旗、国歌は君が代」とすることを法制化しました。

続く**森喜朗**（よしろう）内閣のもとでは、二〇〇〇年にストーカー行為規制法などができたくらいで、あまりパッとしませんでした。

続いて登場したのが「聖域なき構造改革」をスローガンとした**小泉純一郎**です。小泉内閣のときには、郵政民営化が実現しました。

続く**安倍晋三**内閣のもとでは、教育基本法が改正された程度。「背水の陣」をスローガンとした福田康夫内閣も、衆参ねじれ国会で見通しを失って、これも一年で退陣。その後、吉田茂の孫にあたる**麻生太郎**が組閣しましたが、二〇〇九年の総選挙での自民敗北の責任をとって総辞職しました。

二〇〇九年という年、政界には大激震がはしります。自民党が再び野党に転落して、それまで野党だった民主党が躍進して政権を担いました。**鳩山由紀夫**内閣の成立です。鳩山由紀夫は鳩山一郎の孫にあたる人物ですが、沖縄の普天間基地移設問題で明確な指針を示すことなく、これも一年で退陣しました。

後継の**菅直人**内閣のとき、二〇一一年三月一一日に東日本大震災が起こり、福島第一原子力発電所からの放射能漏れ問題も広がる中、事態収拾に失敗して総辞職します。そして**野田佳彦**内閣へと移りましたが、野田内閣は消費税引き上げを柱とする社会保障と税の一体改革問題に直面し、結局、消費税引き上げが閣議決定されてしまいました（消費税は二〇一四年四月に税率八％として実施された）。

二〇一二年、再び安倍晋三内閣が成立し、通称「アベノミクス」と呼ばれる経済政策構想を打ち出しました。これは長期のデフレからの脱却と経済成長を目指したもので、大胆な「金融政策」・機動的な「財政政策」・民間投資を喚起する「成長戦略」からなる「三本の矢」を示しました。バブル崩壊後の平成不況によって、日本は「失われた二〇年」とも呼ばれる経済的な低迷期を経験したからです。

二〇一五年には政治的に特筆すべき大きな出来事が相次ぎました。まず公職選挙法を改正して選挙権年齢を一八歳に引き下げたこと。この**選挙権年齢の改正**は七〇年ぶりで、翌年夏の参議院議員選挙から実施されました。次に**安全保障関連法案**が成立したこと。これは翌年に施行されたのですが、集団的自衛権の行使を容認し、他国軍への後方支援を拡大させることを可能としたもので、その意味では戦後日本の安全保障政策に大きな歴史的転換を与える契機となった法律といえます。

安倍内閣はここで再び新しい「三本の矢」を示しました。希望を生み出す「強い経済」、夢をつむぐ「子育て支援」、安心につながる「社会保障」を骨子とするものです。

二〇一六年には皇室にも大きな動きがありました。天皇陛下が**生前退位**を唱えたのです。翌年には天皇陛下の退位に向けた特例法が成立し、二〇一九年四月一日に『万葉集』を典拠とする新元号「**令和**」が発表され、四月三〇日に天皇が譲位しました。平成最後の日、江戸時代の光格天皇以来、約二〇〇年ぶりの譲位です。翌五月一日、新天皇の即位とともに新元号「令和」の時代がスタートしました。それまでの消費税率が一〇%にアップしたのも安倍内閣の時でした。

国際社会では、アメリカのトランプ大統領の動向がいろいろな意味で注目されました。TPP（環太平洋パートナーシップ）協定交渉が二〇一五年に主要一二カ国で大筋合意に至ったにも拘らず、二〇一七年にアメリカが離脱を表明したため、二〇一八年にアメリカを除く一一カ国間で「環太平洋パートナーシップに関する包括的及び先進的な協定」（TPP一一協定）が署名され、二〇一八年に発効しました。また二〇一八年にはシンガポールで初の米朝会談がもたれたことも記憶に新しいところです。

一九八七年にINF（中距離核戦力または中距離核ミサイル）全廃条約が米ソ間で結ばれていましたが、二〇一八年にアメリカがそれから離脱するといって、二〇一九年にはINF全廃条約破棄をロシアに通告しました。これはそれまでの核軍縮の枠組みが崩壊し、冷戦時代の軍拡競争時代に逆行する恐れのある動きなのです。そのほか貿易管理や元徴用工問題などさまざまな問題を背景とする日韓関係の悪化や米中貿易摩擦の激化も解決すべき問題となっています。

❖……人びとに希望を与えた終戦直後の文化

終戦後の日本は、焼け野原からのスタートでした。国民生活も空襲によってズタズタに引き裂かれてしまったために、家をなくした人々は焼けたトタンを利用したバラック小屋での生活を強いられたんです。軍需産業が崩壊したため、失業者の数も増加。そのうえ、兵士の復員や戦地からの引揚げによって人口が増加し、それに米の生産が追いつかなかったため、食糧難が日増しに強くなっていきました。配給に頼ることもできない人びとは、さつまいもやとうもろこしといったものを代用食として飢えをしのぎます。そして食糧を求めて都市から農村に向けて**買出し**に出たわけです。買出しの列車はいつも鈴なりの状態で、列車の屋根にまで人が乗っていました。町には**闇市**も立ちます。生活に必要な物資は、闇取引でもしなければ手に入れることは難しかったんですね。

やがて町には、そんな人びとの心に潤いと希望を与える歌が流れはじめます。並木路子の『リンゴの唄』、笠置シヅ子の『東京ブギウギ』は歌いやすいメロディーと軽快なテンポで大ヒット。さらに戦争への怒り、憤りを謳った菊池章子の『星の流れに』も歌詞と哀愁のこもったメロディーが多くの人々の心をとらえました。

戦後、太宰治は『斜陽』、谷崎潤一郎は『細雪』、坂口安吾は『堕落論』、大岡昇平は『俘虜記』を発表するなど、文学の世界でも抑圧から解放された作家が健筆を振るいます。

一九四九年に日本学術会議が発足する中、学問・研究も自由な雰囲気の中で行われるようになり、政治学の丸山真男（まるやままさお）、法社会学の川島武宜（たけよし）、経済史の大塚久雄らが新しい研究成果を発表しました。

❖……高度成長期から現代まで、急速に進化した文化

一九五〇年代半ばからはじまった高度成長は、人びとの日常生活にも大きな変化をもたらしました。核家族化がすすんで消費革命も進行します。その結果、白黒テレビ・電気洗濯機・電気冷蔵庫が**「三種の神器」**として家庭に入り込み、日常の生活水準が高まりました。

さらに一九六〇年代後半には、**「新三種の神器」**としてカー（車）・クーラー・カラーテレビが普及します。その結果、モータリゼーションにも拍車がかかり、マイカー時代が到来しました。当時は、日産サニーとトヨタカローラが人気の的だったんですね。また、一九五三年にはじまったNHKテレビ本放送によって、プロレスの力道山、野球の長嶋茂雄らがスターとして一躍有名になっていきました。

生活水準の向上はいいのですが、一方では「他人との比較」を気にする人々が増えはじめたのも事実です。みな「自分は中流だ」という意識が高まっていったのはいいんですが、その反面、教育熱も異常に高揚します。進学ブームの結果、受験地獄などという言葉も生まれたわけです。

一九六〇年代になると、生活全般が急速にアメリカナイズしていきます。アメリカのホームドラマの影響もあって、ファッションや食べ物はもちろん、生活スタイル全体が欧米化していったんです。「ああいう家に住んであんな生活をしてみたい」という一種のモデルが生まれたわけです。そして、スーパーマーケットやファストフードの店もあちこちにできました。ちなみにマクドナルドは一九七一年、銀座三越店内にオープンしたのが第一号です。

音楽面では一九六六年のビートルズの来日をきっかけに、長髪の若者が増えていきました。そしてグループサウンズが登場し、さらにはボブディランの来日をきっかけに、反戦や社会問題をテーマとしたフォークソングがブームとなって、シンガーソングライターと呼ばれる人々も現れました。一九七〇年

代後半になると、若者の感性に合致したニューミュージックも生まれましたが、一方ではクラシックやジャズ、ロックもがっちりとファンを抱えていました。

高度成長の時代には、科学技術の発達を背景に学問・研究も躍進を遂げます。その結果、一九四九年の**湯川秀樹**に続いて、一九六五年には朝永振一郎（ともながしんいちろう）、一九七三年には江崎玲於奈（えさきれおな）がノーベル物理学賞、一九六八年には川端康成がノーベル文学賞、一九七四年には佐藤栄作がノーベル平和賞を受賞しました。その後、日本では福井謙一（化学賞）・利根川進（医学生理学賞）、大江健三郎（文学賞）、白川英樹（化学賞）とノーベル賞受賞が続き、二一世紀に入ると野依良治（のよりりょうじ）（化学賞）、小柴昌俊（こしばまさとし）（物理学賞）、田中耕一（化学賞）、小林誠（まこと）（物理学賞）、益川敏英（ますかわとしひで）（物理学賞）、下村脩（しもむらおさむ）（化学賞）、鈴木章（あきら）（化学賞）、根岸英一（化学賞）、山中伸弥（しんや）（医学生理学賞）、赤崎勇・天野浩（物理学賞）、大村智（医学生理学賞）、梶田隆章（物理学賞）、大隅良典（医学生理学賞）、本庶佑（ほんじょたすく）（医学生理学賞）など続々と日本人学者がノーベル賞を受賞しています。令和に入って最初に化学賞を受けたのは二〇一九年、吉野彰でした。ただし物理学賞を受賞した南部陽一郎・中村修二両氏の国籍はアメリカです。（※敬称略）

子どもの間では漫画文化も発達しました。手塚治虫（おさむ）の『鉄腕アトム』『ジャングル大帝』、藤子不二雄の『おばけのQ太郎』、長谷川町子の『サザエさん』、赤塚不二夫の『おそまつくん』といったら知らない人はいないでしょう。週刊漫画誌も人気となり、『少年サンデー』『週刊少年マガジン』『少女フレンド』『マーガレット』などは、多くの子どもたちに読まれました。

テレビの普及によって映画産業が衰退したとはいっても、**黒澤明**の『羅生門』『七人の侍』、小津安二郎の『東京物語』、溝口健二の『西鶴一代女』などがヒットし、世界的にも称賛されました。

今やパソコンが家電化し、ネット利用の普及にともなって、画面ワンタッチで居ながらにしてモノが

●文化遺産

1993年	法隆寺地域の仏教建造物〈奈良県〉
	姫路城〈兵庫県〉
1994年	古都京都の文化財〈京都府・滋賀県〉
1995年	白川郷・五箇山の合掌造り集落〈岐阜県・富山県〉
1996年	原爆ドーム〈広島県〉
	厳島神社〈広島県〉
1998年	古都奈良の文化財〈奈良県〉
1999年	日光の社寺〈栃木県〉
2000年	琉球王国のグスクおよび関連遺産群〈沖縄県〉
2004年	紀伊山地の霊場と参詣道〈奈良県・三重県・和歌山県〉
2007年	石見銀山遺跡とその文化的景観〈島根県〉
2011年	平泉－仏国土(浄土)を表す建築・庭園及び考古学的遺跡群〈岩手県〉
2013年	富士山－信仰の対象と芸術の源泉〈山梨県・静岡県〉
2014年	富岡製糸場と絹産業遺産群〈群馬県〉
2015年	明治日本の産業革命遺産　製鉄・鉄鋼, 造船, 石炭産業 〈福岡県・佐賀県・長崎県・熊本県・鹿児島県・山口県・静岡県・岩手県〉
2016年	ル・コルビュジエの建築作品－近代建築運動への顕著な貢献 国立西洋美術館〈東京都〉
2017年	「神宿る島」宗像・沖ノ島と関連遺産群〈福岡県〉
2018年	長崎と天草地方の潜伏キリシタン関連遺産〈長崎県・熊本県〉
2019年	百舌鳥・古市古墳群－古代日本の墳墓群－〈大阪府〉

●自然遺産

1993年	屋久島〈鹿児島県〉
1993年	白神山地〈秋田県・青森県〉
2005年	知床〈北海道〉
2011年	小笠原諸島〈東京都〉

手に入るようになりました。通信技術の進化はとどまることを知りません。固定電話の時代から携帯へ、さらにスマートフォンへと時代はどんどん進んでいます。

思えば、明治時代に電話が使われはじめたとき、電線の中を言葉がコロコロ進んでいくものと信じて、一日中ずっと電線を見つめたままの人もいたというのに、それから一二〇年。現代、われわれは『鉄腕アトム』の世界をはるかに超えたところに来てしまいましたね。

ところで、このところ毎年のように世界遺産に登録されるところが出てきています。世界遺産とはそもそも一九七二年のユネスコの総会で採択された世界遺産条約（世界の文化遺産及び自然遺産の保護に関する条約）にもとづいてリストに登録された遺跡や自然などのことですが、日本では一九九三年から急に世界遺産への登録が一気に増えました。今では文化遺産と自然遺産を合わせて二〇件以上も登録されています。日本史で学習した遺跡もたくさん含まれているので、機会を見つけて尋ねてみるのもいいかもしれませんね。

本書は『菅野祐孝の日本一おもしろい日本史』（上下巻、静山社文庫、二〇一二年）を合本し、加筆・修正をおこなったものです。

菅野祐孝（かんの・ゆうこう）
早稲田ゼミナール、武蔵高等予備校、代々木ゼミナールの講師としての教壇活動と10年に及ぶ大学受験ラジオ講座講師（旺文社）などを経て、現在は代々木ゼミナール個別指導スクール講師。教壇講義では、「立体パネル」と呼ばれる独自の教授法を開発・展開し、従来の受験日本史界に風穴を開けた。大学入試に向けた学習参考書や問題集のほか、一般書として『地域別の日本史』（学生社）、『ニッポン人なら知っておきたい13歳からの日本史』（静山社）、『学校では教えてくれなかった！世界のなかのニッポン近現代史』（洋泉社）など著書多数。

菅野祐孝先生の日本史

二〇二〇年二月二〇日　第一刷発行

著　者　菅野祐孝
発行者　松岡佑子
発行所　株式会社 出版芸術社
〒一〇二-〇〇七三
東京都千代田区九段北一-一五-一五　瑞鳥ビル
TEL　〇三-六三八六-一七八六
FAX　〇三-三二六三-〇〇一八
URL　http://www.spng.jp/

カバーデザイン　小林義郎
組版　アジュール
印刷・製本　中央精版印刷株式会社

ISBN 978-4-88293-528-5 C0021